Cenizas de prosperidad

Más allá del Desarrollo Personal

A. Carlos González

Título original de la obra: Cenizas de prosperidad - Más allá del desarrollo personal.
Primera edición: Julio de 2022.

© Sr. A. Carlos González, 2022.
ISBN: 9798839170308
Independently published

Biografía

A. Carlos González es el autor de Cenizas de Prosperidad - Más allá del desarrollo personal, fundador de Negocios1000.com, un portal web donde se comparte de forma totalmente gratuita contenido relacionado con el mundo de los negocios y las finanzas, así como una filosofía un tanto particular sobre desarrollo personal. Autodidacta con más de 15 años dedicados a la estrategia empresarial y la gestión y preparación de equipos comerciales. Gran apasionado de las finanzas y el mundo de los mercados financieros. Esporádicamente asiste a algunos centros educativos y empresas para impartir su filosofía en cuestión de finanzas personales. Cuenta con más de 3.000 artículos publicados en internet y centenares de vídeos en Youtube donde comparte su filosofía en materia de finanzas y consejos de vida.

Para más información o contacto con el autor

lomasbig@gmail.com

 Negocios1000.com

A. Carlos González

Acarlosgonz

Índice

Introducción

Cuando me decidí a escribir este libro, tuve claro que quería hacer algo distinto. No quería escribir un libro de autoayuda ni uno más de los muchos que existen dentro del apasionante mundo del desarrollo personal. Decidí hacer algo diferente y arriesgar en el estilo para introducir al lector en la montaña rusa de la vida, con sus vertiginosas subidas y caídas en picado. Como ávido lector, me he encontrado en ocasiones con libros en los que tras leer varias cosas interesantes al principio, con el resto del contenido he tenido la sensación de que estaba en páginas y capítulos de relleno. Es por eso que me he encargado de que cada página de este libro sea una página útil o que contenga una historia que lleve al lector hacia una experiencia vital. No he tenido que recurrir demasiado a la imaginación, pues casi toda mi vida he estado rodeado de historias y personas fascinantes que me han convertido en la persona que soy hoy en día. Ante todo, una persona con ciertos principios y valores que son los que siempre he intentado transmitir durante tantos años compartiendo contenido en internet.

Para escribir este libro he tenido que volver a acceder a recuerdos tan dolorosos como gratificantes, a esa época en la que fui acompañado de diosas terrenales y debí enfrentarme a algunos monstruos que me hicieron casi literalmente cenizas. Este libro no trata de dar lecciones de vida, aunque las haya; no trata de dar consejos, aunque también los haya. Este libro es un viaje. Y será un placer que me acompañes en esta montaña rusa de emociones, donde al final se te quedará claro un mensaje, y es que en esta vida, siempre debes avanzar. Pase lo que pase, debes seguir avanzando. Ocurra lo que ocurra debes seguir mirando hacia adelante. A lo largo de todo el libro se quedarán claros varios conceptos, y es que lo más importante que tienes en la vida es tu capacidad de tomar decisiones. Cuida tus decisiones y mejorarás tu vida en todos los sentidos. Se te quedará claro que eres el único y absoluto responsable de tu propia vida, la cual puedes mejorar o estropear en función de tus decisiones. No te voy a vender ningún tipo de humo ni remedios o pensamientos milagrosos. De hecho, vamos a partir siempre de que en esta vida, la aleatoriedad y el caos tendrán sus ratos de protagonismo, y debemos contar con ello, pero en última instancia, tuya es la decisión de no hundirte ante esos eventos indeseables de la vida y seguir avanzando. Es cierto. La vida sabe meter buenos golpes. Algunos de esos golpes te mandan a la lona y te dejan un buen rato fuera de juego. Pero debemos volver al juego, pues el juego merece la pena. Merece la pena esta montaña rusa de experiencias y emociones.

El capítulo 1 te llevará de forma tranquila por una serie de temas, historias y explicaciones. Puede que algunos lectores piensen que estoy divagando en este capítulo, pero he decidido comenzar con un tranquilo paseo, y más adelante se le irá dando respuesta al porqué de esos temas. La mayoría de las personas sufren a lo largo de su vida por tres cosas: salud, dinero y amor. No soy médico, por lo que únicamente hablaremos de mantener en su sitio, dentro de lo posible, la salud mental ante los problemas y la adversidad. Hablaremos de éxito y dinero y daremos especial importancia a las relaciones a lo largo del libro, pues son las relaciones y la mala gestión de emociones lo que está provocando serias preocupaciones en las personas, sin saber que este tipo de problemas tienen una fácil solución. Ante todo, este libro contará con grandes dosis de teorías respaldadas por la neurociencia, psicología y sentido común. Para aquellos que ya me conocéis, gracias por estar aquí y por acompañarme en este viaje. Para aquellos que no me conocen, posiblemente esta sea la mejor manera de hacerlo, pues gran parte del contenido trata de referencias autobiográficas. Muchas gracias por estar aquí.

A. Carlos González

1

El miedo y el poder de las decisiones.

"A veces, la peor decisión que tomamos es no tomar ninguna decisión"

Verano del 94 - Primer asalto

En el verano de 1994, a mis 15 años de edad, conocí a una chica que podríamos decir que fue mi primer "casi amor". Era preciosa. En aquella época yo vivía en un pueblo costero vacacional, y esta chica había venido 7 días de vacaciones con su familia. Eran las 12:30 del mediodía de un mes de Julio, y el sol apretaba más de lo debido. Ahí estaba con sus padres y su hermana a unos 20 metros de mi escandaloso grupo de amigos, y los cruces de miradas eran contínuos. Todo un espectáculo visual verla caminar con su hermana hacia la orilla del mar mientras volteaba ligeramente su cabeza para volver a dedicarme una mirada. Es uno de esos momentos en los que decides que el objetivo del día es conocer a esa chica. Si quieres que tu día tenga sentido, debes acercarte a hablar con ella. Pero claro, a pesar de que nunca había sido una persona vergonzosa (ni cuando era niño), sí que tenía cierta reticencia a acercarme a hablar con una chica desconocida si está con su familia. Y más cuando el padre se veía un tipo muy grande e imponente incluso en la distancia. Mi desarrollado instinto de supervivencia me decía que su padre era un señor que había que mantenerlo a distancia, al menos por ahora.

Mi cerebro comenzó a elaborar todo tipo de estrategias con sus posibles variables. Y ninguna variable incluía la paciencia dentro del plan. Debía ser hoy mismo.

Entonces ocurrió algo muy común en las familias que suelen veranear en la costa. Sus padres comenzaron a recoger las cosas para irse al apartamento e ir preparando la comida, mientras sus hijas se quedan un rato más en la playa, hasta que la comida esté preparada. Es un momento mágico que abre todo un mundo de posibilidades. De esta forma, el plan era sencillo. Esperar que los padres salgan del campo de juego y pasar a tomar el control de la situación. Y así fue. Si quieres algo, deberás ir a por ello. Eso ya lo sabía incluso con 15 años. Así que antes de que sus padres terminaran de cruzar el paso de peatones, ya me estaba poniendo en pie dirección al "objetivo", dispuesto a recorrer esos veinte metros que nos separaban, veinte metros de ilusión, veinte metros de incertidumbre, veinte metros que merecen la pena ser recorridos, y ya se me ocurriría algo una vez que recorriera el camino. Si algo me gustó de aquellos veinte metros es que su belleza aumentaba conforme me acercaba.

Mis técnicas de seducción nunca han sido muy sofisticadas. Siempre he tenido claro que mientras tus intenciones sean sanas, puedes hablar claro, de forma directa y sin florituras. Pude elegir entre hacer alguna broma para romper el hielo o hacer algún comentario gracioso, pero lo cierto es que siempre he sido partidario de ser tú mismo. Eso funcionaba (al menos en aquella época). Era un toque distintivo que jugaba a tu favor, pues casi todos los jóvenes pretendían aparentar lo que no eran en realidad.

Ni un "hola, ¿Qué tal?", ni un "¿cómo te llamas?", ni siquiera usar una pregunta retórica del tipo "oye, ¿no sois de aquí, verdad?", una pregunta estúpida teniendo en cuenta que como residentes fijos del lugar, conocíamos a todo el mundo de la zona. Simplemente te acercas y te sientas junto a ella, aunque el trasero te arda debido a la alta temperatura de las piedras y arena. Esa primera mirada en la cercanía te indica su primera percepción sobre ti. Esos primeros tres segundos me indicaron que no le desagradaba mi acercamiento, me indicaron que iba a quedar con ella sí o sí. Así que, ¿Para qué perder el tiempo? "¿Qué vas a hacer luego?¿Quieres que demos una vuelta esta noche? Me gustaría quedar contigo". Esas fueron las palabras que dieron inicio a uno de mis mejores momentos de aquel verano del 94.

No hay sensación más placentera que unos lindos ojos desconcertados unidos a una sonrisa fruto de los nervios y asombro, y todo ello acompañado de las palabras: "Bueno... ¿A qué hora quieres quedar?"¡¡Puff!! En aquel momento fue como si hubiera ganado la lotería. A partir de ese momento, tu cabeza comienza a imaginar cómo será pasear con ella por el paseo marítimo, tomar un refresco en alguna terraza, y hablar y hablar durante toda la noche. Y sí, comienzas a imaginar cómo será besar esos labios.

Quedamos por la tarde en la misma orilla de la playa para charlar, seguir tomando el sol y darnos algún baño, pero esta vez sin su familia. Solo vino con su hermana, la cual era algo más seria, pero una chica que me parecía muy inteligente. Tenía los mismos ojos claros de su hermana. Pasaron las horas mientras nos poníamos al día.

Comenzó a ponerse el sol y su hermana se fue a casa. Nos quedamos hablando hasta bien entrada la noche. Estaba claro que ambos nos gustábamos, por lo que mi impaciencia desapareció. Había tiempo. Estaría seis días más en la costa, por lo que volvería a verla y volvería a quedar con ella. De hecho, planeé mentalmente cómo pasaría cada tarde de esos seis días con ella. Esto no ocurriría exactamente así por causas de fuerza mayor, pero yo aún no lo sabía.

Al día siguiente volvimos a repetir. Volvimos a quedarnos hasta bien entrada la noche, disfrutando mutuamente de la compañía. Esta vez el acercamiento fue notablemente mayor. Mientras hablábamos, tumbados, compartiendo la misma toalla, mi mano, instintivamente, no podía dejar de acariciarle la espalda. El hecho de hacerlo era la mejor forma de decirle "me gustas" sin usar ni una sola palabra. El hecho de que ella no dijera nada ante una primera lluvia de caricias, era la mejor forma de decirte: "me gusta que lo hagas, me gustas". A pesar de que nuestras bocas estaban a escasos centímetros, a pesar de que todos los semáforos estaban en verde y todo indicaba que tenía vía libre para lanzarme a hacer eso que deseaba hacer, por primera vez descubrí que puedes sentir un miedo injustificado ante el rechazo. Sabes que ella lo quiere tanto como tú, pero sientes el miedo al rechazo, a pesar de que sabes que el rechazo es poco probable. Los nervios se apoderan de ti. Eres una persona segura de ti misma, pero en ese momento sientes inseguridad. Inseguridad injustificada ante un temor injustificado.

Pero mentalmente te armas de valor (sólo mentalmente) y durante una hora ya solo piensas en "ahora sí, ahora lo hago", aunque no terminas de lanzarte. Piensas entonces que cuando la acompañes a casa, en algún momento del camino, la cogerás de la mano, la acercarás hacia ti, y ahí sí.

Y mientras la acompañas, el camino a casa se hace demasiado corto entre tanta estrategia mental de cómo lo vas a hacer.

El miedo y el estrés han hecho acto de presencia, y piensas entonces que el momento exacto en el que te vas a lanzar será cuando te despidas de ella en el portal de su apartamento. "Eso es. En lugar de darle dos besos al despedirme de ella, esta vez me acercaré mucho más, y el primer beso se lo daré de forma muy suave y cerca de los labios. El segundo será directamente en la boca y nos perderemos ambos en ese disfrute", pensaba mientras caminaba junto a ella.

Y llegamos al portal. El momento de la despedida. Sus ojos se clavan en los míos como diciéndome: "me encantas, Carlos". Me pregunta si mañana nos vemos a la misma hora. Me dice que se lo ha pasado genial. Y todo ello lo dice con esa mirada como pidiendo que finalice la jugada y que meta el gol de una dichosa vez.

Así que a pesar de que el corazón se me aceleró a mil por hora —y no sé hasta qué punto esto no es literal— y que me estaban entrando los siete sudores, a pesar de todo ello, ahí estaba yo, completamente decidido a ejecutar mi plan.

Paso uno: me acerco más de lo normal. Pecho pegando con su pecho. Mano derecha puesta en su cintura. Mano izquierda sobre su nuca. Posición completamente preparada para el lanzamiento.

Paso dos: Primer beso en su mejilla izquierda de la forma más suave y sensual que alcanzaba mi sensualidad en aquella época. Nos dirigimos más sensualmente al centro, mientras que visualizo el momento de la ejecución y...

Paso tres: ¡¡¡MIERDA!!! Me faltó valor para quedarme en sus labios, y pasé directamente a darle el segundo beso en la mejilla derecha.

Ella se despegó muy despacio de mí, como echando en falta algo, con esa mirada que ahora indicaba desconcierto y cierto grado de frustración. Y no era para menos. Esperé a que entrara en el portal, y antes de cerrar la puerta me lanzó un beso con cierta tristeza en su rostro. Desde allí me dijo "hasta mañana" con una media sonrisa algo forzada.

Durante el camino de vuelta a casa, tuve mi mayor diálogo conmigo mismo hasta la fecha. Posiblemente nunca he hablado yo solo tanto como aquella noche. Ahora le llaman comunicación intrapersonal. En cuanto esta chica cerró la puerta del portal, lo primero que salió de mi boca en voz alta mientras golpeaba a un árbol fue: "¡¡¡ME CAGO EN MI VIDA!!!". Y esto con bastante ímpetu y con mi típica gesticulación excesiva.

Si alguien hubiera ido detrás mía todo el camino hasta llegar a casa, hubiera tenido la sensación de que estaba viendo a un verdadero loco, o quizás pensaría que habría tomado algunas sustancias, porque cada 50 metros, volvía a decirme a mí mismo en voz alta: "¿Pero qué te pasa pedazo de idiota?" Y es curioso, porque en aquellos tiempos, a mi corta edad, no sabía que esto mismo que me estaba ocurriendo en algo tan inofensivo como la falta de valor o los miedos injustificados ante un romance adolescente, puede ser algo muy dañino en la edad adulta si no comienzas a trabajar en ello cuanto antes.

Pero a pesar de mi corta edad, sabía que era algo que debía solucionar, porque yo no era un cobarde. Así que ese día me prometí a mí mismo que no me volvería a ocurrir eso. Como al día siguiente había quedado con ella nuevamente, me prometí que "mañana, pase lo que pase, me lanzo. Se acabó ya esta mierda", y esta vez lo dije totalmente convencido, completamente motivado, cargado de energía y seguridad en mí mismo. En definitiva, lo dije con convicción y decisión. O eso creía.

El mecanismo del miedo

El mecanismo del miedo es algo muy curioso. En realidad existimos hoy día gracias a que nuestros antepasados sintieron miedo. Si la especie humana en la prehistoria no hubiera tenido miedo, los humanos nos hubiésemos extinguido.

Imagina a tus antepasados sin la presencia del miedo en sus vidas, poniéndose de forma valiente frente a un león, enfrentándose a osos en un cuerpo a cuerpo e intentando estrangular a un rinoceronte con sus propias manos. No hubiera quedado descendencia humana. Es por eso que a modo de broma se suele decir que los humanos actuales procedemos de la raza humana más cobarde, del que se protegió, del que se escondió para no hacer frente a los numerosos peligros que acechaban en el entorno.

Existen dos tipos de miedos: los miedos heredados genéticamente y los miedos adquiridos. El miedo fue tan contínuo en las primeras etapas de la evolución humana que se quedó grabado a nivel genético. Nuestros antepasados desarrollaron estos mecanismos de miedo, ansiedad y estrés como forma de supervivencia. Cuando percibes una amenaza, el cerebro envía una señal al corazón para que aumente la frecuencia de bombeo de sangre. De esta forma se asegura de que nos llegue más sangre y oxígeno a los músculos, y así estemos preparados para correr. Es por eso que cuando sentimos pánico, podemos sentir que tanto nuestra cara como nuestras manos se quedan frías. De ahí viene el color pálido del rostro ante situaciones de pánico. El corazón está enviando la sangre a las piernas para que puedas correr.

Como decíamos, este mecanismo de defensa ha mantenido viva a nuestra especie ante el peligro de ser atacados por un león o por un oso. Y como fue algo muy útil en términos de supervivencia, se quedó grabado en nuestros genes. Naces con este mecanismo de defensa. Es decir, naces con este miedo heredado.

El problema es que en la actualidad, el ser humano no corre peligro de ser atacado por un león o por un oso, al menos no todos los días, pero es algo innato, y nuestra mente es tan compleja en ocasiones, que si no hay peligros reales, sencillamente se los inventa.

El mecanismo del miedo ha evolucionado hasta el punto de que ahora no se usa para sobrevivir, sino para sabotear nuestra superación. Si bien este miedo y ansiedad era muy útil en la jungla, en la actualidad tiene la misma utilidad que un monólogo de humor improvisado en un velatorio. Fuera de lugar. El mecanismo del miedo se activa cuando decides intentar algo. Si fracasas, el qué pensarán los demás es el nuevo león de nuestra época. La posibilidad de sufrir un rechazo también activa este mecanismo. Si estás en un trabajo que no te gusta, y piensas en dejarlo, se activa el mecanismo del miedo. Sería el equivalente de nuestros antepasados a salir de la seguridad de la cueva para hacer frente a todos los peligros existentes en la jungla.

Pero debemos tener claro que a pesar de que sea un mecanismo genético y heredado, eso no significa que no podamos alterarlo a nuestro favor. Una vez que sabes que algo existe dentro de ti, una vez que eres consciente de que tienes un mecanismo actuando, hay maneras, no de eliminarlo, pero sí de silenciarlo. Siempre lo vas a tener dentro de ti, preparado para activarse, pero puedes impedir que te bloquee una vez que se active.

Teniendo en cuenta que todo ser humano trae de serie este mecanismo, la única diferencia que existe entre unos humanos y otros es que unos se bloquean cuando se activa este mecanismo, se paralizan por completo. Otros, en cambio, ignoran este mecanismo y actúan a pesar de que el mecanismo del miedo está activado. El problema, no es tanto el mecanismo del miedo heredado, como lo es el sumarle también el miedo adquirido.

Cada rechazo y cada fracaso te condiciona. De hecho, si a lo largo de tu vida únicamente te has encontrado con rechazos, tu cerebro, cada vez que vayas a intentar algo, es como si te dijera que no lo intentes. Si hasta ahora solo has fracasado, si hasta ahora solo te han rechazado, ¿para qué vas a intentarlo de nuevo? Vas a fracasar nuevamente. Y este tipo de comunicación intrapersonal es la que te puede marcar y puede acabar definiendo tu vida. Y es un ciclo que debes romper. Y sí, se puede romper. Se debe romper.

Se suele decir que el sabor de una derrota sólo se quita con una victoria, y que lo amargo de un fracaso desaparece con un éxito. Y esto es completamente cierto. Pero después de esta indefensión aprendida debido a nuestros constantes fracasos y rechazos, ¿Cómo lo intentas nuevamente?¿Cómo sacas el valor para estrellarte de nuevo?

En primer lugar, entendiendo que eso que estamos llamando estrellarse, realmente no te va a matar. Un rechazo tampoco es el fin del mundo. Es más, un rechazo realmente tiene la importancia que tú quieras darle, siempre y cuando tengas claro que el cúmulo de rechazos y fracasos forman parte de tu aprendizaje. Siempre y cuando seas capaz de extraer las lecciones con la idea de aprender y hacerlo mejor la próxima vez.

A esto se le conoce como resiliencia, y es una habilidad que todos deberíamos desarrollar cuanto antes. La resiliencia únicamente es aceptar y superar un acontecimiento poco deseable y extraer todo aquello que puedes aprender para evitar que se repita ese resultado en el futuro. Dicho de forma más sencilla, prosperar a pesar de la adversidad o salir más fortalecido de las situaciones más indeseables.

Y en segundo lugar, debemos aceptar que el rechazo y el fracaso siempre es una posibilidad que está latente. Y no siempre depende de nosotros que aparezca esta posibilidad. Existen multitud de factores en nuestra vida que no podemos controlar, por lo que siempre deberemos poner nuestro foco y energía únicamente en aquello que podemos controlar.

Por lo tanto, no podemos evitar un rechazo, pero sí podemos minimizar el impacto de un rechazo en nuestro cerebro para que no nos dañe psicológicamente. Y lo más importante, impedir que un rechazo o un fracaso te defina. Y en este sentido, un gran experto en el tema es Jia Jiang, el autor del libro *"Cómo superé mi miedo al rechazo y me volví invencible"*.

Jiang siempre tuvo un miedo desmesurado al fracaso y al rechazo, hasta el punto de quedar paralizado. Estudió los mecanismos del miedo y comprendió que la mejor forma de deshacerse de estos miedos era convertirlos en una especie de juego, de forma que se minimizara su impacto psicológico.

Si sientes miedo al rechazo cuando vas a pedir un préstamo al director del banco, si sientes miedo al fracaso cuando vas a iniciar un nuevo proyecto, si sientes pánico cuando vas a visitar a un potencial cliente, realmente estás dejando que sea el miedo el que domine tu vida. La forma en que Jiang superó sus miedos fue a través de un método tan absurdo como eficaz que básicamente consiste, no en deshacerte del miedo, pues eso no puedes conseguirlo, pero sí en perderle el miedo a este miedo al rechazo.

Su método consistió en dedicar 100 días a hacerle peticiones absurdas a extraños, buscando precisamente el rechazo. Entre sus peticiones se encontró el llamar a la casa de un desconocido y pedirle si podía jugar a la pelota en su jardín o pedirle a un policía si podía conducir su coche. Está claro que durante esos 100 días recibió numerosos rechazos, pero su cerebro dejó de ver la parte más hiriente de los rechazos, hasta lograr verlo como algo completamente natural dentro del proceso de la propia vida.

Y lo más importante, después de cientos de rechazos, sigue vivo. Sí, aunque no lo creas, el rechazo no te mata, ni hace que se te ponga la cara de color verde. La vida sigue tras un rechazo si le das permiso a tu cerebro para seguir con tu vida. Pero lo más curioso, para sorpresa de Jiang, es que dentro de sus peticiones tan tremendamente absurdas, se encontró con que algunas personas aceptaban su petición. Es decir, algunas personas, contra toda lógica, no rechazaron sus absurdas peticiones.

¿Qué probabilidades existen de que un extraño deje pasar a un desconocido al interior de su casa para jugar con la pelota en su jardín? Bastante pocas, pero Jiang lo consiguió. Te sorprendería saber la gran cantidad de cosas que puedes conseguir si pierdes el miedo al rechazo. En muchos casos, no conseguimos algo por la única razón de que no lo hemos pedido. Y no lo hemos pedido debido a este miedo. Pierde ese miedo y pídelo. Si te lo conceden, disfruta. Si te lo deniegan, la vida sigue. Lo mismo ocurre cuando no intentamos algo por miedo al fracaso, y ese miedo nos acaba garantizando el fracaso, pues no hay mayor fracaso que no intentar algo en lo que podrías tener éxito.

Con el miedo al fracaso ocurre exactamente lo mismo. Lo último que debes hacer es bloquearte por el miedo al fracaso y no intentar algo que deseas por este temor. Cuando decides intentar algo como un nuevo proyecto, un cambio de trabajo o la creación de un negocio, siempre recomendamos que te pongas en el peor escenario posible, ese escenario en el que acabas fracasando.

Hazte ahora la siguiente pregunta: ¿Podrías seguir con tu vida a pesar de fracasar en eso que quieres intentar, o te dejaría tan dañado psicológica y económicamente que te causaría un serio problema? Si la respuesta es que podrías vivir con ello en caso de un rotundo fracaso, no te paralices y ve a por ello. Si por el contrario piensas que, en caso de fracasar, no serías capaz de levantar cabeza y te hundirías en la miseria, mejor estate quieto.

En ocasiones, hay que buscar proyectos en los que, fracasar, al menos salga barato. Pero recuerda que el fracaso es una posibilidad que siempre estará rondando a tu alrededor, y no siempre será tu culpa. A veces, es la aleatoriedad la que provoca los resultados menos deseados. Recuerda que somos la única especie a la que un fracaso nos puede dañar. Cuando un gato persigue a un ratón, si el ratón se le escapa, el gato no entra en depresión. Simplemente va a buscar otro ratón.

Y esto me hubiera venido muy bien saberlo aquel verano del 94 con mi potencial y próspero romance veraniego, pues llegó el gran día. Otra vez. Volví a reunirme con mi preciosa rubia de ojos claros al atardecer en ese rincón de la playa que durante dos días había tenido nuestros nombres. Pero en esta ocasión, esta chica no me traía buenas noticias. Por temas de trabajo de su padre, debían volver ya a la capital. Es decir, se le habían acabado las vacaciones, y a mí se me había acabado ese fugaz romance veraniego. Solo teníamos ese tiempo de la tarde y algo de la noche.

Fue la primera chica que me gustó de una forma más madura, a pesar del poco tiempo que la había conocido. Y yo era demasiado joven para comprender el entramado retorcido de los sentimientos. Me refiero a dejar salir esos sentimientos por el momento que estás viviendo, pero ni siquiera se te ha pasado por la cabeza que estás dejándote llevar hacia una historia que tiene una corta fecha de caducidad.

No pensé en que este momento iba a llegar sí o sí. De hecho, iba a llegar dentro de unos cuatro días. Simplemente se me había anticipado el momento de la despedida. Por primera vez sentí esa sensación con la que muchas personas se sienten tan familiarizadas; el estar disfrutando de una bella historia y que la historia llegue a su fin. Y nada puedes hacer por evitarlo, al menos a esas edades en las que únicamente una distancia de menos de 80 kilómetros se convierte en todo un mundo de separación entre dos adolescentes. Pero tenía unas horas por delante para cumplir mi objetivo antes de que se marchara definitivamente y perdiera el contacto con ella para siempre.

Y es que en aquella época no había Whatsapp ni Facebook. De hecho, no teníamos smartphones. Un simple teléfono móvil no estaba al alcance de la mayoría de las personas, y mucho menos para un adolescente. Por suerte. Y digo por suerte, porque si te pones a pensarlo, era algo bueno que te permitía seguir con tu vida. Conozco historias de romances fugaces, pero actualizados a los tiempos de hoy (2022).

Un chico o una chica se van de vacaciones y conocen a una persona. Pasan siete o quince días con esa persona. Luego se van cada uno a su lugar de residencia, pero no sin antes haberse pasado sus redes sociales y teléfono para seguir en contacto.

Esto provoca que muchas de estas personas, por un lado, alargan el sufrimiento por haberse separado en un momento en el que ambos están idealizados, pues no han tenido tiempo para discutir ni para descubrir todos sus defectos. Solo tienen el recuerdo de lo bonito, lo más puro del romance. Siguen en contacto sin poder verse, siguen planeando el volver a verse en algún momento. En definitiva, siguen manteniendo cierto sufrimiento que impide que sus vidas se desarrollen de una manera normal. En cierto modo, aunque sea de forma pasajera y momentánea, conservan la esperanza de que algún día puedan retomar el romance donde lo dejaron.

No dejan de estar atados a un pasado que fue muy fugaz, pero siguen teniendo ese pasado metido en el presente. En la mayoría de los casos, este sufrimiento acaba pronto, al menos para uno de los dos. Uno de ellos, en su zona de residencia, conoce a otra persona y comienza a reducir el contacto con su fugaz amor veraniego. La otra persona sufre al notar que esa reducción de contacto por la otra parte, significa lo único que puede significar. Su amor veraniego está perdiendo el interés o ha conocido a alguien. Y es ahí donde esa persona sabe que debe seguir con su vida y hacer lo mismo: olvidar y seguir adelante, conocer a otras personas.

En la mayoría de los casos, en estos romances fugaces, este proceso no suele durar más de 30 días. Si me apuras, posiblemente ahora se haya acortado a unos 15 días. Pero el problema no es que ese amor fugaz provoque un sufrimiento de hasta 30 días y después pierdan el contacto. Ojalá todo el problema fuera ese.

El verdadero problema llega cuando este tipo de contacto queda adormecido, como hibernando, mientras ambas personas siguen rehaciendo su vida. Una de estas personas conoce a alguien y comienzan una relación. Una relación que puede perdurar en el tiempo. Entonces reaparece aquel amor fugaz de hace un par de años con un simple mensaje que dice: "Hola, cuánto tiempo sin saber de ti. ¿Qué hay de tu vida?" Y realmente es un mensaje inofensivo de alguien del que no sabes nada desde hace años. Simplemente alguien del pasado. "Un amigo o una amiga que conocí estando de vacaciones hace años", le dicen algunos a su pareja.

En otros casos son sinceros, y le dicen a su pareja que es un "rollete" que tuvieron un verano hace 1000 años. Y claro, también tenemos a esas personas que no llegan a decirle nada a su pareja, y simplemente retoman la conversación con ese romance fugaz del pasado. En todos los casos, una parte del pasado ha aparecido, y a menudo, ha aparecido para joderte el presente.

Si tienes una relación de varios años con una persona, a estas alturas, ya han aparecido disputas, conflictos, diferencias, desencuentros, etc. Es decir, vives una relación real con las típicas cosas reales que se ocultan en los romances de Hollywood. Mientras tanto, esa persona del pasado que aparece –ese amor fugaz del pasado– entra como alguien cuyo recuerdo es perfecto. Solo momentos bellos y hermosos. No hubo tiempo para más.

Si los Puentes de Madison hubiera tenido un final alternativo.

Siempre he pensado que el romance que se expone en la película "Los Puentes de Madison", que tantas lágrimas causó en la gente, es en cierto modo engañoso. Una ama de casa (Meryl Streep) casada con un buen hombre, y que pasa mucho tiempo sola en casa, un día conoce a un fotógrafo que está de paso en la ciudad (Clint Eastwood). No vamos a entrar a analizar si lo que da comienzo a este romance es una pasión desmedida o un simple calentón provocado por lo novedoso, que en este caso es un atractivo forastero que hace acto de presencia en la vida monótona y aburrida de una mujer.

Ambos se dejan llevar y durante varios días viven un romance idílico, hasta que llega el momento de la partida del forastero. Para Meryl Streep se perpetúa este "amor" hasta el día de su muerte, dejándole a sus hijos una carta en la que dice que jamás fue capaz de olvidar a este forastero, refiriéndose a él, prácticamente, como su gran amor en la vida. Ahora imaginemos el siguiente giro en la película.

Meryl Streep, impresionada por esa pasión desbocada que está sintiendo por este forastero con el que ha compartido el momento más pasional de su vida, en esa escena final, saca el valor que le faltó para bajarse del coche, y comienza a correr hacia el coche de Clint Eastwood antes de que se marche. Deja a su marido y comienza una nueva vida con el forastero que le ha dado esos días de pasión inolvidables.

Posiblemente, en unos pocos años, esa pasión acabaría dando paso a la misma monotonía que ya tenía con su anterior marido. Hubieran aparecido defectos por ambas partes, desencuentros y discusiones. En cuanto algo platónico o algo sumamente idealizado lo conviertes en una realidad, acaba perdiendo la magia inicial, y haces frente a la realidad tal y como es. Piensa en una diva del cine o de la música, o piensa en el actor considerado como el hombre más sexy del mundo. Sueños inalcanzables que, si algún día lograras alcanzar, sería cuestión de tiempo que desapareciera la diva o el divo, y quedaría la persona con todos sus defectos visibles.

La realidad es que en esa segunda parte o ese final alternativo de los puentes de Madison donde deciden materializar el romance fugaz en una relación formal, podríamos barajar otros escenarios:

1. Meryl Streep y Clint Eastwood acaban hasta las pelotas el uno del otro.

2. Meryl Streep, un día, presa de su nueva vida monótona, y mientras su nuevo marido está de viaje fotografiando otros puentes a cientos de kilómetros, en esta ocasión, conoce a un topógrafo forastero y vuelve a sentir una nueva pasión desmedida por otro personaje novedoso (Y sabemos que Meryl Streep no tiene problemas para ser infiel).

3. Clint Eastwood acaba conociendo a otra ama de casa aburrida mientras está fotografiando otros paisajes.

No seré tan malvado como para descartar un escenario menos sombrío para este romance, donde ambos personajes acaban teniendo una relación próspera hasta el fin de sus días, pero, evidentemente, sin esa pasión desmedida del inicio.

Pero existe una alta probabilidad de que en la carta que en esta segunda parte deja a sus hijos, fuera algo diferente, y no hay que descartar que esta carta ahora dijera:

"Fui una idiota por dejarme llevar por un momento puntual de pasión y abandonar a vuestro padre, el hombre más maravilloso, bondadoso y buena persona que he conocido en toda mi vida"

Lo sé, os he jodido la película. En cualquier caso, la película "Los Puentes de Madison" está romantizando una infidelidad, que no deja de ser una decisión personal y voluntaria. ¿Cuál es la diferencia entre la decisión que toma Meryl Streep en los puentes de Madison y la decisión que toma Diane Lane en la película "Infiel"? La única diferencia que podemos observar es la intención del guionista, donde le hace vivir a Meryl Streep una historia de amor pasional y, en cambio, a Diane Lane le hace tener un calentón con un joven francés coleccionista de libros antiguos, mostrando el sentimiento de culpa de Lane por serle infiel a su marido (Richard Gere). Un mismo acto, y una misma pasión en ambas películas, pero un guión está *romantizado* mientras que el otro está más culpabilizado. En ambos casos, si quitamos todo el ruido y los adornos, solo existe una pasión que da lugar a una infidelidad.

Y una infidelidad no se produce únicamente cuando dos personas entran en contacto físico y mantienen una relación sexual. La infidelidad comienza en esas conversaciones que mantienes con otras personas y que le escondes a tu pareja.

Piensa en esto. ¿Mantienes conversaciones privadas que no te importaría que cayeran en manos de tu actual pareja? ¿Tendría motivos para molestarse en caso de leerlas? Un alto porcentaje de las personas son conscientes de que sus conversaciones privadas (mientras tienen pareja) podrían provocar serios problemas en la relación. Entonces, ¿Por qué lo hacen? Bienvenidos a las relaciones del siglo XXI.

En el momento en que estoy escribiendo estas líneas, Internet está lleno de publicaciones donde se pone en duda el concepto de familia ancestral. Internet está inundado de artículos que hablan sobre los beneficios de las relaciones abiertas, hablan de que las relaciones monogámicas están desfasadas y que no es lo natural para el ser humano. Incluso, los más drásticos, llaman dinosaurios a aquellas personas que aún creen en el concepto de familia unida, donde ambos miembros mantienen fidelidad y respeto el uno hacia el otro. Eso, según estas publicaciones, es antinatural y debemos asumir que es un concepto desfasado. Mientras tanto, otros estudios psicológicos advierten de que esta situación va a pasar una factura terrible a nivel psicológico a las nuevas generaciones, pues ya está afectando incluso a las antiguas generaciones que comienzan a ser "víctimas" de las nuevas relaciones.

De relaciones abiertas sé lo justo y necesario como para saber que no funcionan. Y todo aquel que ha intentado ser la excepción en este sentido, ha fracasado. Del mismo modo, el nuevo concepto de amigos con derecho (folla-amigos) no suele acabar bien. Por regla general, los amigos que pactan un acuerdo para mantener únicamente relaciones sexuales sin compromiso, siempre acaban de dos maneras: la más habitual es que dejen de ser amigos y, además, dejen de tener relaciones sexuales, pues una de las partes comienza a desarrollar sentimientos por la parte, y no siempre es correspondida. Comienza a aparecer el sentimiento de propiedad o exclusividad por la propia inercia de los encuentros. Se suele decir que el roce hace el cariño, y en estos casos es bastante complicado que una de las dos partes no comience a desarrollar sentimientos por la otra parte.

En otros casos, estos amigos con derecho acaban derivando en una relación sentimental. En cualquier caso, los amigos con derecho tienen los días contados y el final siempre es el mismo: o acaban en una relación formal o acaban dejando de ser amigos porque una parte quería algo más. Y no importa lo moderno que seas, pues en realidad, el mundo de los sentimientos entraña ciertos misterios y peligros. Un día estás manteniendo relaciones sexuales esporádicas con una persona de una forma abierta, sin importarte que esa persona mantenga encuentros íntimos con otras personas, y a otro día, sin saber qué pasó, comienzas a volverte loco y sentirte un desdichado porque quieres exclusividad. Ya no quieres compartir. Has sido víctima de un proceso químico que llamamos "amor" y que no deja de ser una cuestión de neurotransmisores, donde interviene la Dopamina, Norepinefrina, Feniletilamina, Oxitocina y Serotonina, una mezcla de sustancias que literalmente podrían volverte loco, y a todos los efectos, actúan en nuestro cerebro como cualquier otra droga.

Te producen cierta distorsión de la realidad, que es lo que hace que no veas los defectos de la otra persona, y al igual que las drogas, te produce dependencia. Por este motivo es que en esas primeras etapas del enamoramiento solo piensas en volver a ver a esa persona. Incluso tienen su poder alucinógeno, pues a veces las personas ven cosas en la relación que en realidad no existen. También te hacen imaginar cosas que luego no llegan a suceder, por lo que podríamos decir, que al igual que algunas drogas, también estimulan tu imaginación y creatividad. Con toda esta adicción que genera este conjunto de sustancias mezcladas en nuestro cerebro –Proceso químico conocido más comúnmente como enamoramiento– difícilmente vas a poder soportar una relación abierta sin volverte loco si hay sentimientos por medio.

Cuando comienzas una relación de amigos con derecho, te estás exponiendo al peligro de que tu cerebro comience a preparar este cóctel de neurotransmisores, que te volverán técnicamente drogodependiente a esa persona, por lo que si tu nuevo estado de sentimientos no es correspondido por la otra parte y esa persona decide tener encuentros íntimos con otras personas, sería como prepararle una raya de coca a un cocainómano, pero la raya se la va a esnifar otro.

Ana y Ramón - Cuestionables liberales.

Conocí a una mujer orgullosa de haber encontrado a un hombre al que no le importaba mantener una relación abierta con ella. Esta pareja estaba formada por Ana y Ramón. Llevaban cinco años concertando citas con otras parejas por internet donde ambos se intercambiaban sexualmente con sus contrapartes. Cinco años es mucho tiempo, por lo que podríamos decir que esta pareja lo había conseguido. Habían huido del concepto de propiedad y exclusividad, donde extraños pueden pasear por los parajes de los cuerpos de ambos.

Se amaban en esa libertad, y disfrutaban sexualmente con otras personas. Todo perfecto. Pero un día hablé con Ramón. No me creía esa felicidad plena en este tipo de relación. Debía haber algo más.

¿Qué sentía Ramón realmente? En sus propias palabras me dijo que no soportaba ver a Ana con otros hombres. Reconocía que en muchos casos, cuando quedaban con otras parejas tenía que tomarse la pastilla azul para poder tener una erección, pues no era capaz de disfrutar con otra mujer sabiendo que la persona a la que amaba estaba siendo embestida por otro hombre.

—¿Y por qué no lo hablas con ella y se lo dices claramente?—
Le pregunté sorprendido.

—Porque la quiero y tengo miedo de perderla. Buscaba a un
hombre tan liberal como ella. No quiere sentirse atada ni que le
quiten su libertad— Me respondió con los ojos lacrimosos.

Cinco años de sufrimiento, 10 kilogramos de peso perdidos
debido a la angustia que Ramón estaba soportando, que hacía
que en muchos casos se le indigestara incluso la comida. Y todo
por haber fingido ser la persona que no era para poder
conquistar a una chica cuyos valores no se corresponden con los
suyos.

Pero a esta pareja uni-liberal se le dio la vuelta a la tortilla
cierto día. En una ocasión, en uno de esos encuentros que
organizaban por internet, quedaron con otra pareja. Fue en el
vestíbulo de un hotel. Como otras tantas veces, quedaron para
charlar primero y conocerse para ver si existía atracción por
todas las partes.

Ana lo tuvo claro nada más ver al hombre de la otra pareja.
Un hombre de unos 40 años, cuerpo atlético, y un rostro que
parecía sacado de una revista de belleza masculina. El
intercambio de pareja se produjo en menos de 20 minutos,
mucho más rápido de lo habitual, por lo que cada uno de los
intercambiados miembros de pareja alquilaron una habitación
de hotel diferente.

Ramón dice que nada más ver al otro tipo, le dieron ganas de
llorar, debido a la impotencia, y, sobre todo, debido a la cara de
satisfacción de Ana solo al verle. Si Ramón siempre sufría con
estos encuentros, en este caso los celos fueron a otro nivel. De no
ser porque la tristeza y sufrimiento de Ramón fulminaban por

completo su testosterona, el propio Ramón me confesó que aquella noche hubiera hecho una locura. Ya no lo soportaba más.

Pero Ana cometió un error. Estuvo tan cegada con el Adonis que tenía enfrente, que no echó un vistazo ni tuvo en cuenta a la mujer. Aquella noche todo cambió. No sabemos todas las perversiones de las que disfrutaría Ana con su Adonis, pero sí sabemos lo que ocurrió en la habitación de Ramón.

Al llegar a la habitación, Ramón no pudo contenerse y decidió soltar todo lo que llevaba dentro. Le dijo a la mujer de Adonis que, si no le importaba, preferiría únicamente tomarse algo con ella y hablar. Le confesó que él no disfrutaba de estos encuentros sexuales y durante varias horas le explicó la historia de su matrimonio y cómo llevaba cinco años sufriendo debido a estos encuentros.

Para sorpresa de Ramón, la mujer del Adonis (Sara) le confesó que ella estaba en la misma situación que él. Por algún motivo, se había enamorado de un hombre con el que llevaba tres años prestándose para este tipo de encuentros porque quería complacerle. Tenía miedo de perderle, pero ya estaba comenzando a estar cansada, y ese amor que sentía se estaba comenzando a evaporar. De hecho, Sara dudaba de que su pareja realmente estuviera enamorado de ella.

Tras varias horas hablando, Sara se quitó el abrigo y se recogió el pelo, y Ramón se dio cuenta de que la pareja de Adonis era la mismísima diosa Venus. Ramón confesó que se quedó impresionado por la belleza de Sara y así se lo hizo saber.

Ambos se tumbaron en la cama para seguir charlando mientras tomaban una copa, mientras se desahogaba contando sus angustias. Antes de que pudieran darse cuenta, ya no hablaban de penas y angustias. Ahora querían saber el uno del otro. Tenían muchas cosas en común. Ambos estaban a disgusto con sus respectivas parejas liberales, ambos estaban sufriendo por este tipo de relación, y ambos querían acabar con ese dolor.

Unos meses antes, cuando hablé con Ramón en su momento de confesión, le dije algo que solemos emplear en el mundo del desarrollo personal.

Cuando estás viviendo una situación que no te gusta, solo tienes dos opciones:

1. Si una situación no te gusta, cámbiala.
2. Si no puedes cambiar la situación, simplemente la aceptas y sigues adelante.

Pero claro, la situación de Ramón y Sara no es precisamente una situación que no se pueda cambiar. Todo lo contrario, puedes evitar esta situación simplemente saliendo de ahí. No hay motivo lógico y sensato para aceptar y asumir una situación que te está haciendo sufrir.

En mi opinión personal, y así se lo hice saber, Ramón cometió un error de base en su relación. El mayor error fue comenzar esta relación con unas condiciones que sabía que le iban a traer problemas. Y este es uno de los errores más comunes que las personas cometen en las relaciones: comenzar una relación que no debería haber comenzado. El segundo error más grave para Ramón fue permanecer ahí una vez que supo que cometió un error. Como se suele decir, es más fácil evitar desde primera hora caer en un hoyo, que tener que salir después, una vez que has caído dentro del hoyo y te has quebrado varios huesos. Y sin duda, lo más estúpido que puedes hacer una vez que estás dentro del hoyo, es seguir cavando más hondo.

Pero todo estaba a punto de cambiar para Ramón y Sara, pues en esa cama, las penas se acabaron convirtiendo en risas, las agonías y sufrimiento acabó derivando en un interés recíproco por saber el uno del otro. Entre risas y copas, comenzaron los roces, los abrazos y el aprovechamiento de la habitación de hotel.

Se fue la frialdad del encuentro entre Ramón y Sara e hicieron lo que fueron a hacer, pero no por los motivos que los reunieron allí desde primera hora. Surgió de forma sincera, surgió porque a ambos les apeteció. Y esta vez Ramón no necesitó tomar una pastilla azul, más bien necesitó que alguien detuviera aquella pasión desenfrenada que se había producido entre dos personas que tenían tanto en común, que fue como si los 5 años de encuentros de este tipo para Ramón, y los 3 años de encuentros sexuales de Sara, en los que ambos sufrieron, en ese momento, justo en ese instante, hubieran merecido la pena solo por este encuentro. Solo por haber tenido la oportunidad de conocerse.

Al acabar aquella maratón sexual, ambos tuvieron claro que querían volver a verse. Por primera vez, Ramón estaba dispuesto a repetir con una pareja, y por primera vez, a Ramón le daba igual que su mujer volviera a repetir con el Adonis. Y por supuesto, por primera vez, a Sara le ocurría igual.

Ambos se intercambiaron el teléfono con la ilusión de volver a verse. Volvieron al vestíbulo del hotel donde Adonis y Ana llevaban casi dos horas esperando, y ambas parejas se despidieron.

Volvían a casa a las siete de la mañana cuando Ramón le dijo a Ana que no veía mala idea volver a quedar con esta pareja. Pero ese instinto femenino de Ana sabía que algo no iba bien. Por primera vez en cinco años, era Ana quien sentía celos. Le montó un espectáculo a Ramón y le dejó bien claro que no volverían a repetir con esta pareja. En ese preciso momento, Ramón se dio cuenta de que ya no sentía nada por Ana. Todo su amor se había esfumado en tan solo una noche. De hecho, cuando pensaba en ella, era inevitable que la viera como una persona egoísta e inmadura que posiblemente siguió organizando estos encuentros porque era consciente de que su marido no lo pasaba tan bien como ella.

Ana sabía que esa noche algo se había roto. Era tan consciente de ello que le propuso a Ramón dejar este tipo de encuentros. Si Ramón hubiera escuchado estas palabras tan solo 48 horas antes, se hubiera sentido el hombre más feliz del planeta. Pero ya era tarde. Por la mente de Ramón solo pasaba en ese momento una persona, y esa persona no era Ana. Era Sara.

Al llegar a casa, mientras Ana se acostaba, Ramón se dirigió al cuarto de baño con su móvil, y envió un mensaje de Whatsapp a Sara. El mensaje decía:

"Tanto si me dices que sí como si me dices que no, hoy mismo voy a dejar a mi mujer. Ya lo tengo decidido. Y me encantaría comenzar una nueva vida contigo. No me olvido de ti"

Antes de obtener respuesta, Ramón se dirigió al dormitorio y despertó a Ana. "Tenemos que hablar, Ana. Quiero dejarlo", le dijo sin vacilar. Ana comenzó a llorar. Estaba sintiendo la misma impotencia que durante todo este tiempo había sentido Ramón. Y ella conocía bastante bien a Ramón. Era de las personas que le costaba decidirse a hacer algo, pero una vez que se decidía era porque tenía claro que no había marcha atrás. En mitad de los gritos, la impotencia y los llantos de Ana, sonó un mensaje de Whatsapp en el móvil de Ramón. Era el mensaje de respuesta de Sara:

"No te he sacado de mi cabeza en toda la mañana. Le acabo de decir a mi marido que hemos terminado. Quedemos esta noche. Me gustaría verte".

Y este, posiblemente, fue uno de los momentos más felices en la vida de Ramón. Quedaron en un bar y pasearon por la ciudad hasta el amanecer, momento en el que decidieron coger nuevamente una habitación de hotel y pasar el domingo juntos en aquella habitación, donde acabó surgiendo una sana relación.

Han pasado 12 años de aquel encuentro. Ramón y Sara tuvieron un hijo y se casaron. Lo hicieron en este orden. A día de hoy permanecen juntos. No sabemos mucho de Ana, pero sí sabemos que Adonis no se tomó demasiado bien la separación, por lo que durante 6 meses hizo todo lo posible por dificultar la relación entre Sara y Ramón. A nuestro Adonis le costaba trabajo entender que durante mucho tiempo jugó con fuego pensando que tenía el control, debido a su egoísmo. Y llegó un día en el que se quemó. Descubrió que este juego entrañaba ciertos peligros. Y perdió.

Un fin de semana se presentó en la vivienda que habían comprado Sara y Ramón. Se presentó con aires amenazantes dispuesto a montar una escena. Fue Sara la que salió a hablar con él mientras Ramón estaba escuchando la conversación desde el salón.

En algún momento de la conversación, Adonis le dijo a Sara: "Dile a Ramón que salga si tiene huevos". Y Ramón salió. ¿Qué lección aprendió Adonis ese día? Pues que te lo tienes que pensar dos veces antes de provocar a un instructor de artes marciales.

Las decisiones

Cualquier decisión que tomas, te conduce inexorablemente hacia un futuro. La mayoría de las cosas que ocurren a nuestro alrededor están fuera de nuestro control. Solo hay unas pocas cosas que podemos controlar, y es en esas cosas en las que debemos centrar nuestra atención.

No puedes controlar muchas situaciones, pero sí puedes controlar las decisiones que vas a tomar. Una simple decisión puede cambiar tu vida para bien o puede arruinarte la vida por completo. En algunos casos tomamos decisiones y no somos conscientes de las consecuencias que nos pueden acarrear en un futuro, como es el caso de Ana y Adonis, dos personas que eligieron cierto tipo de vida pensando que tenían el control de la situación hasta que la situación se salió de control. Llegado ese momento, en el caso de Adonis y Ana solo les queda asumir la situación que ellos, a través de sus decisiones, han provocado. Y ahora tienen la oportunidad de hacer las cosas de diferente manera con las personas que entren en su vida, o seguir haciendo lo mismo que han estado haciendo hasta ahora. Es decir, todo va a depender de las decisiones que tomen a partir de este momento. Lo único que ya no pueden cambiar es el pasado.

Diferente es el caso de Sara y Ramón. Ambos tomaron la decisión de comenzar una relación con la que no estaban de acuerdo. Ambos tomaron la decisión de permanecer firmes en esa decisión cuando vieron que dicha situación les estaba provocando más dolor que satisfacción. Y ambos tomaron la decisión de no tomar ninguna decisión al respecto. También nos muestran que una sola decisión puede cambiar el curso de tu vida. No siempre debemos llegar al punto de decir "ya no puedo más".

En ocasiones hay que ser conscientes de que asumir situaciones dolorosas a pesar de que podemos cambiarlas, no es lo más inteligente. Y aquí estamos hablando del amor, pero esto nos sucede en cualquier ámbito de la vida.

Se suele decir que una decisión tiene mucho poder, pero el hecho de no tomar ninguna decisión, en ocasiones, tiene más poder, aunque de forma negativa.

Observemos de nuevo el caso de Sara y Ramón. El azar hizo que ambos se cruzaran en el camino, el azar hizo que se cruzaran dos personas atractivas físicamente y en la misma situación de infelicidad. De no haberse cruzado, posiblemente seguirían sin tomar ninguna decisión. Continuarían sufriendo en estos encuentros en los que únicamente disfrutaban sus respectivas parejas. Y este es el poder de una *decisión no tomada*. Tiene el poder de arruinarte la vida sin ni siquiera ser consciente en ese momento, hasta que un día, dentro de 10 ó 20 años echas la vista atrás y te dices a ti mismo: ¿Cómo pude ser tan imbécil por haber perdido mi vida de esa manera? Y con respecto a las decisiones, hay una frase de Tony Robbins que siempre la he tenido grabada a fuego:

"Una decisión real se mide por el hecho de que has tomado acción. Si no hay acción, es porque aún no te has decidido"

Mientras no tomes el control de la situación y te comprometas a tomar acción, y acabes tomando dicha acción, no puedes hablar de que has tomado una decisión. Y vale, quizá eso de que siempre he tenido presente esa frase no sea del todo correcto, y mucho menos su aplicación.

Para eso debemos volver al verano del 94 y mi breve y fugaz romance veraniego. Supongo que querréis saber cómo acabó la historia, y si finalmente me lancé a dar ese primer y último beso a mi bella chica de preciosos ojos azules, esbelta silueta y magnética sonrisa.

Verano del 94 - Último asalto

Está claro que en el momento en que me dijo que sería la última vez que nos íbamos a ver, la tristeza se apoderó de mí. A pesar del poco tiempo que la conocía, reconozco que me dieron ganas de llorar. Esto nunca lo dije porque a los 15 años, uno tiene cierta reputación, pero así fue. Se me hizo un nudo en la garganta. Por otra parte, sabía que era ahora o nunca, por lo que comencé a planificar nuevamente mi plan de seducción pre-despedida. El tiempo con ella, ese día, pasó rapidísimo. Va a ser cierto eso de que el tiempo es relativo, porque nunca vi pasar 4 horas de forma tan veloz. Si en días previos los nervios se habían apoderado de mí, esa noche, de camino a su portal, yo era el nervio personificado. Aceleración del ritmo cardíaco, sudores, dificultad para respirar... Si no fuera porque tenía 15 años, hubiera pensado que me estaba dando un infarto.

Y llegamos al portal. El momento de la verdad donde el joven Carlos, en un acto de valentía sin precedentes, por fin se lanzará en cumplimiento de su deber como hombre ligeramente enamorado de una chica a la que no va a volver a ver. Ella vuelve a clavar su mirada en mis ojos y labios. Hoy día sé que en ese momento ella estaba pensando en tomar la iniciativa y acabar con mi indecisión. Lástima saber hoy día muchas cosas que me hubieran venido muy bien saber cuando era más joven.

Llegados a este punto, solo una decisión me separaba del "qué bonito hubiera sido, pero ya nunca lo sabremos" y los fuegos artificiales de haber besado a la chica que me gustaba, antes de marcharse.

1. Preparando posición.

2. Mirada fija en esos lindos ojos azules, dirección a su mejilla izquierda y con ambas manos colocadas en su cintura. Pecho pegando con pecho.

3. Primer beso con suavidad en su mejilla. Se siente la pasión entre ambos y solo una sencilla decisión me separa de mi objetivo. Es ahora o nunca y entonces....

4. ME CAGO EN MI VIDA!!! OTRA VEZ!!

Inexplicablemente no fui capaz. No había riesgo, sabía que ella lo quería, y aún así, no fui capaz. Dejé ir a la chica más impresionante que había conocido hasta ese entonces. Y lo que más me dolió fue ver en sus ojos la expresión de decepción mientras cerraba la puerta de su portal. Así que volví a hacer el camino a casa con una mezcla entre tristeza y cabreo con mi comunicación intrapersonal en su máximo esplendor. Cambié mi dirección para quedarme un rato en la orilla de la playa en mitad de la noche, pensando en lo idiota que era, pensando en lo desgraciado que me sentía porque esta chica se iba. Y ese día hice una promesa (otra vez). Me prometí a mí mismo que jamás me volvería a ocurrir esto. Jamás me volvería a quedar paralizado en este tipo de situaciones.

Por desgracia, esta promesa la rompí dos veces más. Este miedo infundado, este tipo de inexplicable inseguridad volvería a sucederme en dos ocasiones más en esa misma costa, teniendo los tres casos un mismo patrón en común. Cuando sentía por una chica algo más que atracción física, me quedaba paralizado para dar el primer paso. Y esto tiene una explicación. El miedo no cobra fuerza debido al rechazo en sí. Cobra fuerza cuando la recompensa es mayor. Es por eso que el mayor pánico lo sientes ante los cambios que realmente pueden ser importantes.

Debo decir que justo el día que cumplí los 18 años, me puse como principio el nunca incumplir una promesa. Y no por los demás, sino por mí mismo. Desde los 18 años hasta mis actuales 43 años, jamás he incumplido una promesa que haya hecho a una persona, ni mucho menos he incumplido una promesa que me haya hecho a mí mismo. Y este tipo de promesas sí que son importantes cumplirlas, pues son las que realmente hacen que tengas una alta autoestima.

Si te prometes algo a ti mismo y tú mismo te fallas, el concepto que llegas a adquirir de ti mismo no es demasiado bueno que digamos. Es una forma de perder la confianza en ti mismo, en tus propias capacidades. Es por eso que lo que me ocurrió aquel verano del 94, me ocurriría un par de veces más, pero desde los 18 años hasta hoy día nunca me he quedado con ganas de saber el resultado de algo. O tengo éxito en algo o fracaso, pero intentarlo lo intento, cueste lo que cueste y obtenga el resultado que obtenga. No me quedo con ganas ni mucho menos con dudas.

Nunca he dejado que la falta de una toma de decisiones se interponga en mi camino. Perdí por completo el miedo al rechazo. Y no voy a ser hipócrita, pues el rechazo no deja buen sabor de boca, pero aprendí que el no saber si algo podría haber acabado en un éxito o en un rechazo, es mucho peor que el propio rechazo o el propio fracaso. Es la diferencia entre el fallo orgánico y el fallo provocado.

El fallo provocado se da cuando tus propios miedos hacen que te quedes paralizado, que no intentes algo por miedo. También se da cuando no te esfuerzas lo suficiente por conseguir algo, y en el fondo sabes que te podrías haber esforzado más. Tus propios actos o la falta de acción provocan el nefasto resultado. Te autodestruyes.

El fallo orgánico, por el contrario, es cuando intentas algo, y lo haces de la mejor forma que puedes hacerlo. Y aún así, la cosa no sale como tú querías, pero al menos te has esforzado y has hecho todo lo que has podido. También se da cuando te enfrentas a alguien en algún deporte, habiendo entrenado como una fiera, y aún así pierdes, por la sencilla razón de que tu oponente era mejor. Es un fallo orgánico porque a pesar del esfuerzo, te has topado o bien con un rechazo, o bien con un resultado negativo debido a que el otro era mejor.

Lo bueno del fallo orgánico es que al menos no te queda el remordimiento de qué hubiera pasado si te hubieses esforzado más. Tienes la tranquilidad y la conciencia tranquila de que al menos lo intentaste.

Tú eliges. Tú decides.

Todos nos encontramos en este momento donde nuestros actos y decisiones nos han llevado. Como se suele decir en el mundo del desarrollo personal: "Si no te gusta dónde te encuentras, comienza a tomar decisiones que te lleven a otro lugar". Y esto puede sonar a filosofía barata, pero por el hecho de que suene a filosofía barata, no significa que no sea cierto. Un alcohólico es alcohólico porque un día decidió serlo. Quizás no de forma consciente, pero sus decisiones lo llevaron al alcoholismo. Escúchale atentamente, porque la mayoría tienen muy buenas excusas para explicarte cómo cayeron en el alcoholismo.

Y es cierto que en muchos casos se esconden grandes tragedias, como esa persona que pierde a un ser querido y se refugia en el alcohol como una forma de evadir la realidad. Pero no hay que olvidar que otras personas han pasado por una situación similar, y lejos de refugiarse en el alcohol, acabaron refugiándose en el cariño de aquellos seres queridos que siguen vivos.

No obstante, dejando a un lado los casos de grandes tragedias que conducen a las personas a la dependencia de sustancias, la mayoría de personas simplemente llegan a ciertos niveles de autodestrucción porque eligen autodestruirse sin ser conscientes de lo que están haciendo. Cuando adquieren el grado de conciencia, para algunos, ya es demasiado tarde como para salir de ese pozo sin ayuda. Esto lo definía perfectamente el legendario inversor *Warren Buffett*:

"Las cadenas de los malos hábitos son tan finas y ligeras que no te das cuenta de que las llevas puestas. Cuando eres consciente de estas cadenas, ya se han vuelto demasiado pesadas y gruesas como para poder cortarlas".

Así que una forma de evitar tener que cortar algunas cadenas, es directamente evitar colocarte estas cadenas. No comenzar algo es la mejor forma de no tener la necesidad de finalizarlo después.

Un atracador se dedica a atracar porque un día decidió atracar. Tenía otras opciones, eso seguro, pero decidió atracar.

Y un traficante de marihuana eligió un día buscarse la vida de esta manera. Es común hoy día escuchar eso de: "bueno, mejor que estén traficando en vez de estar robando", y visto así, por supuesto que es preferible, pero también tenían otras opciones, como por ejemplo, no sé... se me viene a la cabeza... ¿Trabajar? Sé que suena muy loco y descabellado, pero no se debería descartar. Es algo que la gente hace todos los días.

Es cierto que traficando ganan más, y que una vez que han comenzado en ese negocio va a ser muy difícil que cambien a un trabajo con ciertas responsabilidades de horario y cobrando bastante menos, dedicando más horas de las que dedican en su actividad actual.

La mayoría de jóvenes traficantes no tienen pensado dedicarse a otra cosa en un futuro próximo, por lo que en un futuro lejano, ya tendrán colocadas esas cadenas prácticamente imposibles de cortar.

Y lo curioso es que ellos también tienen sus buenas excusas para explicarte por qué un día decidieron iniciarse en este negocio. La única realidad es que comenzaron atraídos por el dinero fácil o porque en su entorno ya vieron que era una forma más rápida de generar grandes ingresos. En cualquier caso, eligieron este tipo de vida, y cada vez más jóvenes eligen esta vida, porque lejos de ser criticados y/o ayudados, hoy día se les venera.

En el 2007 me encontraba hablando por teléfono en mitad de la Avenida de la Constitución de Granada. Una mano tocó mi hombro. Al girarme vi a una chica, que, sin tener en cuenta que estaba interrumpiendo una llamada de teléfono, me preguntó: "¿Oye, perdona, ¿Tienes papel?". Me sonaba bastante su cara, pero sus ojos, esos inconfundibles ojos ya los había visto 13 años atrás. Mi fugaz romance veraniego. Ella también me reconoció al instante.

Si los años nos caen a todos, en el caso de esta chica, era como si le hubieran caído los años acompañados de vigas y metralla, porque estaba prácticamente irreconocible. Su pelo rubio había sido cambiado por un color rojo, mezcla entre caoba y zanahoria. Su esbelta silueta había desaparecido por completo. Su forma de hablar era la de una yonki, y su particular simpatía se había esfumado. Incluso la expresión de su mirada ahora estaba apagada. No tenía papel para darle, pero sentí curiosidad por saber qué le había ocurrido en la vida, por lo que aún sabiendo que lo más seguro es que me arrepintiera, la llevé a tomar un café.

La estuve escuchando durante 30 minutos hasta que mi cerebro se desconectó por completo, pues su tema de conversación no era algo que me cautivara. Ya sé que éramos prácticamente niños cuando nos conocimos, pero era como si tuviera frente a mí a una persona completamente distinta. No podía dejar de preguntarme qué lleva a una persona como ella a tirar su vida a la basura de esa manera. Era una persona inteligente, guapa, con don de gentes. Podría haber hecho prácticamente lo que hubiera querido. Pero en algún cruce de su vida, su camino se desvió.

Vivía cerca de la cafetería donde estábamos tomando café, por lo que la acompañé a casa. Y fíjate en las ironías de la vida, que 13 años atrás iba nervioso por querer cumplir cierto objetivo y no sacar valor para ello, y en esta ocasión mi mayor estrés era dejarla en casa cuanto antes y desaparecer. Me pidió 10 euros para no sé qué (que ya sabía para qué), y no tuve valor para no dárselos. Tras coger el dinero, en lugar de entrar a su portal, me dijo que iba a comprar algo al supermercado. Y yo seguí mi camino, aunque en otro giro de los casuales acontecimientos, a pocos metros me crucé con su hermana. Tuve que recordarle quién era, pues no me reconoció. Y tuve que preguntárselo:

—Acabo de tomarme un café con tu hermana. ¿Le ha ocurrido algo? La veo muy diferente a cuando la conocí.

—Las juntas, Carlos, las juntas—, me respondió con cierta tristeza en su rostro.

Me explicó que cuando dejó el instituto conoció a un chico de esos que tanto gustan a las chicas (un malote) y entre el chico y los amigos del chico, la llevaron a un tipo de vida llena de fiesta, alcohol, porros y, deduciblemente, a otras sustancias.

El proceso de cambio es lento en estos casos, y a pesar de que las familias, en muchos casos, advierten a sus hijos de que no están eligiendo un buen camino , siempre queda la esperanza de que sea algo pasajero y que con el tiempo vuelvan a ser los de antes. En este caso pensaron que se cansaría del chico, cambiaría su nuevo círculo de amistades por otro más sano, y todo volvería a la normalidad. Pero por desgracia esto no funciona así.

La vida, al igual que el mercado bursátil, funciona con tendencias. Algunas decisiones que tomas dan paso a una tendencia alcista, llena de valor y prosperidad. Otras decisiones te conducen a una tendencia bajista. Todo el mundo tiene la esperanza de que esa tendencia pegue en algún soporte y vuelva a la tendencia alcista. Y en bolsa esto suele ser muy común, pero a diferencia de la bolsa, en la vida, no existen los soportes. El soporte es el fondo. Y una vez que tocas fondo, es muy difícil volver a la senda alcista si no te propones seriamente cambiar.

Ya sé que circulan por ahí frases de motivación que dicen que lo bueno de tocar fondo es que ya solo te queda subir, pero esto no es del todo cierto. En primer lugar, estamos olvidando la habilidad del ser humano para seguir escarbando y hacer el fondo más hondo. Y en segundo lugar, y mucho más importante, la realidad es que nunca hay un fondo en la vida. Siempre existe un fondo más hondo. Ya lo decía el propio Edward Murphy en una de sus famosas leyes catastróficas: "Cuando creas que algo no puede empeorar, descubrirás que sí podía".

Pero todo es cuestión de decisiones y no de la situación y el entorno (De la importancia del entorno hablaremos más adelante en el capítulo 4). Si nos fijamos en el caso de estas dos hermanas, provienen ambas de la misma familia, se han criado bajo los mismos valores, han tenido los mismos padres. Una acabó eligiendo tirar su vida con las drogas, mientras la otra acabó siendo reclutadora de personal en una empresa de Recursos Humanos. ¿Cuál es la única diferencia entre una y la otra? Únicamente las decisiones que han tomado en la vida. Ni suerte, ni destino, ni la Virgen María. Solo decisiones!

Compulsión de repetición.

La llegada de internet y los primeros chats fue algo que me vino bastante bien. En esa época dedicaba mucho tiempo al trabajo y estaba recién llegado a la ciudad, por lo que no conocía a mucha gente. Así que el fin de semana, después de comer, sobre todo los domingos, solía meterme en un chat y concertar una cita para ese mismo día a la hora del café. En una ocasión quedé con una chica un tanto particular. Era una tarde de septiembre en la que hacía calor, pero en las noches tendía a refrescar bastante, por lo que en mi caso, la mejor forma de equiparme en vestimenta para hacer frente a este contraste de temperatura es recurrir a vestir de traje.

En el lugar del encuentro con esta mujer me encontré con esta chica, Elisa, muy guapa, pero solo con verla, ya pude deducir que era muy diferente a mí. Cargada de piercings, muchos tatuajes visibles y vestimenta altamente provocativa, mostrando un gran escote que enaltecía unos grandes pechos operados. Hablando mientras tomábamos café, descubrimos que teníamos algunos conocidos en común. De hecho, ella ya me conocía y sabía el tipo de hombre que yo era. Y una cosa estaba clara, no era el tipo de hombre por el que Elisa se siente atraída. Ni mi conversación iba con ella, ni mi forma de vestir, ni siquiera mis buenos modales. Su cara de aburrimiento era notablemente visible, por lo que en mitad de la conversación me detuve y le pregunté:

—Oye, ¿va todo bien? ¿Te ocurre algo?

—No, es solo que... tienes cara de buena gente, y a mí me gustan los hombres como más malotes— Me respondió como con cierto apuro.

En ese momento estuve a punto de bromear y decirle: "Ey, no te confundas, que yo estoy hecho un pedazo de cabrón", pero la verdad es que no sirvo para pasar tiempo con alguien que sé que no está pasando un buen rato conmigo. Así que, educadamente, le dije que no le quitaba más tiempo y puse fin a aquella corta cita.

Elisa es una de esas chicas que, debido a que tenemos cierto círculo en común, he sabido de ella en más de una ocasión. Es de esas personas que puede decir que ha conseguido lo que buscaba en esta vida. Conoció a un chico malote (un Badboy), de esos que le gustaban, con el que comenzó una relación. Fueron dos años constantes de abusos y maltratos por parte de su pareja, hasta que en un acto de valentía consiguió dejarlo. Tras dejarlo, el maltrato continuó, hasta conseguir una orden de alejamiento que no siempre ayudó a que el alejamiento se cumpliera. Elisa pasó por un calvario. Pero, ¿aprendió la lección? Desde luego que no.

Su siguiente pareja, no sabemos si era un maltratador, pero sí sabemos que era una persona extremadamente violenta, un traficante y un consumidor de drogas. Elisa acabó quedándose embarazada de este hombre y formando una familia con él. Este señor acabó en la cárcel por apuñalar a un hombre en una discusión de bar, lo cual se sumó a otros cargos que ya tenía por tráfico de drogas. Elisa es consumidora frecuente de antidepresivos a día de hoy. Si le preguntas, te dirá que ha tenido mucha mala suerte en la vida. En todo momento, ella no asume su responsabilidad por la situación de su vida. Elisa posiblemente haya sido una víctima de la compulsión de repetición.

La compulsión de repetición es un misterio bastante curioso. El psicoanalista *Sigmund Freud* explicó con este concepto que las personas solemos volver a repetir los errores del pasado, aún sabiendo que estamos repitiendo dichos errores. Freud explicaba que el ser humano es el único ser que es capaz de tropezar, no ya dos veces, sino hasta tres o más veces con la misma piedra. Y esto tiene que ver con cierta paradoja, pues estas personas, de forma inconsciente, encuentran satisfacción en el dolor y sufrimiento.

Las personas vuelven a tomar las mismas decisiones que las llevaron a una situación indeseable, porque no acaban de recordar que a través de esas mismas decisiones, siempre acaba sucediendo lo mismo. Y esto realmente es un trastorno que, de no solucionarse, puede hacer que una persona tenga problemas bastante serios en la vida. En algunos casos, debido a este trastorno, las personas acaban sufriendo depresiones, y en casos más graves, son conducidas al suicidio. Es por eso que cuando conozco estos casos, no puedo dejar de sentir lástima por estas personas, pues en realidad estamos hablando de personas que padecen un trastorno, y este trastorno cada vez es más común. Y no solo en los adolescentes. Personas que pasan de los 40 años también son víctimas de la compulsión de repetición en diferentes áreas de su vida.

Debes tener claro que si las tres últimas parejas que ha tenido una mujer son maltratadores, eso no es una casualidad en la mayoría de los casos. De hecho, estadísticamente no existen tantos maltratadores como el movimiento feminista nos quiere hacer creer. Si tú, como mujer, estás dando con todos ellos, eso es un patrón. Y la que tiene un patrón tóxico eres tú.

Explicado de una forma más sencilla y entendible, no es que estés tropezando tres veces con la misma piedra en el camino, sino que tienes un camino despejado de piedras, pero te sales del camino y haces kilómetros para encontrar una piedra. Cargas con ella y la traes al camino que estabas transitando. La colocas en el medio del camino y dices: "Joder, ya he vuelto a tropezar con la piedra".

La solución de este trastorno es algo complicada, pues si algo en concreto es lo que te atrae, difícilmente puedes evitar que te siga atrayendo. Es por eso que en muchos casos, por más que intentes explicarle a una persona que tiene gustos extraños a la hora de elegir pareja, en todo momento reconoce que es cierto, pero claro, en su mente piensa: "pero es lo que me gusta". Para evitar esto, deberemos hacer un buen trabajo de introspección y deberás luchar de forma consciente contra ello. Supongamos que quieres llevar una vida sana y tener un cuerpo saludable, pero te gustan las hamburguesas, las golosinas y los dulces. Pero quieres estar delgado. No puedes seguir teniendo los mismos hábitos que te llevaron a tener un cuerpo obeso, y deberás prescindir de los alimentos que no son acordes a tu propósito. Muchas personas acaban disfrutando de su nueva alimentación más saludable. Otras se rinden, y dicen: "Bah, si la vida son dos días, ¿por qué voy a privarme de lo que me gusta?". Está claro que solo una de las dos acabará teniendo un cuerpo más saludable.

Si este ejemplo lo trasladamos a la vida, en ese trabajo de introspección, deberás llegar a la conclusión de cuál es tu objetivo en la vida, de qué tipo de personas te convienen en tu vida y cuáles han sido los errores que te han conducido a tu actual e indeseable situación. Posiblemente debas trabajar en incorporar a tu vida nuevos valores y ponerte nuevas metas, porque si tus nuevas metas son lo suficientemente ambiciosas como para que ciertas personas no tengan cabida en ellas, serán tus propias metas las que acaben eliminando de forma natural tu predisposición a dejar entrar a ciertas personas en tu vida.

He conocido a personas que tendían a rodearse de gente poco grata, hasta que comenzaron a prosperar en su trabajo, acabaron conociendo en su nuevo entorno laboral a otras personas cuyos valores eran diferentes, cuya forma de vida era más próspera y saludable. Y ellas mismas acabaron decidiendo que preferían parecerse mucho más a la gente de su nuevo entorno que a su viejo entorno. En una vida de prosperidad, no hay sitio para las personas que no añaden valor y que, desgraciadamente, acaban restando en lugar de sumar.

Podríamos resumirlo diciendo que si comer galletas te hace daño y no quieres seguir comiendo galletas, solo hay que seguir tres pasos muy básicos: 1. No compres galletas; 2. Aléjate de los lugares donde venden galletas; y 3. Aléjate de las personas que se pasan todo el día comiendo galletas.

Al final, como podemos observar, todo sigue siendo cuestión de decisiones.

2

Asume tu responsabilidad y hazle frente a tus problemas.

"Jamás ignores un problema; él no te ignorará. Jamás le des la espalda a un problema; te atacará"

Eres el responsable de todo lo que ocurre en tu vida. Absolutamente de todo. Sin excepción. A la mayoría de personas les da miedo aceptar este hecho, porque asumir que eres el responsable de todo lo que ocurre en tu vida, te deja sin excusas. Una vez que sabes que no hay excusas, ya solo te queda ponerte en el asiento del piloto para conducir tu vida.

Esta idea del mundo del desarrollo personal ha sido muy cuestionada y criticada en los últimos tiempos. Incluso la psicología moderna asegura que es una idea dañina que puede acabar causando depresión en las personas, debido a que estas personas se pueden llegar a sentir culpables por su situación. Y hay que distinguir los conceptos de culpa y responsabilidad, pues son dos mundos diferentes. No tienes la culpa de muchas cosas que suceden a tu alrededor, pero eres el responsable de todas ellas.

Por ejemplo, no eres el culpable de que la empresa para la que trabajas quiebre o haga un despido masivo, pero eres el responsable de lo que vas a hacer llegado ese momento. No eres el culpable de que un coche te embista en la autovía, ni de que un borracho te empuje en una discoteca, pero en ambos casos eres el responsable de lo que haces a continuación, de las decisiones que vas a tomar a continuación.

Nos da miedo asumir que tenemos la responsabilidad de conducir nuestra propia vida, porque en el momento que lo asumimos ya no podemos solamente culpar a otros. Quejarse y culpar a otros es algo que en cierto modo nos complace, pero no produce resultados. Eres el responsable de tu salud, eres el responsable de tu bienestar financiero y, desde luego, eres el responsable de tu vida y tu futuro.

¿Significa que si a pesar de cuidar mi salud y tener buenos hábitos alimenticios, si mañana enfermara, sería mi culpa? Para nada. Desde luego que no. Simplemente significa que una vez que te han dicho que estás enfermo a pesar de haberte cuidado, eres el único responsable de todo lo que hagas a continuación. Hay quien se hunde mental y psicológicamente hasta el punto de dejar de luchar; otros decidirán que lo último que van a hacer es dejar de luchar. En todo momento tendrás que tomar decisiones ante los sucesos que presenta la vida. Serás el responsable de dichas decisiones. Seguirás teniendo la responsabilidad de conducir tu vida, aunque sea con algunas ruedas pinchadas. Tu vida, tu conducción, tus decisiones.

Pues bien, algunos dicen que inducir a la gente a que piense de esta manera es dañino, porque si una persona es despedida de su trabajo y tiene problemas para pagar la hipoteca, la estamos cargando con toda la responsabilidad de su situación, y al no ser capaz de solucionar este problema, acaba proyectando en sí mismo un sentimiento de culpabilidad, que le podría llevar a sufrir depresión. Siempre nos queda la opción de seguir el consejo de los que critican esta idea y engañar a esta persona, diciéndole que no se preocupe por la situación. Él no tiene la culpa ni mucho menos la responsabilidad por haber sido despedido y no poder pagar la hipoteca. Con el fin de evitar males mayores, lo consolaremos y le diremos que espere tranquilamente porque al no tener la responsabilidad de su situación, en breve alguien aparecerá y hará frente al pago de la hipoteca. El tipo se alegrará, evitando caer en depresión, y problema solucionado. Y si te detienes a pensarlo, este pensamiento es mágico, es increíblemente útil para tranquilizar a una persona. Solo tienes que evadir a la persona de toda responsabilidad.

El problema es que la magia desaparece cuando esa persona ve más adelante que nadie ha hecho frente a su hipoteca ni al resto de sus gastos. Es entonces cuando se descubre el truco de este pensamiento mágico y la persona cae en la única realidad existente: "el problema es mío y nadie va a venir a solucionar mis propios problemas. Soy el responsable de ellos, aunque me cueste asumirlo (Insisto, el responsable, no el culpable)".

El problema de este tipo de pensamiento complaciente de que una persona no es la responsable de sus problemas, es sencillo de comprender. Si no eres el responsable de todos los problemas que ocurren a tu alrededor, tampoco eres el responsable de darles una solución. Dicho de otro modo, no ser responsable de todo lo que ocurre a tu alrededor significa que lo que ocurre en tu vida no depende de ti. Entonces no tienes el control de tu vida, tu vida es manejada por otras fuerzas que escapan a tu control, y a través de tus decisiones no puedes cambiar nada. Y pensar de esta manera, sí es verdaderamente dañino para el futuro de una persona que quiere prosperar en la vida.

En el mercado bursátil lo vemos a menudo. Personas que invierten en una empresa, y la empresa se va a al carajo. Esa persona pierde todo su dinero invertido. Culpa a la CNMV, a los organismos reguladores, a la crisis, al director general de la compañía, pero evade su responsabilidad como inversor por no haber analizado correctamente la compañía antes de invertir en ella, de haber preferido invertir en una empresa de mayor riesgo con la idea de obtener mayores rentabilidades en lugar de haber elegido una empresa de menor riesgo aunque la rentabilidad hubiera sido menor. Si no se responsabiliza de esta pérdida, mañana volverá a hacer otra pésima inversión.

A lo largo de toda nuestra vida nos vamos a enfrentar a todo tipo de problemas y retos. De hecho, en el juego de la vida, todo trata de ir dándole solución a estos problemas y retos conforme van apareciendo. Nunca pidas o desees tener menos problemas, porque eso no va a suceder. En su lugar, pide tener la inteligencia suficiente para hacer frente a todos y cada uno de los problemas que vayan apareciendo en tu camino. Es más, teniendo en cuenta la gran cantidad de problemas que aparecen por sí solos en nuestra vida, pide el tener la habilidad de no buscar nuevos problemas por el simple hecho de buscarlos.

Un cociente intelectual alto no te hace más inteligente.

Es muy difícil medir la inteligencia de las personas. La medida más estandarizada es el CI (Cociente Intelectual o Coeficiente de Inteligencia). Pero lo cierto es que puedes tener un alto CI y gestionar pésimamente los problemas reales en la vida. De hecho, los psiquiátricos, cárceles y clínicas de desintoxicación están llenas de personas con altos cocientes intelectuales, mientras que personas con un CI medio han construido grandes imperios empresariales.

Rodney Alcala tenía un cociente intelectual de 160 puntos, es decir, el mismo CI que Albert Einstein y Stephen Hawking, dos personas que podríamos considerar muy inteligentes por todo lo que han aportado a la sociedad con sus estudios. En cambio, Rodney Alcala usó su CI para otro tipo de asuntos. Acabó convirtiéndose en un asesino serial. Se hacía pasar por fotógrafo con la intención de atraer a mujeres jóvenes y niñas. Abusaba sexualmente de ellas y luego las estrangulaba.

Tsutomu Miyazaki también gozaba de un CI de 160 puntos, y su mayor aporte a la sociedad fue el secuestro de Mary Konno, una niña de 4 años a la que asesinó y posteriormente abusó sexualmente de su cadáver. No era la primera vez que lo hacía ni sería la última vez.

Con un cociente intelectual superior a la media tendríamos también Charles Manson (CI de 121 puntos), el cual no necesita presentación.

Si observamos el camino que eligieron estos y otros asesinos, ladrones de guante blanco, atracadores con alto CI, ludópatas de alto CI y drogadictos de alto cociente intelectual, ¿realmente podríamos decir que son personas inteligentes? La inteligencia adquiere otro significado cuando se trata de tener una vida próspera.

Finalmente podríamos estandarizar el concepto de inteligencia como la habilidad de resolución de problemas complejos de la forma más sencilla posible. Y esto no solo para resolver complicadas ecuaciones matemáticas, sino también para gestionar correctamente nuestras emociones, solucionar problemas que aparecen en la vida de una forma fácil (incluye la correcta gestión emocional), darle sentido a tu vida (a ser posible de forma que beneficie al resto de la sociedad sin incluir el asesinato serial), y lo más importante, lo verdaderamente inteligente: no buscar a drede nuevos problemas ni el autosabotaje.

El conocido empresario Richard Brandson no tenía un alto cociente intelectual. De hecho, de haber seguido el consejo de sus profesores (como él mismo cuenta en su biografía "*Perdiendo la Virginidad*"), no hubiera llegado a nada. Tenía dificultades para el aprendizaje y la lectura, por lo que a menudo era tachado de tonto incluso por el propio profesorado. Después supo que lo que padecía era dislexia, algo que en la época de Branson no se trataba de la misma forma que en la actualidad, por lo que era frecuente que la gente que padecía dislexia, acabara teniendo cierto complejo de inferioridad con respecto a sus compañeros de clase. Esto les dejaba en cierto modo marcados para su futuro.

Branson acabó creando uno de los mayores grupos de empresas de todo el mundo. El Grupo Virgin se compone de más de 500 empresas y genera decenas de miles de puestos de trabajo. Sin lugar a dudas, Branson es un tipo verdaderamente inteligente, aunque su CI no diga eso.

Podríamos decir lo mismo del hombre más rico de España, el señor Amancio Ortega, un hombre tímido e introvertido que no tiene un alto CI, pero ha logrado construir uno de los mayores imperios de la moda de todo el mundo (Inditex).

Mostrando todos estos casos, sí podemos tener claro que la vida te da ciertas cartas, y tuya es la RESPONSABILIDAD de cómo juegas esas cartas.

Cambia los "porqués" por los "qués"

Una parábola budista cuenta que un hombre fue herido por una flecha envenenada. Sus amigos y familiares querían que visitara a un médico para curarle e impedir que muriera, pero el hombre herido se negaba. Quería saber el nombre de la persona que le había lanzado la flecha, quería saber el por qué le había disparado la flecha, el tipo de arco que había usado, de qué estaba hecha la cuerda del arco con la que había lanzado la flecha; si la pluma era de un ave o de alguna otra especie; quería saber de dónde provenía el veneno. Y quería todas esas respuestas antes de ser atendido por un médico. El hombre murió, y además, murió sin conocer estas respuestas.

En esta parábola, la flecha representa la tragedia inmediata y la búsqueda de las respuestas a estas tragedias. *Gautama Buda* quería transmitir algo mucho más profundo con esta parábola, pero únicamente voy a extraer la lección más útil. Mientras buscamos ciertas respuestas, mientras buscamos los "porqués" de las cosas que nos suceden, estamos perdiendo un tiempo precioso para sanarnos de las heridas. No hay respuesta para muchas preguntas que nos hacemos, y de hecho, tampoco es necesario buscarlas.

¿Por qué me ha dejado mi pareja?¿Por qué se fue con otro?¿Qué tiene esa otra persona que no tenga yo?¿Por qué a mí? Qué más da. Esas no son las preguntas que debes hacerte. La pregunta que debes hacerte es: ¿Qué puedo hacer ahora?¿Qué puedo hacer a partir de este momento?

No puedes impedir que alguien te dispare una flecha envenenada, ni puedes impedir que la flecha sea de bambú o que la pluma sea de Búho, pero sí puedes salir corriendo para llegar cuanto antes a un médico que extraiga la flecha y evite tu muerte. Volvemos al punto de que no es tu culpa que alguien te lance una flecha envenenada, pero sí eres el absoluto responsable de hacer todo lo posible por extraer esa flecha.

El día que aprendí esto, se produjo un antes y un después en mi forma de ver los problemas de la vida. Este simple cambio en la pregunta que te haces (cambiar el "porqué" por el "qué") abre todo un mundo de posibilidades. En primer lugar, cuando ante un evento indeseable te preguntas "¿por qué a mí?" te estás victimizando. Cuando te preguntas "¿Qué puedo hacer a partir de ahora?" estás asumiendo el control de una situación, y tu cerebro comienza a buscar respuestas útiles, comienza a buscar soluciones ante un problema, dejando de lado cuestiones metafísicas sobre si el problema te lo ha mandado el universo, Dios, el destino o un espíritu al que le hiciste mucho daño en la otra vida que viviste hace 1500 años. No importa quién te envía ese problema. Importa lo que vas a hacer y las decisiones que vas a tomar en este momento. ¿Te han despedido del trabajo?

Victimízate lo justo, solo un rato, y toma la responsabilidad de tu situación preguntándote qué vas a hacer ahora; qué puedes hacer en este momento. Eso es hacerte responsable de la situación, eso es buscar soluciones reales para hacer frente al nuevo escenario que se plantea en la vida, un escenario, que te guste o no te guste, cambiará para mejor o cambiará para peor, según las decisiones que tomes a partir de este preciso y justo momento. El dicho más conocido y quizás uno de los principios en los que se sustenta el Desarrollo Personal es:

"No puedes impedir que ciertos acontecimientos lleguen a tu vida. No depende de ti. Pero sí puedes elegir cómo responder ante ellos".

Este sencillo dicho que se le ha adjudicado a muchos autores de nuestra época pero que ya usaban los filósofos griegos del estoicismo, lo engloba todo. Necesitas hacerte responsable de la situación, necesitas gestionar correctamente tus emociones y pensamientos para que la situación no te hunda, y necesitas pasar a la acción para darle una solución. Necesitas usar correctamente tu capacidad para tomar decisiones.

Lo que sí debes tener claro es que tanto si te has buscado un problema como si el problema te ha buscado a ti, nada te va a librar de la responsabilidad que tienes para hacer frente a ese problema. Y los problemas no se solucionan dándole la espalda. Un problema hay que enfrentarlo de frente, con decisión y cuanto antes. Existen problemas que los vemos venir a distancia, y que comienzan siendo muy pequeños, pero si lo dejas ahí, ese pequeño problema se puede acabar convirtiendo en un gigante al que ahora te va a costar mucho trabajo derrotar.

Debemos recordar que los problemas únicamente se dividen en dos tipos. Por un lado tendríamos los problemas que no tienen solución, es decir, ese tipo de tragedias que no puedes hacer nada por evitar. Este tipo de problemas únicamente podemos aceptarlos, gestionar correctamente nuestras emociones y aprender a vivir con la nueva situación. Y luego tendríamos los problemas que sí tienen una solución y cuya solución sí depende de nosotros. En este caso, aún repitiéndome en este punto, dejamos de lado las preguntas trascendentales y ponemos todo nuestro foco y energía en darle una pronta solución al problema. Un problema no desaparece por sí solo; tú lo haces desaparecer.

Bullying - es solo una cosa de niños

En 2017 leí un titular en un periódico: "Un menor apuñala a 5 compañeros de clase". En el subtítulo ponía que el menor tenía un expediente académico brillante. Únicamente al leer eso (menor con expediente académico brillante apuñalando compañeros) lo ves claramente sin leer mucho más. Solo me cuadraba que hubiera sido víctima de acoso. No le veía otra explicación. Y efectivamente, el menor confesó que estaba sufriendo acoso escolar, aunque el propio instituto decía que no habían observado que se estuviera produciendo bullying salvo por las típicas bromas que le hacían algunos de sus compañeros por sacar buenas notas, o sea, por ser un empollón. El menor apareció una mañana en clase de Geografía e Historia con un cuchillo de cocina y comenzó a apuñalar a varios de sus compañeros, provocando heridas leves, y, por suerte, ninguna víctima mortal. ¿Cuánto dolor ha tenido que soportar un chaval que todos lo consideraban introvertido, reservado, solitario, tranquilo y buen estudiante, como para llegar a tener ese cortocircuito en su cabeza e ir dispuesto a apuñalar a sus compañeros?¿Quién es el responsable de este suceso? Teniendo en cuenta que estamos en estos momentos en el capítulo que habla de asumir tu responsabilidad, está claro que el primer responsable es el menor que carga con el cuchillo contra sus compañeros. Pero por otra parte, si hacemos responsable a este buen estudiante, también deberíamos tener en cuenta la responsabilidad de sus acosadores. Pero, ¿qué ocurre con el centro educativo que permite que se den casos de acoso sabiendo que se pueden dar estas situaciones?

Casi nadie da importancia al acoso escolar hasta que suceden ciertos eventos. Un día escuchas que en un centro educativo se ha suicidado un estudiante porque era víctima de acoso escolar y todo el mundo se pone las manos en la cabeza. Pero hasta llegar ahí, se han pasado por alto muchos otros eventos y existen muchas personas y cargos que no han asumido su propia responsabilidad, incluidos los propios padres de algunos acosadores.

No voy a caer en el error de culpar a los padres del comportamiento de sus hijos, porque en realidad, hoy día, no siempre son culpables. Conozco muchos casos de padres que se han esforzado por dar la mejor educación a sus hijos y aún así, el hijo acabó siendo un rebelde sin causa. Existen padres que lloran por las noches al ver cómo su hijo se está saliendo de control y no son capaces de encauzarle. No hay que olvidar que existe un primer lugar donde un niño recibe una educación (su propia casa), un segundo lugar que es el centro educativo y el profesorado, y por último, el entorno al que está expuesto el niño, es decir, el grupo de amigos y compañeros de los que se rodea. Y claro, por muy buena educación que le hayan dado al niño en casa, si otros padres no han hecho ese mismo trabajo con sus hijos y, casualmente, ese niño pasa tiempo con esos otros niños de padres más desligados de una buena educación hacia sus hijos, la influencia del entorno acabará teniendo más poder en la educación y el comportamiento de una persona (como veremos más adelante a lo largo del libro).

Tampoco hay que olvidar el otro entorno al que están expuestos prácticamente la totalidad de adolescentes, que es Internet, donde libremente los niños consumen todo tipo de contenido que no siempre es el más adecuado. Pero con respecto al tema del acoso escolar, sí que podemos notar que es algo en lo que parece que nadie asume su culpa, y mucho menos su responsabilidad.

Por otra parte, como estamos en la época del discurso diplomáticamente correcto, siempre con miedo a que tus palabras se salgan de lo políticamente establecido y pudieran ofender a alguien, existe un miedo establecido a llamar las cosas por su nombre y evadir ciertas verdades que debemos asumir. En primer lugar, un niño de 15 ó 16 años no es un niño. Hay adolescentes de 15 años que son verdaderos hijos de su madre y que ya tienen una tendencia bien clara y definida hacia la delincuencia, y todo ello, gracias a la complicidad del resto de la sociedad (padres, centro educativo, profesorado, leyes, etc...). Esos niños conviven con otros niños altamente influenciables, y debemos recordar que un mecanismo de supervivencia humano es adaptarse al entorno para encajar en dicho entorno.

El problema es que desde el principio de los tiempos ha estado presente el concepto de amos y esclavos, dominadores y dominados. Puestos a elegir, si como adolescente tienes que escoger entre encajar en el grupo de los amos o en el grupo de los esclavos (escoger entre dominantes y dominados), elegirán dentro de lo posible no estar en el grupo de los dominados.

A falta de una autoridad competente que actúe de verdadero amo, esa pasividad de la autoridad dará lugar a que algunos adolescentes tomen el control de la dominación y elijan a sus dominados. Nos llevamos las manos a la cabeza en el momento que entendemos por las malas que un amo sigue siendo el amo mientras que el esclavo se lo permite. A veces, el esclavo no puede más y acaba suicidándose. Otras veces el esclavo dice "hasta aquí hemos llegado" y se rebela contra sus amos. Y es ahí cuando leemos en la prensa que un esclavo, cansado de ser esclavo, ha apuñalado a sus amos. No estoy justificando el hecho en cuestión, de la misma forma que un centro educativo no puede justificar su ignorancia ante hechos que pueden derivar hacia este tipo de situaciones. En este caso, la ignorancia de un centro educativo muestra la incompetencia del centro educativo. O al menos así lo pensaba, hasta que entendí que los profesores tienen las manos atadas.

Si nos ponemos a pensar en el trabajo de profesor, podríamos pensar que es un trabajo con un horario razonable, con bastantes vacaciones y en cierto modo, de poco esfuerzo físico. Pero entonces, ¿por qué es uno de los trabajos que cuenta con más bajas por depresión? Por algún motivo, ahora, parte del profesorado se siente esclavo de sus alumnos. Los alumnos tienen demasiado poder, no se puede aplicar mano dura, y a diferencia de mi época, cuando un profesor te podía partir una regla en el trasero o en la mano, ahora, una simple palabra más alta puede hacer que vengan los padres a amenazar a los profesores.

Esto da otro giro de tuerca, y es que a falta de una autoridad competente que proteja a los profesores y les conceda cierta libertad para educar correctamente al futuro de nuestra sociedad, los hemos vendido y abandonado. Asiduamente he asistido a dar charlas a institutos, y he visto el poco respeto que le tienen a la figura del profesor. En una ocasión le dije a un profesor: "si a mí me habla un mocoso de esa manera, le meto la cabeza en el retrete y tiro de la cadena". El profesor me confesó que tiene también una fantasía similar, pero que no puede hacer nada hoy día con los alumnos. Simplemente tragar y aguantar. Entonces, ¿a quién culpamos?¿a quién hacemos responsable del comportamiento de los jóvenes de hoy día?¿A quién hacemos responsable en los casos de acoso escolar?

Todo lo que sé de las tendencias en la vida me lleva a que todo es un efecto mariposa que comienza desde que somos jóvenes. Comienza siendo algo inofensivo, incluso gracioso en un principio, pero poco a poco acaba derivando en algo que deja de tener gracia.

Si con 15 años no tienes una autoridad que te castigue por acosar a alguien que te parece más débil, al salir del instituto podrás pegarle una patada a una papelera de un parque. Si tampoco recibes castigo por ello, podrás entrar a una tienda y robar una bolsa de pipas o lo que sea. Y poco a poco, a base de ir repitiendo este tipo de actuaciones, irás a más. La tendencia está en marcha y es la misma repetición de vidas perdidas en toda clase de delitos que podemos ver en personas que pasan de los 20 e incluso los 40 años.

No obstante, insisto. Estamos en un capítulo donde no se trata de encontrar culpables. Si tienes un hijo adolescente, y falla el centro educativo, fallan las leyes y falla el entorno, deberás asumir la responsabilidad de la mejor forma que puedas. Y si eres ese adolescente, recuerda algo. Puedes hacer cosas muy estúpidas siendo joven. Y la juventud se pasa. Pero la estupidez no, a no ser que hagas algo para remediarlo.

Trátale a mi hijo un problema que no tiene.

En 2015, un fiel lector de nuestro portal Negocios1000 (un padre con un hijo adolescente de 16 años), me pidió que hablara con su hijo. Según este padre, su hijo siempre había sido un niño ejemplar, un niño tranquilo y buen estudiante. Desde hacía poco más de un año había bajado algo su rendimiento académico, pero ese no era el problema más grave. El problema era que lo habían llamado del instituto en varias ocasiones porque su hijo ahora se dedicaba a agredir y acosar a algunos de sus compañeros. Había tenido tres peleas en los últimos seis meses, y dos de los chicos con los que se había peleado tenían lesiones bastante graves.

Yo no soy psicólogo, pero dada la confianza de este padre, acepté hablar con su hijo, pues me comentó que él mismo le había pasado a su hijo alguno de mis artículos y que al niño le habían parecido muy interesantes.

La primera percepción que tuve sobre este adolescente fue bastante buena. Le pedí que me contara sobre lo que me había dicho su padre. Y madre mía cómo cambian las versiones cuando escuchas a la otra parte.

El chico me reconoció que desde que llegó al instituto había estado sufriendo acoso escolar por parte de un grupo muy concreto de la clase. No era un chico que mostrara debilidad, todo lo contrario, se veía un joven muy seguro de sí mismo, un joven sociable y atractivo, y además, se le daban bastante bien las chicas. Y ahí comenzó el problema. Despertó la envidia y los celos del "chusmilla" de la clase, que a su vez tenía otros tres potenciales delincuentes como amigos.

El perfil más común de acosador escolar suele ser un joven inseguro con bastantes complejos, por lo que busca suplir esos complejos adquiriendo una situación de control que le permita avasallar a otras personas. Podríamos decir que ese es su momento de gloria, sus minutos de fama. En realidad, la persona que hace bullying suele tener un perfil cobarde, pues siempre escoge a una víctima que representa una baja amenaza, y, en caso de que la víctima pudiera representar una amenaza, suele estar acompañado de otros acosadores para evitar que se active el *mecanismo de autodefensa y ataque* en su víctima. Si un acosador tuviera que atacar solo, posiblemente no atacaría.

Este joven me comentó que llevaba un año entrenando Artes Marciales Mixtas (MMA) tres veces por semana y Krav Magá dos veces por semana. Y todo ello con un único objetivo en mente: enfrentarse a sus acosadores y zanjar este problema. Este chico resultó ser un alumno aventajado para la práctica de artes marciales. Así que un día se presentó en el instituto y se enfrentó a uno de sus acosadores. Le partió la nariz y le fisuró varias costillas. Primera pelea y primera llamada al padre por parte del director del instituto.

Como no estaban presentes sus otros amigos, supongo que pensarían que este joven tuvo suerte en la pelea, por lo que dijeron de ir a vengar a su amigo. Fueron los tres juntos, como buenos cobardes. Dos de ellos cayeron al suelo inconscientes, uno de ellos con una ligera contusión, y otro con una muñeca partida. El tercero echó a correr al ver el panorama. Segunda pelea y segunda llamada del director del instituto al padre del joven.

La tercera pelea sí podríamos decir que sobró, pues ya fue un uno contra uno, y precisamente, con el más asustado de todo el grupo (con el que echó a correr). Este se libró de las lesiones y pagó con humillación. Le pregunté al joven si ya había terminado con el problema y si ya podía estar tranquilo su padre de que no iba a recibir más llamadas del instituto. El joven me respondió:

"Depende de ellos. Por mi parte ya está todo arreglado. De vez en cuando los veo mirándome fijamente, por lo que me acerco nuevamente a ellos, pero ahora se achantan. Si en algún momento dijeran de enfrentarse a mí, volveríamos al ring, pero creo que ya no sacarán valor".

Me hubiera gustado llevarle otras noticias a su padre. Igual un psicólogo necesitaría indagar más, pero en mi caso, y aunque esto me vaya a traer críticas, no puedo ver nada malo en la forma de actuar de este joven. Sé que el discurso de algunos padres, como este padre en concreto, es que las cosas no se arreglan con violencia. Y estoy de acuerdo en eso, pero no puedes regalarle bombones a quien te dispara balas.

A este padre tuve que explicarle los casos de suicidios que existen entre jóvenes que son víctimas de acoso escolar. Su hijo es un superviviente, un valiente, una persona que ha sabido solucionar un problema por sus propios medios. No dijo nada, no pidió ayuda, porque sabía que pedir ayuda podría empeorar las cosas de cara a ser un chivato para estos acosadores. Tomó el control de la situación, identificó a los culpables y asumió su responsabilidad. Y lo más importante, solucionó el problema de forma estoica. Le dije a su padre que lo que hizo su hijo es una clara y evidente señal de que a ese niño le irá muy bien en la vida.

Para escribir este libro, y teniendo en cuenta que sabía que iba a contar esta historia, escribí al padre de este adolescente para saber qué había sido de su vida. En la actualidad tiene 23 años, terminó la carrera universitaria y está haciendo prácticas en una empresa. Sigue practicando esporádicamente artes marciales, lleva una vida sana y es feliz con su vida. No ha vuelto a tener noticias de peleas por parte de su hijo.

Falló el control en el centro educativo, falló la educación que habían recibido estos acosadores, y fallaron las leyes que ven el bullying como un juego de niños. Cuando todo falla y nadie asume su responsabilidad, solo te queda asumir tu propia responsabilidad sobre todo aquello que afecta directamente a tu vida.

Por desgracia conozco otros casos de personas que en su edad adulta cargan con ciertas inseguridades porque en sus días sufrieron acoso escolar. No es un juego de niños. Puede dejar secuelas de por vida. Otros ya no tienen secuelas, pues decidieron acabar con su propia vida.

Los consejos de mi madre.

Han cambiado mucho los tiempos, y no siempre esos cambios han sido para mejor. Todavía recuerdo a mi madre decirle a mis profesores: "Si ve que mi hijo se porta mal, péguele. Le doy permiso para pegarle". Está claro que no se refería a que me diera una paliza y me mandara al hospital.

Digamos que de pequeño era un niño algo travieso, pero sin maldad. Típicas travesuras que me llevaron a recibir algún cachete y, en los casos más graves, alguna regla me han estampado en la palma de las manos. Por algún motivo que desconozco, ni yo ni ninguno de mis compañeros de clase que hemos recibido alguna cachetada, cargamos con traumas de la infancia por ello.

Pero no os voy a negar que aquello me dejó marcado con algunas marcas que hoy día no tienen muchos jóvenes. Me marcó en el respeto que le tenía a los profesores, en mi forma educada de dirigirme al personal sanitario hoy día, y en definitiva, en el respeto a modo general con el resto de la sociedad. En mi caso me compensó el recibir algunas dosis de disciplina por parte de todos los responsables de mi educación (casa, centro educativo y profesorado) En aquella época los profesores no tenían las manos atadas.

Con respecto a acosar a otros y ser acosado, mi madre me repetía de vez en cuando un consejo tanto a mí como a mis hermanos: "Que no me entere que te metes con alguien, pero que no me entere que dejas que alguien se meta contigo." ¿Existe mejor consejo que ese? Una cosa os aseguro, y creo que todos los nacidos antes de los 80 estaremos de acuerdo. Si un profesor te regañaba o te daba una cachetada, tenías miedo de que tu madre se enterara, porque posiblemente ella te diera otra cachetada o te vieras en la obligación de esquivar alguna zapatilla al llegar a casa.

Hoy día los profesores sufren constantes amenazas por parte de los propios padres de alumnos problemáticos. Y los profesores se sienten indefensos. Nadie asume la responsabilidad de la educación de los más jóvenes, y desde luego, los jóvenes tampoco se responsabilizan.

Solo en una ocasión tuve que aplicar el consejo de mi madre, y fue en mis últimos años de instituto. Hice bachiller en cuatro institutos diferentes, por lo que siempre era el nuevo en el instituto, y nunca tuve problemas de ningún tipo hasta aquel momento. Todo comienza de forma suave, como si los acosadores comenzaran a medir si eres una potencial víctima. En el reino animal esto es común en los tiburones, con sus típicas vueltas alrededor de la presa, observando si están ante una presa fácil.

A esto le siguen algunos comentarios que ignoras. Y este es el primer error que cometes (ignorar). Con el tiempo comprendes que más vale poner el semáforo en rojo una vez en lugar de ponerlo en ámbar cien veces. Es decir, más vale enfrentarte a una situación cuando comienza, y de esta forma zanjarla, antes de que los potenciales acosadores cobren confianza debido a que su potencial víctima agacha la cabeza.

A esto le acompañan otros comentarios más jocosos que provocan risas entre su grupo. Y sigues callado. Miradas provocadoras; y sigues sin hacer nada. Hasta que eso da lugar a que vas a pasar por la puerta y uno de ellos te pone el pie con la idea de provocarte una caída. Ahí sabes que ya no hay marcha atrás, y que si no zanjas el asunto, tenderá a ir a más.

El problema al que me enfrentaba era un finalista del campeonato local de kárate y otros dos compañeros de equipo del gimnasio. Y además, el líder del grupo me superaba en peso y tamaño. Visto así, realmente estaba jodido, a pesar de que yo había practicado artes marciales. ¿Habéis escuchado eso de que un tipo grande, cuanto más grande, más fuerte cae sobre el suelo? No es cierto. El tamaño, y sobre todo el peso influye mucho en un enfrentamiento. Por este motivo en boxeo los separan en pesos pesados, pesos pluma, mosca, etc...

Aún así, aunque sepas que tienes pocas posibilidades de vencer, sabes que es mejor mostrar resistencia y pelear que mostrar pasividad. De las dos formas vas a sufrir, pero enfrentándote al acosador, al menos este ve que no eres una presa fácil. Siguiente problema a solucionar es el hecho de que, como explicamos antes, el perfil de un acosador suele ser el de alguien inseguro y cobarde que no actúa solo, por lo que en caso de enfrentamiento donde la suerte estuviera a mi favor, dudo que sus dos compinches no entraran en escena y se acabara convirtiendo en un tres contra uno.

El caso es que nunca he tenido alma de sumiso o esclavo, y como buen solucionador de problemas, sabiendo que era un problema al que iba a tener que hacer frente tarde o temprano, elegí enfrentarme a este rival, aún sabiendo que posiblemente recibiera una paliza. Al salir de la última clase, me dirigí tras él a lo largo del pasillo, pero a última hora improvisé un plan alternativo. En aquel momento no lo sabía, pero hoy día sé que usé el principio de la ley del mínimo esfuerzo y, en cierto modo, la navaja de Ockham (lo más sencillo es lo más efectivo). Esperé, tras él, que pusiera el pie para comenzar a bajar las escaleras y le empujé con todas mis fuerzas.

No conté con el hecho de que el empujón hizo que no rodara las escaleras, sino que las saltara todas y acabara cayendo en el fondo golpeándose la cabeza fuertemente con la pared. Quedó inconsciente hasta el punto de que me asusté. Hoy día lo pienso y lo cierto es que aquello podría haber acabado en tragedia.

Pero en aquel momento, una vez hecho, no había marcha atrás. Ya solo me faltaban sus dos compinches. Si bien podía sentir cierto miedo ante un cinturón negro que me superaba en peso y altura, no sentía absolutamente ningún miedo ni respeto por dos mindundis cinturón marrón y azul de mi tamaño y peso. Los enfrenté pero los muy cobardes ya no tenían ganas de enfrentamiento.

Me gané la expulsión, evidentemente, y aquello fue como un presagio de cómo funcionan muchas cuestiones en esta vida. Se perdona al asaltante, pero se castiga al que se defiende del asalto (Y luego nos preguntamos por qué aumenta la delincuencia). Creo que muchos esperan que soluciones ciertos asuntos de una forma amistosa con personas que no quieren tu amistad, y no comprenden que cuando alguien saca el valor de enfrentarse a su acosador, va a por todas, y por regla general usará un nivel de fuerza o daño mayor al que han ejercido sobre él.

En cualquier caso fue mi decisión dentro de la responsabilidad que tenía sobre ciertos hechos que estaban afectando mi vida. Del mismo modo, me hice responsable de mi decisión y asumí mi responsabilidad, pero no la culpa, pues la culpa era únicamente del que comenzó el conflicto. Yo únicamente asumí mi responsabilidad para poner fin al conflicto.

La ley del mínimo esfuerzo.

Jordan Peterson, en su primera regla de sus 12 reglas para vivir, dice que te endereces y eches los hombros hacia atrás. Viene a decir, muy certeramente, que en el "reino humano" no puedes mostrar que eres una presa fácil. Hay muchos depredadores observando, y si te ven como alguien débil, es cuestión de tiempo que acaben pensando en atacarte.

La mayoría de animales, cuando se ven amenazados recurren a aparentar más tamaño. Por eso los gatos se inflan cuando se sienten amenazados. El pavo real coloca sus alas en forma de abanico no sólo para atraer a las hembras, sino para aumentar su tamaño y mostrar que es una gran amenaza para el resto de los machos rivales. Lo hace como una forma de proteger su territorio.

En el caso del ser humano son un conjunto de señales las que hacen que se te pueda ver como una persona *atacable* o una de esas personas que te lo tienes que pensar dos veces para atacar. Entre estas señales del ser humano se encuentran los hombros encogidos, esa tímida sonrisa cuando alguien te hace un comentario jocoso o el bajar la mirada cuando alguien te está provocando. Son señales que indican a un posible oponente que tienes miedo al enfrentamiento y, por lo tanto, eso le dará confianza en sus propias capacidades para atacar. Reconozco que esperar a coger despistado a un atacante para empujarlo por una escalera puede ser un acto cobarde. Lo admito y lo acepto, pero fue lo más inteligente si tenemos en cuenta varios factores.

Con ese acto simplemente quería dejar algo claro. Si no puedo vencerte de frente debido a tu peso, tu habilidad para pelear, tu tamaño o que sois tres atacantes en realidad, voy a caerte por la espalda, por arriba, por abajo o por un lateral, pero caerte te caigo seguro. En cualquier caso, no voy a ser una presa fácil. De hecho, elijo ser cazador.

Por otra parte, hemos aplicado la ley del mínimo esfuerzo. Esta ley dice que entre todas las posibilidades y alternativas que tienes a tu alcance, debes elegir aquella que implique el menor gasto de energía posible que produzca el resultado deseado.

Y en términos de inteligencia bruta, ¿por qué elegir una alternativa complicada cuyo resultado puede ser variable cuando el acto más sencillo y con menor gasto energético produce el resultado deseado?

Y por último, y no menos importante, el bien social. Estadísticamente, la mayoría de acosadores que han recibido su merecido, dejaron de acosar a otras potenciales víctimas. Y es triste que en la mayor parte de los casos hayan tenido que ser las propias víctimas las que han tenido que solucionar el problema de acoso. No hay un protocolo estandarizado funcional y efectivo para solucionar el problema del bullying, pero algunos padres han sabido emplear técnicas bastante plausibles.

Hubo varios vídeos que se hicieron virales en este sentido. En uno de ellos, una madre salía rapándole la cabeza a su hija, mientras la hija lloraba. Fue la forma en que esta madre se sintió responsable de los actos de su hija. Su hija se había reído de una compañera de clase que estaba calva debido al tratamiento con quimioterapia que estaba recibiendo para curar el cáncer que padecía.

Si una adolescente es capaz de reírse de una compañera por tener cáncer y la madre se muestra impasible ante este hecho, estaría dejando que su hija se convierta en un monstruo. ¿Sabías que lo que hizo esta madre rapándole la cabeza a su hija en contra de su voluntad podría ser denunciado por maltrato a una menor? Personalmente, aplaudo la iniciativa de esta madre.

En otro vídeo, un padre mete en un ring de boxeo a su hijo adolescente frente a un boxeador que hace que acabe con las piernas temblando. El delito de este adolescente era acosar a compañeros más débiles. El padre quiso enseñarle lo que estos otros compañeros sienten cuando son amenazados, acosados y maltratados por alguien más fuerte.

Y estos son padres que, de una u otra forma, se responsabilizaron de la educación de sus hijos y no se mostraron impasibles por su abusivo comportamiento.

No obstante, para la resolución de conflictos y problemas de este tipo, podemos extraer algunos principios o leyes con aplicación a otras áreas de la vida.

6 Principios para la resolución de conflictos

1. Cuando tengas la certeza de que un conflicto es inevitable, sé siempre el primero en golpear.

2. Un pequeño golpe en el momento oportuno es mucho más efectivo que el mejor de tus golpes en el momento menos oportuno.

3. Un ataque por sorpresa pone el resultado de la batalla a tu favor.

4. Espera siempre lo inesperado (este consejo le hubiera venido muy bien a nuestro cinturón negro momentos antes de golpearse la cabeza contra la pared)

5. Nunca subestimes a un adversario.

6. No asistas a todos los conflictos a los que se te invita, pero una vez que asistes, ve con todo.

Y estos 6 principios son aplicables no solo para una lucha callejera. Son principios que tenemos muy presentes en el mundo de los negocios, así que tenlos presentes.

¿Son los problemas una bendición?

Al principio de este capítulo decíamos que esta vida consiste en ir dándole solución a los problemas conforme van apareciendo. Una cosa debemos tener muy clara hoy día. Una persona que no haya enfrentado problemas, es un minusválido en la vida en términos prácticos.

Los padres que tienden a sobreproteger a sus hijos y dárselo todo hecho, en realidad no les están ayudando; les están mutilando. La resolución de problemas es un mecanismo como cualquier otro. Cuanto más usemos este mecanismo, mejor entrenado estará y más eficiente será en un futuro. No es casualidad que los hijos de empresarios, cuando se quedan a cargo del negocio familiar, suelen acabar hundiendo el negocio. El padre tuvo que enfrentar muchos problemas para levantar el negocio. El hijo, sencillamente, se lo encontró todo hecho, y ante los primeros problemas, el negocio acabó yéndose al traste.

Está comprobado estadísticamente que cuando un emprendedor comienza una nueva empresa con todo el capital necesario suele acabar fracasando con mayor asiduidad que aquel otro emprendedor que tuvo que recurrir a su ingenio y creatividad para crecer a pesar de la falta de recursos. Y es que un crecimiento orgánico es más estable y saludable que un "crecimiento pagado" con todo el capital necesario.

A nivel personal, una persona que ya se ha enfrentado a numerosos problemas, por regla general ya ha aprendido a gestionar correctamente sus pensamientos y emociones ante los problemas, es decir, no se hunde tan fácilmente ante la adversidad, porque ya ha atravesado otras veces la adversidad. Es algo diferente a esa persona que se enfrenta por primera vez a la adversidad y la situación le absorbe por completo.

Claro que no podemos meter todos los problemas en la misma línea, pues si bien la mayoría de los problemas que nos encontramos en la vida son bendiciones disfrazadas, luego existen problemas que son únicamente eso: problemas. Situaciones negativas a las que no puedes sacarle un lado positivo las mires por donde las mires. Enfermedad o muerte de algún ser querido, un incendio de tu vivienda y cosas por el estilo que, por más que busques, no puedes hacer nada más que aceptar y seguir.

Lo que sí es cierto es que, eso que la mayoría de la gente llama problemas, en realidad no son problemas reales ni se le parecen (más adelante os explicaré lo que son los problemas importantes de la vida). Aquí siempre recurro al mismo ejemplo, y es que si llevas 5 años casado y tu pareja te deja, tu cerebro va a entrar en una fase autodestructiva. En esta situación es momento de aplicar lo que explicábamos de cambiar los "porqués" por los "qués", pues no hay nada que puedas hacer por revertir esta situación. Y esta situación, a menudo sí es una bendición disfrazada.

Casi todas las personas que conozco tienen una ex pareja por la que un día lloraron y lo pasaron mal. A día de hoy, sobre todo si tienen una pareja estable, no volverían con su ex pareja ni por todo el oro del mundo.

Aquello que un día te provocó tanto dolor fue lo que te dejó libre para conocer a una persona a la que hoy día amas y te ama. En aquel momento no lo sabías, pero aquel problema era una bendición disfrazada de oportunidad. Claro que otras personas no acaban de ver la bendición porque se quedan atrapadas en lo que a ellos les parece un problema. Siguen pensando en lo felices que eran con esa persona y en que no van a encontrar a otra persona igual. Y esto les impide seguir adelante, atrapadas en el problema, siendo su mala gestión emocional lo que les hace no llegar a ver la bendición de lo que les ocurrió.

Esto mismo ocurre cuando una persona pierde su trabajo. No es una situación agradable para nadie la pérdida de su trabajo, pero una vez que lo has perdido ya solo tienes dos opciones: Seguir adelante o entrar en fase de autodestrucción. Grandes empresas se han creado gracias a que algunas personas un día perdieron su trabajo, y grandes historias de amor se han dado gracias a que un día algunas personas fueron dejadas por sus antiguas parejas. Pero esto solo logran vivirlo las personas que siguen avanzando en la vida, descargando la mochila de pasado para que les puedan entrar cosas en el futuro. Como solemos decir, "en una mochila vacía caben muchas más cosas buenas que en una mochila cargada de cosas malas".

No obstante, recuerda la fábula de la flecha envenenada. ¿Qué más da si los problemas son una bendición o no? Lo único que importa una vez que te llega un problema es tu capacidad para tomar la decisión de hacerle frente, superarlo y seguir con tu vida. Y si haces eso, posiblemente te esperen muchas cosas positivas en tu futuro, y también otros nuevos problemas.

Decisiones que evitan problemas mayores

Muchas personas vagan por la vida centrándose únicamente en que todo está mal, tanto a modo general como en su vida en particular. No hay mejor manera de deprimirte que encender la televisión. Guerras, secuestros, asesinatos, crisis, cometas que podrían hacer impacto en la tierra, el cambio climático, el fin del mundo...

Hay que ser una persona realmente valiente como para salir a la calle después de ver las noticias. Y es que las noticias tienen como misión recoger todo lo malo que ha ocurrido en el mundo y resumírtelo. Igual ocurre con la prensa en internet. Cuanto más se exagere una noticia, más clics tendrá, y cuanto mayor sea el nivel de preocupación que pueda causar en el lector, más visitas recibirá la noticia. Y sí, por algún motivo, lo que más vende es el fin del mundo en alguna de sus muchas variables.

Aunque no seas consciente de ello, la exposición a este tipo de contenido te perjudica, pues la mayoría de nosotros, dejamos trabajar a nuestro subconsciente. Pues bien, esto ocurre a nivel general cuando se trata del mundo en que vivimos, pero con nuestra vida hacemos exactamente igual. Tenemos una habilidad sorprendente para encontrar todo lo malo que tenemos a nuestro alrededor; esa persona que te ha pitado con el coche en un atasco; ese dependiente de la tienda que no te ha tratado bien; ese comentarista en Facebook que te ha llamado ignorante por no estar de acuerdo con tu opinión. Si a esto le sumamos también una disputa con tu pareja o con tu jefe, sin duda, tu vida es una mierda.

DECISIÓN NÚMERO 1: ELIGE CUIDADOSAMENTE EN QUÉ TE QUIERES CENTRAR.

Aunque la mayoría de la gente no lo crea, nuestros pensamientos no nos dominan. Somos nosotros los que tenemos la obligación de dominar y guiar nuestros pensamientos. Y esto se puede y se debe hacer por tu salud mental.

El Doctor Wayne W. Dyer lo dejaba claro en su libro "*Tus zonas erróneas*", asegurando que aquello que sentimos (nuestros sentimientos) son únicamente una reacción física producida por nuestros pensamientos. Si controlas tus pensamientos, controlarás tus sentimientos. Es decir, puedes elegir cómo sentirte, pero para ello debes controlar tus pensamientos, y por lo tanto, también debes elegir el tipo de información que consumes y aquello a lo que quieres darle importancia.

Cada día se nos ponen muchas cosas por delante llamando nuestra atención, desde ese conductor que nos pita hasta ese cometa que va a extinguir a todos los humanos. Todo este tipo de acontecimientos no deben interferir en tu bienestar mental o emocional. Luego tendríamos a los más desgraciados (y no lo digo con el ánimo de ofender) que son aquellos que no les basta con centrarse en todo lo malo que se presenta en el presente. No contentos con ello, eligen también centrarse en todo lo que no pueden cambiar del pasado. Las viejas heridas del pasado pueden ser muy dañinas si no decidimos dejarlas donde les corresponde; en el pasado.

Y es que no puedes conducir tu vida mirando únicamente el retrovisor, pues te acabarás estrellando. La vida te está sucediendo ahora. No hace 5 años ni dentro de 10 años. Sucede en este preciso momento, y tiene sus cosas buenas y sus cosas malas, pero tú decides dónde centrar tu atención.

¿Eliges centrar tu atención en el proyecto en que estás trabajando o eliges centrar tu atención en el proyecto en el que fracasaste hace 3 años?¿Te centras en la comida que estás preparando o en el conductor que te pitó esta mañana en el atasco? Allí donde pongas el foco, es lo que estás alimentando. Puedes elegir alimentar un nuevo proyecto o puedes alimentar una disputa con un desconocido. Aquello que alimentas es lo que haces crecer gracias a que lo alimentas. De ti depende alimentar sentimientos de ira y tristeza, o sentimientos de prosperidad y felicidad.

DECISIÓN NÚMERO 2: SÉ AGRADECIDO.

Ya que este punto está más que desgastado de tanto que se usa en el desarrollo personal, lo simplificaré.

La mayoría de las personas buscan tener éxito de alguna manera y evitar el fracaso. Pregunta del millón: ¿Qué tienes en esta vida que en caso de fracasar y perder todo el dinero que tienes, no desaparecería de tu vida? Piénsalo detenidamente y sé agradecido con todo eso.

El éxito financiero no sirve de nada si no tienes solucionado el resto de asuntos que hacen que verdaderamente seas feliz en la vida y que no tienen nada que ver con el dinero. Y no seré hipócrita en este sentido, pues el dinero puede que no te traiga la felicidad, pero la falta de dinero te puede traer bastantes preocupaciones, y por lo tanto, en cierto modo, dosis de infelicidad. Pero también es cierto que existen personas sin ningún tipo de problemas económicos e incluso millonarios que viven como verdaderos amargados. Así que haz un poco de introspección en tu vida y encuentra todo eso que seguiría estando ahí aunque todo tu dinero desapareciera, porque ese es el pilar fundamental que sujeta tu vida. No lo olvides.

DECISIÓN NÚMERO 3: CONCÉNTRATE SÓLO EN AQUELLO QUE PUEDES CONTROLAR.

Si te enfocas en todo aquello que no puedes controlar, tu vida será una constante lucha estresante sin sentido. Son precisamente las cosas que no puedes controlar las que acaban provocando un alto grado de infelicidad. Solo existen unas pocas cosas que dependen de nosotros, mientras que el resto de cosas escapan a nuestro control. En este sentido, el filósofo Epicteto lo tenía claro: "Si te centras en aquello que escapa a tu control, nunca podrás conseguir lo que no depende de ti. En cambio, si concentras tus esfuerzos en lo que sí puedes controlar, avanzarás".

¿Y qué son esas cosas que según Epicteto podemos controlar? Bajo nuestro control estarían las opiniones, los pensamientos, los deseos y nuestras decisiones. Todo lo demás, está fuera de nuestro control.

No puedes controlar lo que una persona piense de ti, pero puedes controlar que te importe o que no te importe lo que esa persona piense. No puedes controlar el haber nacido en una familia rica o pobre, pero sí puedes controlar el deseo de salir de tu situación y las decisiones que vas a tomar para hacer que se cumpla tu deseo. A pesar de que puedes controlar el ejercicio que haces y la dieta que sigues, no puedes controlar que tu cuerpo enferme por cosas que escapan a tu control.

Nos queda claro que no podemos hacer nada por impedir que ciertos acontecimientos deseables o indeseables lleguen a nuestra vida, pero podemos controlar nuestros pensamientos para que estos eventos no nos afecten más de lo debido. En tus manos está el ver un problema como un paralizador o como un obstáculo que se debe saltar para seguir avanzando. Básicamente, a través de tus pensamientos, puedes decidir si te hundes o si continúas. Es por eso que ante un mismo suceso hay personas que deciden luchar y otras deciden rendirse. No depende del suceso en cuestión, sino de la actitud que tenemos frente al suceso. Y como dijimos anteriormente, esta forma de pensar se puede aprender.

DECISIÓN NÚMERO 4: TOMA LAS DECISIONES DESDE UN RINCÓN NEUTRAL.

Las decisiones importantes se deben tomar libres de emociones; ni en un estado de euforia ni mucho menos en un estado de ira o cabreo. Algunas personas toman decisiones según su estado emocional temporal o basadas en un deseo temporal, sin ser conscientes de que pueden acarrear consecuencias negativas permanentes. El ejemplo más común aquí es la persona que por tener el deseo temporal de acostarse con una compañera de trabajo, acaba provocando una consecuencia permanente, como puede ser que su pareja se entere y acabe pidiendo el divorcio. Y todo por una mala decisión.

Con 20 años recibí un consejo de un anciano muy sabio, un consejo que no comprendí hasta que pasé de los 30 años. Este anciano me dijo: "Carlos, nunca te cases estando enamorado. Cásate en frío, cuando el enamoramiento se haya pasado". En aquel momento me pareció un consejo muy absurdo, pero con el tiempo comprendes que es uno de los mejores consejos que le puedes dar a cualquier persona para que evite cometer un error.

Básicamente se refería a lo que explicamos en el capítulo 1 sobre las sustancias químicas que desprende nuestro cerebro cuando estamos enamorados. En ese momento podemos decir que el "amor es ciego" de forma casi literal, porque nuestro cerebro oculta los defectos de esa persona. En cambio, una vez que los niveles de estas sustancias ya se han estabilizado, podemos ver a la persona tal y como es, con sus principios y sus valores, que recordemos, principios y valores es lo que mantiene unidas a las parejas en el largo plazo.

En el caso de los estados emocionales de ira, cabreo, tristeza o euforia, también puede provocar que tomemos las decisiones menos acertadas y que luego nos pueden traer arrepentimientos. Gritarle a alguien a quien no deberías haberle gritado, y mucho menos por una tontería. Tener un mal día y pagarlo con el primero que te encuentres en la empresa, etc...

Pero cuando se trata de decisiones sumamente importantes que pueden afectar notablemente a tu futuro, ahí sí debemos pensar y recapacitar, y hasta no sentir de forma sincera que te encuentras en ese estado neutral emocional, es preferible no tomar este tipo de decisiones.

Para las decisiones importantes el consejo es sencillo. Piensa, recapacita y vuelve a pensar, pero una vez que acabes de pensar y recapacitar, en el momento que te decidas, ve con todo.

3

VICTORIA

Derritiendo el acero

"Conocerás a 3 tipos de personas en esta vida: las que restan, las que suman y las que multiplican. Y fui afortunado por haberme rodeado de estas últimas".

Hay personas que te cambian la vida. De forma literal. Provocan un antes y un después en tu vida. En mi caso, esa persona fue Victoria. Contra todo pronóstico, esta mujer se acabaría convirtiendo en mi mejor amiga, socia, compañera y una de las personas ajenas a mi sangre que más he querido y más me han querido hasta el día de su muerte. Una persona a la que sólo puedes decir: gracias por ponerte un día en mi camino. Gracias por elegirme, y sobre todo, gracias por haber existido.

Cosas de la suerte.

A mis 21 años trabajaba como comercial a puerta fría. Vendíamos libros, un sector ya muy saturado en aquella época, pero que aún reportaba grandes ganancias para los comerciales. No era el mejor trabajo del mundo, pues se basaba únicamente en comisiones. No había sueldo fijo, y tampoco estabas dado de alta en el Régimen General de la Seguridad Social. Si querías estar asegurado, debías darte de alta como autónomo. Básicamente, si vendías, cobrabas. Si no vendías nada, no cobrabas nada. Si vendías mucho, cobrabas mucho. Visto así, era de las pocas empresas donde los mejores cobraban más que los peores. Tu nómina reflejaba exactamente tu valía como profesional.

Fue mi escuela y mi universidad dentro del mundo comercial. Una ama de casa llevaba a sus hijos al colegio y volvía a casa. Lo último que tenía en mente esta mujer era que ese día acabaría gastándose 130.000 pesetas (unos 780€), y todo debido a que el timbre sonaba y aparecía un vendedor en su puerta. Está claro que cuando consigues vender de esta manera, el resto de ventas se convierten en algo extremadamente fácil. El ratio de visitas/ventas estándar en nuestra empresa era de 4/1. Es decir, de cada 4 visitas, hacíamos una venta. Y no penséis que por ser mujer o ama de casa ésta era más propensa a comprar. Las mujeres siempre tenían más objeciones que los hombres. De hecho, si en lugar de recibirte la mujer, te recibía el marido, las probabilidades de venta eran mayores. El ratio de visitas/ventas para papás era de 4/2, es decir, el doble que para las mamás. Pero por algún motivo, la mayoría de los comerciales preferían que fuera la mamá, a pesar de que los datos indicaban que los hombres eran más propensos a comprar.

Cierto es que conforme aumentaba el nivel socio-económico-cultural de una persona, más se dificultaba la venta. De hecho, ya de por sí era bastante más complicado que únicamente te escucharan al verte. Por regla general, si entrabas en una urbanización donde olía a alto poder adquisitivo, era preferible pasar a zonas de familias de clase media. Teníamos una alta resistencia al rechazo y frustración, pero no era recomendable ponerla a prueba y desgastarte con malas respuestas y negativas. En zonas de alto nivel socio-económico el ratio de visitas/ventas podía ser de 25/1. Hay que sumarle que la mayoría de las familias recibían visitas de comerciales prácticamente a diario, por lo que era entendible que estuvieran hartos al ver llegar a otro comercial. Aún así, solíamos cumplir nuestros objetivos.

Y este fue el caso de una visita comercial a un hombre muy particular. En mitad de una zona residencial de clase obrera había un chalet que sobresalía del resto. Ya no tenía más zonas por visitar, así que decidí hacer una última visita en el día. Y fue precisamente en ese lujoso chalet que era prácticamente una mansión.

Esperaba que saliera a recibirme o bien la mujer, o bien alguna limpiadora o cuidadora de los niños (algo muy común en este tipo de viviendas), pero salió el papá. Este hombre era un empresario que había cogido en casa por pura casualidad, pues nunca solía estar en casa. Gracias a esto, era un hombre que no estaba "quemado" por las constantes visitas de comerciales a su puerta. Podríamos decir que este hombre era novato a la hora de recibir una visita en frío de un vendedor.

Nuestro método de ventas (que en aquella época funcionaba bastante bien) consistía en que no vieran de primeras a un vendedor, por lo que teníamos la excusa de una encuesta. A lo largo de la encuesta te ibas a ganando la confianza de la persona, y según tu análisis de la situación, si veías posibilidad de venta, procedías con el proceso de venta. En caso de ver algunos semáforos en rojo, acababas la encuesta y te marchabas sin perder tiempo y sin desgastarte mentalmente.

Este señor me dijo que pasara dentro, mirando el reloj, pero me hizo una advertencia antes:

—Si es para venderme algo, ya te estás marchando, ¿eh?— Me dijo muy seriamente mientras volvía a mirar el reloj.

—¿Vender?¿Es que quiere comprar algo?. — Esta era una respuesta que teníamos prediseñada para estos casos. Y como lo decías sonriendo, solía relajar en cierto modo la actitud defensiva del potencial cliente.

Durante el tiempo que le estuve haciendo la encuesta, no dejó de mirar el reloj a cada instante. Esto es una clara señal de que, o bien tiene prisa por llegar a algún sitio, y en este caso indica que a pesar de que cualquier hora es buena para vender, no lo es cualquier momento; o bien tenía cero interés por lo que le estaba contando. En cualquier caso, siguiendo tu intuición acumulada en el mundo de las ventas, este gesto dice que no pierdas el tiempo y que te marches. Y estuve a punto de hacerlo, pero era mi última visita del día, así que decidí probar suerte, pues no tenía nada que perder.

Comencé con el proceso de venta, explicándole los beneficios de nuestro producto, los beneficios que podía aportar a sus hijos en edad escolar y todo el típico rollo de ventas de la época. Y ojo, en realidad no engañábamos a nadie. Creía en el producto, y en un servicio gratis que se incluía con los libros, donde sus hijos podían tener acceso directo a clases totalmente gratis para resolver sus dudas. Me constaba que las personas que usaban el servicio estaban muy contentas.

Para sorpresa mía, el hombre dejó de mirar el reloj y quiso resolver algunas de las dudas que tenía sobre el servicio. En realidad era un padre implicado en la educación de sus hijos. Era un gran empresario sin estudios al que le costó mucho trabajo crear una gran empresa. Y quería que sus hijos tuvieran todos los medios necesarios para facilitarles el aprendizaje. Y Acabó comprando.

Mientras estaba rellenando el contrato comenzó a interesarse por mí, preguntándome mi edad, cuánto tiempo llevaba trabajando como comercial, si me pagaban bien en la empresa, si vendíamos bastante, etc. Una vez listo el contrato para firmar, respiró hondo.

—Mira que me dijiste que no me ibas a vender nada— Me dijo justo antes de clavar su firma en el contrato.

—Y he cumplido. No le he vendido nada. Ha sido usted el que ha comprado— fue mi respuesta acompañada de una sonrisa mientras apoyaba mi mano sobre su hombro.

—Hablemos de negocios, Carlos— Me respondió muy entusiasmado mientras apartaba las cosas de la mesa.

Me hizo una propuesta un tanto particular que podía acabar en un trabajo con unas excelentes condiciones económicas y laborales para mí. Mi día estaba mejorando por momentos.

Me comentó que una empresa de Madrid estaba tanteando el terreno para buscar un nuevo proveedor que le ayudara a expandirse en Andalucía, Murcia y Valencia. Era una empresa bastante grande y había tratado de negociar con ellos en varias ocasiones sin éxito. Me dijo textualmente:

"La que se encarga de elegir al proveedor es una hija de puta más dura que el acero. Si quieres demostrarme lo que vales, consígueme el contrato. Si me lo consigues, trabajarás en mi empresa y tú te encargarás de la sección. Pero para negociar con este tipo de personas tienes que mostrarte muy serio y profesional".

Y esta es buena, porque me estaba aconsejando sobre cómo proceder en una negociación alguien que había fracasado en dicha negociación varias veces. Siendo honestos, nunca había tenido una negociación de este tipo ni con esas grandes sumas de dinero en juego. Hablábamos de, posiblemente, millones de euros de facturación en juego. Sabía que esa negociación me venía grande, y eso me lo indicaba la desesperación de un hombre que había escogido a un joven vendedor de libros para ejecutarla. Es decir, me estaba mandando a una guerra que ya la tenía perdida de antemano.

Pero mirándolo desde otro punto de vista, por una parte, todavía no había estado en Madrid (no de adulto), y este señor me mandaba allí con una habitación de hotel pagada y todos los gastos incluídos. Y por otra parte, lo analicé y pensé que en realidad no tenía nada que perder. De hecho, nada que perder y todo por ganar. Es más, aún fracasando, salía ganando. Me llevaría una nueva experiencia y dos días de vacaciones en la gran capital. RETO ACEPTADO!!

Los siguientes 3 días fueron un curso de formación acelerado sobre la empresa, el producto y la competencia. La parte de comprender esta industria y el negocio no era complicado. Lo complicado era que estaba en una negociación donde el resto de empresas de la competencia tenían prácticamente la misma oportunidad que nosotros. No había ventaja competitiva razonable en precios o servicios de unos a otros, por lo que en este tipo de ventas, como me recordó este empresario, no compran a la empresa, compran a la persona que está negociando.

Mi primer contacto con Victoria.

Llegó el día de la negociación. Los nervios hicieron que la cena se me indigestara, por lo que a las 3:30 de la mañana aún estaba dando vueltas en la cama de la habitación del hotel. Tenía la reunión a las 9:00 de la mañana. Eso significaba que para no llegar tarde, debería levantarme a las 7:00 de la mañana. Con una poca de suerte, lograría dormir 3 horas máximo. Al final decidí levantarme de la cama y no dormir, por el miedo a coger el sueño demasiado tarde y quedarme dormido. Así que comencé a ducharme.

Para las 7:00 me estaba poniendo mi camisa blanca con unas pocas arrugas (antes las planchas de viaje no eran tan populares), mi traje de 60€ comprado en rebajas (una talla más grande de la talla ideal), y mi corbata de oferta a 10€ el packs de 3 unidades. A los zapatos desgastados por mis largas caminatas en venta a puerta fría les pasé un poco de papel higiénico húmedo para que quedaran relucientes. El caso es que me miré al espejo y me vi guapo y potencialmente atractivo. Suficiente como para salir a comerte el mundo.

Y allí estaba, prácticamente una hora antes de la cita (8:15 AM) frente al edificio donde debía subir. Paseé un poco dándole vueltas al edificio como un tiburón que tantea el terreno, hasta que me decidí a subir a las 8:45 AM. La recepcionista me pidió que esperara en la sala de espera, y allí durante 15 minutos solo tuve una inquietud al ver a los trabajadores de aquella empresa: "¿Cómo lo harán para que les queden los trajes como un guante? Parece como si los tuvieran hechos a medida." Y claro, es que se los compraban a medida.

—Señor González— dijo una voz desde el otro lado de la sala.

—Puede pasar— Comienza el espectáculo.

Aumento de la temperatura corporal, sudor frío en las manos, aumento del ritmo cardíaco y algo de ardor de estómago. El mecanismo del miedo me avisa de que vamos hacia los peligros que entraña la jungla.

El simple hecho de pasar por esa puerta y una primera observación de la sala, ya me impuso. Era una sala gigante muy minimalista con una mesa de reuniones en el centro y que solo había visto en las películas (posiblemente unos 10 metros de largo y 2 metros de ancho, quizás más) con cavidad para más de 20 personas. Y al final de la mesa, allí en la distancia, se vislumbraban tres figuras a contraluz, una mujer que presidía la mesa y otros dos hombres en los dos primeros asientos a la derecha de la mesa.

¿Recordáis que os dije que al mirarme al espejo por la mañana, me sentía guapo y potencialmente atractivo? Mi entrada a aquella sala de reuniones tiró mi autoestima por los suelos. Me impuso hasta tal punto que tenía la sensación de que yo era un jugador de tercera división (o un alevín) entrando a jugar a una final en primera división. En mi vida me sentí más fuera de lugar.

Conforme recorrí aquellos metros desde la entrada hasta el final de la mesa, ya pude comenzar a distinguir las caras. La que presidía la mesa era Victoria, la mujer que nunca reía (eso era lo que decía todo el mundo). Debo reconocer que mi primer pensamiento sobre Victoria fue una mezcla entre sorpresa y morbo. En esa época ella tenía casi 40 años y yo nunca había visto a una mujer con esa elegancia. Era guapa a rabiar, y tenía una especie de defecto en el labio inferior que le hacía torcerlo cuando hablaba, pero este defecto sólo sumaba a su atractivo. Con un traje de color gris oscuro que parecía que lo llevaba tapizado al cuerpo y que resaltaba una figura que parecía como si los mismísimos dioses hubieran esculpido aquel cuerpo. Y esa expresión de seriedad unido a todo lo demás, me provocaba morbo. Si en aquel momento Victoria hubiera tenido el don de leer el pensamiento, me hubiera echado de la sala inmediatamente. Sí, mi primer pensamiento sobre Victoria fue algo picante. No es algo común en mí, pero así ocurrió aquel día. Con el tiempo le confesaría esto.

Al otro extremo de la mesa tenía a dos señores de unos 45 y 50 años con esa expresión de seriedad en sus caras, como si hubieran probado por primera vez el sexo anal y no les hubiese gustado.

Existen decenas de errores que se pueden cometer en una entrevista de trabajo o en una reunión comercial. No los busques, pues yo los cometí todos aquel día.

El primero fue ir directamente hacia Victoria para darle dos besos. Evidentemente, Victoria me detuvo con su mano izquierda colocándome su mano derecha para que le diera la mano. Primer error. El segundo error fue algo más cómico, pues fui a darle la mano a los otros dos señores que tenía enfrente, pero debido a la gran anchura de la mesa, no llegábamos, por lo que tuve que rodear la mesa pasando por detrás de Victoria para saludarles y darles un apretón de manos. En ese momento pude observar un primer gesto de Victoria. Su cara decía algo así como: "¿Esto va en serio?".

Tercer error. El calor producido por los nervios y la situación en sí, me llevó a tener la fantástica idea de quitarme la chaqueta y ponerla, no en el respaldo de la silla, sino encima de la mesa. Por cierto, nunca te quites la chaqueta en una negociación. Esto no lo sabía en aquel entonces, pero un traje, en realidad, tiene la función de una sola pieza de vestimenta, y más en protocolos de negocios. Otra cosa es cuando estás con los amigos en un bar. La otra función que tiene la chaqueta del traje es esconder el sudor en la zona de las axilas, fruto de los nervios.

Y mi error más grave fue tutear tanto a Victoria como a los dos hombres. Este defecto venía de mi experiencia en el mundo de la venta a puerta fría, donde se trata de ganarte la confianza de una persona en un tiempo récord. Estadísticamente estaba comprobado que hablar de usted no cerraba tantas ventas como tutear a las personas. En el mundo de los negocios a niveles superiores, está claro que funciona todo lo contrario, al menos hasta que te invitan a las bodas y bautizos de su familia.

En aquel momento no lo sabía, pero Victoria no era ni la dueña de aquella empresa ni estaba en nómina con ellos. Era una asesora externa a la cual recurrían para potenciar la expansión de la compañía, haciendo de gerente temporal en algunas funciones.

Victoria era una emprendedora en serie. Tenía una gran facilidad para crear una empresa y hacerla funcionar, y tenía aún mayor talento para gestionar las empresas de otros. Ese era uno de sus negocios principales (Estrategia empresarial y reestructuración de empresas). Sus empresas nunca necesitaron publicidad, pues se basaban en su red de contactos. Era conocida en el mundo empresarial, por lo que cada nueva empresa que creaba, se abastecía de sus actuales clientes y de los contactos que estos clientes le pasaban.

Todo el mundo se quejaba de su fuerte carácter y de su aparente falta de empatía y sentimientos, pero todos la respetaban. Los empresarios la recomendaban a la hora de poner las empresas en sus manos. Sus consejos sembraban cátedra.

Su padre perdió todo su dinero invirtiendo en un fondo de inversión especializado que se fue a la quiebra. Por eso ella estudió todo lo relacionado con el mundo de las finanzas y la empresa. Analizó milimétricamente una empresa en la que ir invirtiendo hasta el 50% de su capital destinado para inversión de forma progresiva. Llegó a la conclusión de que esa empresa era Microsoft, la compañía que la convertiría a los 48 años en millonaria. Su agrio carácter, en cierto modo se debía algo que conocería más adelante. Victoria tenía un secreto y cargaba con un problema al que podría haberle dado una solución, pero por una cuestión de principios y valores, prefirió cargar con este problema hasta el día de su muerte. Tanto su secreto como su problema, es algo que me llevaré a la tumba.

Y esa era la persona que tenía delante, mientras yo había ido pensando, debido a las advertencias del empresario que me había enviado a la reunión, que era una especie de amargada sin sentimientos con rasgos psicopáticos y maleducada.

La reunión comenzó mal, y... vale... fue yendo cada vez a peor. Pasó lo que me temía que podía pasar. Victoria comenzó a preguntarme por qué debería quedarse con una empresa del sur, cuando tenía otros proveedores que le ofrecían lo mismo y que tenían más años de experiencia que nuestra empresa; qué teníamos nosotros que no tuvieran el resto de empresas; qué distinguía nuestro producto; qué condiciones podríamos mejorar con respecto a la competencia, bla, bla, bla...

Yo no estaba preparado para tal bombardeo de preguntas ni mucho menos para encontrar respuestas razonables que la convencieran. De hecho, mi cerebro desconectó mientras pensaba en algo que me había dicho el empresario: "No compran la empresa, compran al que va a negociar".

Los hombres que tenía enfrente, que hoy día sé que eran el Director Ejecutivo de la compañía y el Gerente del área de expansión, no abrieron la boca en toda la reunión. Mi silencio ante el bombardeo de preguntas de Victoria mientras ésta ya estaba cerrando la carpeta para dar paso al fin de la negociación fallida, me hizo pensar que la clave, precisamente era esa: "me compran a mí, no al producto o la empresa", y probé suerte con la quema de mi último cartucho:

"Victoria, voy a serte sincero. Me preguntabas qué tiene nuestra empresa que no tengan las demás. Me tienes a mí"

Ojalá pudiera describir la expresión en la cara de Victoria tras escuchar eso. Fue una mezcla entre "Lo que faltaba, esto es el colmo!!" y "¿Quién se ha creído que es este tío?", pero proseguí:

"No Victoria, no pongas esa cara. Te lo digo totalmente en serio. Si hay algo de lo que sé, es de ventas. Y la empresa para la que trabajo me ha dado la oportunidad de prosperar en este sector, de ganar mucho dinero, y me hace falta ganar mucho dinero, por suerte para todos los presentes. Y digo por suerte, porque la única manera que yo tengo de ganar dinero como responsable de esta sección, es que vosotros ganéis más dinero. Voy a conseguir los distribuidores para vosotros, voy a trabajar para vosotros, porque cuantos más clientes consigáis y más vendáis vosotros, más gana mi empresa y más voy a ganar yo. Y puede que para vosotros, como gran empresa, hablemos de una minucia, pero para mi empresa seréis de los clientes más grandes, y por lo tanto, un cliente que hay que cuidar. Y yo me voy a encargar de que así sea. ¿Responde eso a tu pregunta, Victoria?¿Se te queda claro qué tenemos nosotros que no tengan el resto de empresas? Si esto no te convence, poco más puedo hacer. Yo quiero trabajar con vosotros, quiero teneros como cliente, y no veo motivo alguno para que no me deis al menos la oportunidad de comprobar que no te estoy hablando de farol".

Reconozco que no sé cómo me salió este discurso de una forma tan fluida y con tanta convicción. Victoria se lo estaba pensando, y posiblemente se hubiera mantenido en su negativa, pero llegaron los refuerzos. Por fin uno de los dos señores que tenía enfrente abrió la boca.

—¿Tú eres andaluz? porque no pareces andaluz— me preguntó con una leve sonrisa en su rostro.

— Sí, bueno, la mayoría de la gente por aquí por Madrid espera que vengamos con boina y gallinas, pero ya ves que no. Solemos dejar las gallinas en el coche— fue una improvisación que hizo que estos dos señores se partieran de risa. Victoria no se reía superficialmente, pero estoy seguro de que interiormente había encontrado gracioso el comentario.

Entonces ocurrió. El Director Ejecutivo le insinuó a Victoria que podrían probar con nosotros, y a ver qué tal iba la cosa. Y Victoria asintió con la cabeza. ¡¡¡Y DIOSSSSS!!! Os prometo que este es uno de esos momentos en los que te dan ganas de gritar de alegría, de saltar encima de la mesa; de hacer la ola, pero uno intenta ocultar esa euforia apretando los dientes y agarrándose a la silla. Contra todo pronóstico, había cumplido lo que parecía imposible de cumplir.

Los dos señores se despidieron de mí y se marcharon. Me quedé con Victoria para que me explicara los pasos que teníamos que seguir a continuación. El empresario que me envió allí estaba tan convencido de que no lo iba a lograr, que el muy capullo me envió sin el contrato para firmar, un gran error que nos podría haber costado la negociación. En el mundo comercial un contrato no está cerrado hasta que se cierra el contrato (como en el resto de mundos). Y para ello hay que firmarlo. Toda negociación se puede venir abajo incluso cuando está firmado el contrato, así que sin firmar, imagínate. Aún no íbamos a celebrar la victoria.

No quise ser sincero en este sentido, y le dije a Victoria que me había dejado el contrato en el hotel. Me dijo que se lo llevara por la tarde y así lo dejábamos cerrado. ¿Qué me busqué con esto? Tenía que coger el coche desde Madrid en dirección a Murcia, recoger el contrato y volver a Madrid. Y esto tenía que hacerlo en menos de 9 horas. Más de 800 kilómetros en menos de 9 horas, sin contar atascos para entrar y salir de ambas ciudades. Sin haber dormido la noche anterior y sin tiempo para pararme a comer algo.

Mis últimos minutos antes de comenzar mi carrera automovilística los dediqué a ser yo mismo con Victoria:

YO: Por cierto, Victoria, ¿estás bien? Te noto como algo seria.
VICTORIA: Carlos, ¿no conoces eso de "déjalo cuando vayas ganando"?
YO: No, venga ya, aquí no hay ganadores y perdedores. Tú no te lo crees, pero aquí salimos ganando todos. Ya lo verás. Y además, algo me dice que tú y yo nos vamos a llevar muy bien.
VICTORIA: ¿Y qué te hace pensar eso?
YO: Tu simpatía, Victoria, tu simpatía. Voy a por el contrato.
VICTORIA: Sí, tírale antes de que me arrepienta.

Victoria no estaba preparada para un tipo como yo. Llevaba ya mucho tiempo siendo víctima de su propia reputación, por lo que todo aquel que se le acercaba, medía sus palabras, tragaba saliva antes de dirigirse a ella, y constantemente le hablaban con miedo. Por el contrario, yo era una persona bastante imprevisible y espontánea. Me tomaba muy en serio mi trabajo pero no me gustaba estar serio. A Victoria la estaba tratando como a una niña que no le gustan las lentejas y quieres tocarle las narices de forma cariñosa e inofensiva, diciéndole que va a comer doble ración de lentejas. No obstante, no sabía hasta qué punto podía mostrarme con toda la naturalidad del mundo con ella, pues si algo tenía claro es que mi carácter bromista –pero no malintencionado– podría ser un cuchillo de doble filo con ella.

Con el tiempo me reconocería que al conocerme tuvo sentimientos encontrados entre "mandarme a la mierda ya o esperar a mandarme a la mierda otro día", pero que por algún motivo, le costaba tomar la decisión de mandarme al carajo.

Segundo contacto: el nacimiento de una colaboración.

Al salir del edificio de Victoria tuve una idea para asegurarme de llegar a tiempo, pues evidentemente, por más que corriera con el coche, no iba a poder hacer esos 800 kilómetros y estar antes de las 19:00 PM en las oficinas. Llamé a Miguel (El empresario que me iba a contratar) para darle la buena noticia y comenzar a darle órdenes a mi nuevo jefe.

—Miguel, ¿cómo me haces esto, hombre? Prepárame el contrato y comienza a hacer kilómetros dirección a Madrid, mientras yo hago kilómetros dirección a Murcia. Nos vemos a mitad de camino en cualquier área de servicio. — Todo ello mientras cruzaba pasos de cebra en rojo hablando por teléfono dirección al coche.

—¿En serio, Carlos? ¿Has conseguido el contrato?— Creo que esa pregunta demuestra la confianza que tenía depositada en mí.

—Sí, Miguel, pero como no esté en las oficinas antes de las 19:00 nos podemos quedar sin contrato— Y esto era muy posible que ocurriera, la verdad.

Aún con esta idea de vernos a mitad de camino, dudaba que pudiera llegar antes de las 19:00, pero había que intentarlo. Finalmente nos encontramos en un área de servicio, entré rápidamente al servicio, compré una bolsa de patatas para comer algo por el camino, llené el depósito de gasolina, me dio el contrato como en una carrera de relevos y vuelta para Madrid, no sin antes gritarle: "¡¡Ve preparando mi contrato!!". Miguel tenía una cara de felicidad que aún no se lo creía.

Con el tiempo muy ajustado, y un gran atasco en la entrada de Madrid, tuve que meter el coche en el primer parking que vi, e hice más de 2 kilómetros corriendo hasta las oficinas. Para que luego digan que el mundo comercial no es apasionante y excitante.

Y finalmente llegué unos 10 minutos más tarde de las 19:00, pero tuve la suerte de que estaban de celebración de un cumpleaños en las oficinas. Pasé a una sala enorme siguiendo el ruido de la gente, y ahí estaban todos de celebración. Victoria estaba al fondo, por lo que ella comenzó a caminar hacia mí y yo a caminar hacia ella.

Mientras caminábamos cerca del encuentro, se escuchó un vaso caer al suelo. Ambos miramos hacia el vaso mientras seguíamos caminando y cuando quisimos acordar habíamos chocado el uno con el otro. Victoria perdió por momentos el equilibrio y se quedó agarrada a mí, mientras que en un acto reflejo, yo también la agarré, una situación que, sin duda, hizo que Victoria se sintiera algo incómoda, sobre todo cuando se hizo el silencio en la sala. Había que restarle importancia al asunto.

— Victoria, cuando te dije que tú y yo nos íbamos a llevar bien, no me refería exactamente a esto— le dije en tono burlón.

— Ay, nooo ¿Tú es que nunca paras? — contestó ella desde un tono que por algún motivo, esta vez no me indicaba que estuviera molesta. Incluso con un poco de imaginación, creo que tuvo un ligero e insignificante amago de micro sonrisa.

Tenía la sensación de que había hecho una pequeña fisura en ese frío bloque de acero. Pasamos al despacho, firmamos el contrato de colaboración, no me invitó a champagne ni a un canapé (con el hambre que tenía). Por no ofrecerme, ni me ofreció un vaso de agua. ¿Para qué? Solo había hecho 2 kilómetros corriendo por la capital con zapatos y un traje puesto. Me dio su teléfono y me advirtió: "No me llames ni para tonterías ni para darme malas noticias". Me acompañó hasta la puerta, me dio la mano y me dijo: "estamos en contacto". Esa era mi querida Victoria.

Días productivos.

Comenzaba a trabajar en una industria que desconocía y tenía cierta presión por demostrar que no se habían equivocado a la hora de confiar en mí. Me dediqué al trabajo al cien por ciento en la búsqueda de clientes.

Para no aburrir con los detalles, mi trabajo consistía en buscar distribuidores por la zona sur de España que vendieran el producto de la empresa que representaba Victoria. El contrato que habíamos firmado era un compromiso por el cual, ellos tenían que comprarnos a nosotros el material en exclusiva. En teoría, yo trabajaba para una empresa que tenía como cliente a la empresa de Victoria. En la práctica, trabajaba para la empresa de Victoria aunque me pagaba otra empresa.

Lo cierto es que viniendo del sector de la venta a puerta fría, este tipo de venta en el que todas las partes salen ganando, fue coser y cantar. En los primeros 2 meses de trabajo (más de 14 horas diarias buscando clientes) conseguí clientes por valor de 600.000€ de facturación.

En ese momento llamé a Victoria para decirle:

—Victoria, me dijiste que no te llamara para contarte problemas, pero tenemos un problema bastante serio. Si seguimos así, se nos van a quedar las fábricas pequeñas— Y no podía evitar soltar una risa burlona después de decir esto.

—Eso está bien. No mentías, Carlos. Estás cumpliendo— Fueron posiblemente las palabras más amables que me había dedicado hasta el momento.

Comenzó a llamarme cada viernes a las 19:00 de la tarde en punto. Ni un minuto más ni un minuto menos. Cada viernes justo a esa hora.

Al cuarto mes superé el millón y medio de euros de facturación. Para el sexto mes ya estábamos por encima de los 3 millones.

Para ese momento, un día estaba de vuelta de un viaje largo, y llamé a Victoria solo para decirle: "Tengo muchos kilómetros por delante. Hazme un poco de compañía con tu particular simpatía. Cuéntame algo".

Para sorpresa mía, aquel día me dijo: "Deberías bajar el ritmo, Carlos. Si sigues así vas a caer enfermo". Y lo cierto es que comenzaba a estar agotado. En el mundo comercial, hay que tener un proceso explosivo y tiempo de estabilización, que no es lo mismo que hablar de conformismo o dejadez. En estos momentos, ya había superado todas las expectativas habidas y por haber. No tenía que demostrarle nada a nadie.

Costó mucho trabajo crear esta red de distribuidores, y no sé en qué momento Miguel metió tanto la pata como para tener que cerrar la empresa a pesar de que estaba facturando más que nunca. A la empresa que representaba Victoria, esto no le afectaba en absoluto, pues ellos podían mantener su actual red de distribuidores trabajando con otro proveedor.

Más adelante comprendí que el error que cometió Miguel en su empresa fue el endeudarse en exceso para poder abastecer la demanda de una futura expansión de su negocio. Nuevas contrataciones de comerciales en otras provincias del territorio español, nuevas fábricas, nuevas oficinas, compra de nuevos coches de empresa, nueva maquinaria y una realidad: no todos los comerciales cumplen con las expectativas, por lo que más vale un crecimiento lento, progresivo y orgánico, que querer hacerte con el mercado en tres días, porque al final es el mercado el que acaba contigo. Es por este motivo que a la hora de analizar una empresa bursátil, mirar la deuda y la capacidad de la empresa para hacer frente a sus deudas de largo plazo, es una de las cosas más importantes antes de invertir en una compañía.

Fue bonito mientras duró. Por suerte había ganado mucho dinero y había ahorrado mucho dinero, pero estaba tan cansado que decidí tomarme unas vacaciones por mi cuenta. Y ahí aprendí una lección muy importante, y es que el dinero se puede ir demasiado rápido cuando tienes mucho tiempo libre.

Algunos viernes a las 19:00 miraba el móvil por si recibía la llamada de Victoria, pero no. No me llamaba. Durante los siguientes meses busqué nuevos trabajos de comercial, pero tenía dificultades para que me contrataran. Era como si viniera de primera división y estuviera teniendo problemas para trabajar incluso en tercera división. Al final probé de comercial en una inmobiliaria en la que estuve ni más ni menos que 25 días trabajando, y además no me pagaron, pero me vino bien lo que aprendí para más adelante. El caso es que no tenía ni un euro en el bolsillo desde hacía meses, y tenía gastos acumulados, por lo que al encontrarme algo perdido me dije: "es cuestión de volver a la casilla de inicio." Así que me puse a trabajar de camarero. Y esto fue como caer 7 puntos en la escala de prosperidad en la vida, pero me lo comencé a tomar como un auto-castigo del que aprender.

Comienza mi nueva vida.

Y entonces ocurrió. No fue un viernes a las 19:00, sino un jueves sobre las 22:00. Me dió una alegría enorme al ver en la pantalla del móvil la llamada entrante de Victoria.

—Victoria!! Cuánto tiempo sin saber de ti.

—Hola, Carlos, ¿cómo estás?

—Bueno, he tenido días mejores y días peores.

—Te estoy preguntando en serio, Carlos. ¿A qué te dedicas ahora?

—Pues ahora me dedico al sector de la hostelería. Estoy trabajando de camarero.

—¿En serio?¿Estás de coña?

—En serio, Victoria.

—¿Tú eres tonto o qué te pasa? Haz las maletas y el lunes te quiero aquí en Madrid. Comienzas a trabajar conmigo.

Esta es la conversación resumida, aunque no tan resumida como algunos piensan. No pregunté ni de qué era el trabajo, ni cuánto iba a cobrar, ni dónde me iba a quedar a dormir.

Cuando una mujer como Victoria te dice que te subas a un triciclo y que comiences a pedalear cuesta arriba a través de un campo de minas, sencillamente, coges el puto triciclo y pedaleas. No preguntó: "Oye, Carlos, ¿te gustaría venirte a trabajar conmigo?" No. Lo dio por hecho.

Así que el lunes por la mañana llegué a Madrid, aunque esta vez en las oficinas de Victoria. No esperaba, al verla, que me diera un abrazo ni mucho menos, pero que me recibiera con su particular frialdad otra vez, me chocó un poco. Más adelante me confesaría que le dio muchísima alegría volver a verme, pero que estaba guardando las apariencias en la oficina para no perder su reputación de insensible-amargada.

Me dijo que la acompañara hasta el parking, me hizo meter mis maletas en su coche y me pidió que me subiera al asiento del copiloto. En el trayecto en coche hacia "no sabía dónde íbamos" me fue explicando que trabajaría en algo parecido al trabajo de comercial mientras me formaba en ciertas cosas para, más adelante, si funcionaba nuestra relación laboral, trabajar codo con codo con ella.

Llegamos al parking de otro edificio, me pidió que llevara las maletas al ascensor y subimos. Al llegar a la planta, abrió la puerta de un apartamento al que pasamos, y estas fueron sus palabras textuales justo al entrar:

"Aquí tienes el salón, allí está el dormitorio, tienes otra habitación ahí para lo que quieras, cuarto de baño, cocina amplia, aunque no creo que sepas cocinar, y terraza. Ya tienes piso. Ve instalándote, date una ducha y en 3 horas te recojo para ir a comer —Me lanzó las llaves al aire— Y Carlos, estoy apostando por ti", concluyó.

Estaba tan asombrado, conmovido, impresionado y agradecido que no me salió de dentro ni hacer algún tipo de broma o comentario. Así era Victoria, y todo fue porque una persona que había estado facturando más de 3 millones de euros le dijo que ahora trabajaba de camarero.

Victoria se convertiría en mi mentora en muchos sentidos, no solo en temas del mundo empresarial o comercial, también lo hizo en mi forma de ver la vida. Era una mujer que en el momento que te acercabas a ella, tu calidad de vida se disparaba en todos los sentidos. Junto a ella sólo podías prosperar. Cuando hablamos de la importancia de las personas de las que te rodeas, piensa en todo lo que te aporta una mujer como Victoria. Y en ese momento, aún no sabía que esta mujer se acabaría convirtiendo en un pilar fundamental de mi vida. Ella tampoco sabía en ese momento que me acabaría convirtiendo en una persona tan importante para ella.

Desde aquel día, nos convertiríamos en prácticamente inseparables. Trabajábamos juntos, comíamos juntos y cenábamos juntos la mayoría de los días. De hecho, comenzaron a aparecer rumores de que manteníamos algo más que una relación laboral y de amistad. Y es cierto. Teníamos mucho más que eso, pero no lo que la gente se imaginaba.

Tras formarme de forma acelerada en finanzas de empresa y abrirme el apetito por el mundo bursátil, así como mejorar mis habilidades de ventas, protocolo de vestimenta, lenguaje corporal y cientos de cosas más, formamos posiblemente uno de los mejores equipos que han existido en el mundo de la reestructuración de empresas y estrategia empresarial. Ella se encargaba de la gerencia y yo me encargaba del departamento comercial. El último objetivo de Victoria dentro de la reestructuración (que lleva implícito el despido de plantilla) era despedir a trabajadores. Diseñaba todo tipo de estrategias para que una empresa pudiera crecer en momentos en que el resto de empresas se encogían. Evidentemente, cuando la única salida era recortar gastos a través del recorte en la plantilla de trabajadores, se hacía.

La mujer que nunca reía, ese día rió.

Me convertí en la mano derecha de Victoria, y antes de darme cuenta y sin saber cómo, ocurrió. Bajó la guardia. Recuerdo perfectamente aquel día.

Le estaba confesando, mientras cenábamos en un restaurante, una técnica que yo uso cuando tengo que negociar con gente poderosa (y es una técnica muy eficaz). A veces nos impone el hecho de saber que estamos frente a un gran empresario o un millonario, y lo ponemos como a un nivel superior (como me ocurrió el día en que negocié con Victoria y los otros dos señores), y eso hace que te sientas inferior, y por lo tanto, más cohibido y asustado. Una forma de que tu cerebro los coloque psicológicamente al mismo nivel, es pensar en ellos e imaginarlos en situaciones graciosas o indeseables, y de esta forma, tu cerebro comprende que son personas normales de carne y hueso como tú. Entonces Victoria me preguntó:

—¿Y eso lo aplicaste el día que negociaste conmigo?

—Pues claro que lo apliqué. A los 30 segundos de sentarme.

—¿Y cómo nos imaginaste para perdernos el miedo?—Preguntó con verdadera curiosidad.

—Pues a los dos señores me los imaginé sentados en un retrete en un día de estreñimiento con los pantalones bajados hasta los tobillos— Victoria comenzó a aguantar la risa —Y a ti, tan guapa, con ese vestido tan ceñido y esa cara tan seria que me llevabas, te imaginé en plan morboso, vestida de Dominatrix, diciéndome "Carlos, has sido un niño andaluz muuuuy malo". Y ahí no se pudo contener más. Explotó a carcajadas como nunca imaginé que podría reír. De hecho, le contagió la risa a las mesas que teníamos al lado. Hasta ese día no comprendí la felicidad que te puede llegar a proporcionar la felicidad de otras personas. Al verla reír de esa manera, se me humedecieron los ojos. Una cosa estaba clara, y es que acababa de derretir el acero.

Victoria impulsó mi vida, impulsó mi carrera profesional, impulsó mis ganas de prosperar en la vida, y sin lugar a dudas, impulsó mi crecimiento económico y mi interés por las finanzas y la bolsa. Fue mi mayor escuela de aprendizaje y mi mejor universidad de la vida. Junto a ella todo parecía realmente fácil, no había cosa que no te sintieras capaz de hacer. En menos de dos años me había convertido en uno de los ejecutivos más jóvenes, en un formador profesional de equipos de ventas y en un estratega empresarial. Y si hablamos de cómo mejoraron mis habilidades de negociación, eso sí que fue un progreso en toda regla.

El nivel de seguridad que había adquirido en mí mismo, era tan alto a mis 25 años, que cuando un empresario me preguntaba qué significaba exactamente eso de estratega empresarial, se lo resumía diciéndole: "Supongamos que dos empresas se están enfrentando por hacerse con un mercado. Una de esas empresas me contrata. Pues bien, esa empresa gana. La otra pierde. Eso es estrategia empresarial". Esa explicación, por regla general bastaba para que una empresa no dudara en contratar nuestros servicios. Podía sonar algo arrogante, pero no es arrogancia cuando los resultados te respaldan. Con el tiempo aprendí que más vale parecer arrogante que hacer uso de la falsa humildad, pues la mayoría de la gente no aprecia la falsa humildad. Les encanta la seguridad, y eso a veces se confunde con arrogancia. No obstante, siempre dije que mis resultados no se debían expresamente a mis habilidades. Se debían a que había tenido a la mejor maestra: Victoria.

Cuando me preguntaban sobre cómo nos compenetrábamos Victoria y yo tan bien, tenía que ser sincero:

"Ella me complementa en todo aquello que a mí me falta. Y yo desconozco qué le aporto a ella, porque ella ya es completa en sí misma. Pero hacemos buen equipo".

Tocar una vida.

El mantra de vida favorito de Victoria era: "Deja las cosas y a las personas mejor de cómo las encontraste. Si tocas una vida, que sea únicamente para mejorarla". Y sin ningún tipo de duda, ese mantra lo cumplió conmigo. De hecho, siempre le dije que mi vida no la tocó; la acarició y la mimó, a pesar de los duros inicios que tuvo nuestra relación.

Cierto día, en una de esas noches en las que nos quedábamos hasta las tantas en mi piso –que en realidad era su piso– hablando de negocios y filosofando sobre la vida, se levantó de su sofá y se pasó al mío. Se quedó abrazada a mí durante un buen rato y me dijo:"Eres tú el que ha cambiado mi vida". Lo dijo apretando con fuerza en ese abrazo y mientras alguna lágrima corría por su mejilla. Me sentía demasiado agradecido y afortunado. Me prometí a mí mismo, que mientras estuviera a su lado, no permitiría que nadie hiciera, aunque fuera solo el mínimo amago de toserle en el hombro.

El cambio en la actitud y comportamiento de Victoria fue notablemente visible para todo el mundo. No es que se convirtiera en la alegría de las fiestas, pero desapareció en cierto modo esa cara de seriedad fuera del mundo laboral. Y sin duda, conmigo era otra mujer muy diferente. Ahora los abrazos eran comunes en ella, sus gestos cariñosos y palabras amables eran habituales.

Esto no quita que siguiera manteniendo ese fuerte carácter que en cualquier momento te podía explotar en la cara.

Solíamos ir a tomar algo a un pub algunos viernes por la noche después del trabajo, y allí conocimos a una chica muy simpática. Se llamaba Raquel. Era inteligente en muchos sentidos, pero con muy mala cabeza para la vida en general. Tenía una ex pareja que la había maltratado y que seguía haciendo acto de presencia de vez en cuando. Raquel era consumidora habitual de marihuana y esporádicamente de éxtasis y cocaína. Y esto chocaba bastante con la percepción que tenías de ella, pues era todo alegría, y era capaz de ganarse la simpatía de todo aquel que la conocía. Era una chica de 24 años que estaba tirando su vida por la borda, pero aún era salvable.

Victoria siempre fue de la opinión de que no puedes cambiar a las personas. Son ellas las que deben decidir cambiar. Todo esfuerzo que dediques en intentar cambiar a alguien, será en vano si esa persona no es consciente de sus errores y decide que quiere darle un giro a su vida.

Raquel tenía un don de gentes innato, y como dije, se veía una chica inteligente, cuyas decisiones en la vida no habían sido demasiado inteligentes. Trabajaba esporádicamente en el ambiente nocturno, por lo que no es el entorno ideal para una persona que ya está jugando con las drogas. Victoria me preguntó si creía que merecía la pena darle una oportunidad a esta chica. Le dije que me parecía bien, por lo que le pidió a Raquel que el lunes en la mañana fuera a visitarla a la oficina. Y nuevamente, así era Victoria.

La mañana en que llegó Raquel a aquellas oficinas me recordó a mi entrada triunfal en aquella sala de negociación; perdida, asustada e intimidada. Victoria le dijo que podía trabajar ahí, y le ofreció unas condiciones económicas muy por encima de lo que cobra cualquier mujer en un puesto similar. No sin antes advertirle y ponerle algunas condiciones:

"Si me entero en cualquier momento que vuelves con tu ex novio, dejas de trabajar aquí y no querré volver a verte; si me entero que vuelves a probar cocaína o un simple porro o que fumas cualquier cosa que no sea tabaco, dejarás de trabajar aquí; si me entero que pasas aunque sea 5 minutos con alguien que toma cocaína o fuma porros dejarás de trabajar conmigo. Si tienes problemas para dejar la coca o la marihuana me lo dices y yo te pagaré un tratamiento. Pero que se te quede claro, que si me entero, dará igual que lleves dos meses o dos años aquí, sencillamente te perderé de vista".

Y esto no lo decía por asustarla ni le hablaba de farol. No vacilaría llegado el momento de cumplir su advertencia. Hacía tan solo unas semanas había despedido a un hombre por mirarle el trasero a una trabajadora y hacer un comentario a otro trabajador.

Raquel nos tenía un aprecio y un respeto enorme, y quería aprovechar esta oportunidad que le estaba brindando la vida. Sinceramente, yo no tenía mucha confianza en este tipo de salvavidas, pues años atrás, había tenido una mala experiencia en este sentido, cuando trabajaba de comercial en la empresa editorial.

Cogimos a un chico que estaba aparcando coches en la calle, y que tenía su simpatía. No era el típico aparcacoches con problemas visibles de drogas o alcoholismo. Le dimos la oportunidad de enseñarle a vender y lo metimos en nuestro piso compartido sin cobrarle habitación hasta que comenzara a ganar dinero. A los 15 días, cuando llegamos al piso nos lo había desvalijado y había desaparecido.

Pero Raquel fue distinta en este sentido. Por dejar vicios, dejó hasta el alcohol y el tabaco. Fue todo un espectáculo verla crecer en la empresa y ver el cambio radical en su vida bajo la falda de Victoria.

A veces hay que hacer lo que toca hacer.

Una noche, a los 2 meses de estar trabajando con nosotros, Raquel me llamó llorando para que fuera a su piso. Una vez allí me contó que había estado su ex novio. Pero no lloraba por el espectáculo que le había montado su ex novio. Lloraba porque no quería que Victoria se enterara de eso, ya que podría pensar que ella tenía la culpa y que el maltratador de su ex pareja podría causarle problemas o presentarse en la oficina algún día y montar una de sus escenas. Estaba preocupada de que, si eso ocurría, Victoria podría tomar la decisión de ponerla de patitas en la calle por llevarle estos problemas a su empresa. Lloraba porque se le había dado una segunda oportunidad en la vida y quería aprovecharla. No quería que saliéramos de su vida.

Aquello me dio por pensar. A Raquel ya la considerábamos como parte de la familia, y la estábamos dejando con la carga de este sufrimiento. Ella quería cambiar, pero se sentía limitada a la hora de solucionar el problema de su ex pareja. Todo lo demás ya lo tenía solucionado. Todo lo que dependía de sus propias decisiones ya lo había hecho correctamente (dejar las drogas y alejarse de los malos entornos). Ahora tocaba ayudarla.

Y este problema que estaba padeciendo Raquel es uno de esos problemas que me sacan de mis casillas, porque en realidad tienes muy pocas maneras de arreglarlo. Raquel puede poner una denuncia, pero esa persona no se va a pudrir en la cárcel por una denuncia de maltrato, ni mucho menos por acoso. Todo lo que puede provocar es cabrear más al maltratador. La otra salida era ir personalmente a por ese tipo. Puedes darle una paliza, pero en cuanto se recupere, puede volver a hacerle una visita a Raquel, ahora con más cabreo, e incluso puede venir con varios compinches a por mí. Es por eso que a estas personas siempre las he llamado "buscarruinas", pues te dejan por regla general dos opciones: o te envían al hospital o te envían a la cárcel.

También teníamos la opción de que Raquel se viniera a mi piso para que estuviera protegida, pero claro, eso no era resolver el problema. Era esconderlo. Así que lo hablé con Victoria, explicándole que la chica ya había hecho todo lo que estaba en su mano, y que en cierto modo necesitaba ayuda. Mi último comentario le hizo clic a Victoria en su cabeza:

—Solo sé que si fuera mi hermana, a ese tipo ya lo hubiera mandado al hospital—y esto en realidad lo pensaba así.

—Pues Carlos— Comenzó Victoria —no sé tú, pero para mí, Raquel, ya es como parte de mi familia. Adoro a esa niña. Así que habrá que ayudarla. Somos estrategas, somos solucionadores de problemas. Si no lo arreglamos, ¿en qué mierda nos convierte esto?— Y estas fueron unas palabras que me sorprendieron.

Como podemos comprobar, hay problemas que tienes cuando eres un niño o un adolescente, y estos mismos problemas pueden aparecer en tu futuro adulto. Ahora era nuestra responsabilidad y teníamos que tomar la decisión más adecuada.

Muchas soluciones en esta vida pasan por dejar de ser presa y convertirte en cazador, dejar de ser víctima y tomar el control de la situación. Dicho de otra forma más sencilla, hay que coger el toro por los cuernos.

---

*Aquí había unas 5 páginas explicando cómo resolvimos el problema de una forma detallada, con la estrategia usada y con los diálogos citados de forma textual, pero la persona a la que le pedí que revisara el libro (Mi querida Rosa) antes de ser publicado, me dijo: "¡¡¡Carlos!!! Borra esto, no pega en un libro de desarrollo personal". Y bueno, he decidido hacerle caso.

Lo resumiré diciendo que llamé a un viejo amigo, le hicimos una visita a esta buena persona, y tras una educada y pacífica charla, como diría Vito Corleone, le hicimos una oferta tan buena, que se vio tentado a aceptarla. Nos despedimos con un abrazo, y el maltratador estaba tan emocionado que le costaba trabajo articular tantas palabras de agradecimiento. *¿Así mejor, Rosa?* Os sorprendería saber cómo cambian las personas cuando tienen una motivación para el cambio. El caso es que Raquel nunca volvió a tener noticias de su ex pareja. A veces, hay que hacer lo que toca hacer por los tuyos, y Raquel era de los nuestros.

Tiempos de prosperidad.

Como dije en el apartado anterior, fue todo un espectáculo ver el crecimiento personal y profesional de Raquel. En tan solo 6 meses parecía una mujer completamente diferente. Se convirtió en una persona de confianza tanto para Victoria como para mí. Raquel estuvo (y está) eternamente agradecida por la oportunidad que se le brindó, una oportunidad que supo aprovechar y que otras muchas personas quizás no hubieran sabido aprovechar.

Victoria podía hacer esto por las personas. Apostaba por ellas, invertía en ellas, y solo quería que le pagaras con una cosa: con tu propio progreso. Si ella invertía en ti y te iba bien en la vida, esa era su mayor satisfacción. No quería nada más. Solo con eso ya le devolvías el favor. Mezclar amistad y negocios no suele ser una buena idea, pero lo cierto es que en este caso, habíamos llevado el concepto de amistad a otro nivel. En realidad nos queríamos. Éramos familia. Tras la muerte de Victoria, para Raquel fue como si hubiera perdido a su propia madre. Sus palabras entre sollozos fueron: "Lo que esta mujer hizo por mí, no lo ha hecho nunca nadie. Se lo debo todo, me salvó la vida".

Pero no hablemos de muertes aún. Lo dejaremos para más adelante.

Cierto día, Victoria, en mitad de un abrazo me dijo muy eufórica: "Hagamos algo juntos. Creemos una empresa tuya y mía". Para Victoria era una empresa más. Para mí sería mi primera empresa con la mejor socia que podría tener.

Raquel tuvo un ascenso inesperado convirtiéndose en Directora Comercial (Victoria tenía fe en que lo haría de maravilla) y nosotros nos pusimos manos a la obra con una nueva compañía que comenzó siendo una empresa de mediación y resolución de conflictos familiares, y claro, con los contactos de Victoria, no tardamos demasiado tiempo en convertirnos en una compañía de intermediación dentro del mundo empresarial. Paralelamente también creamos una división de formación de equipos comerciales y de gestión emocional para ejecutivos. Hoy día se le llama coaching ejecutivo. Y todo iba viento en popa y a toda vela. Insisto en que junto a Victoria todo era tan fácil....

Más adelante se crearían algunas asociaciones con otras empresas de tamaño medio en Estados Unidos, entrando en el sector de las finanzas y otras industrias, por lo que Victoria tuvo que hacer frecuentes viajes a Estados Unidos, hasta que finalmente acabaría instalándose allí, pero antes de todo esto, vinieron otros muchos acontecimientos, por lo que no nos anticiparemos aún.

Sí diré que gracias a ella tuve la oportunidad de aceptar un trabajo en Estados Unidos de 140.000 dólares anuales. No lo acepté por diferentes motivos, pero se lo ofrecimos a Raquel. ¿Y dónde está actualmente Raquel? Exacto. En Estados Unidos, un sueño hecho realidad para ella. Aunque me supo mal su marcha al otro lado del charco, porque es alguien a quien le tengo muchísimo cariño y aprecio, lo cierto es que me alegro por ella. Me demostró que vale la pena apostar por algunas personas que tienen el deseo ferviente de cambiar y mejorar. Y algunas de estas personas, únicamente necesitan un poco de ayuda, un pequeño empujón que les dé la energía inicial para coger velocidad. Pero todo eso no lo pueden conseguir si no ponen de su parte en primer lugar, si no están en el entorno adecuado y no deciden dejar su viejo entorno, por lo que ahora nos toca hablar de eso en el próximo capítulo.

Aprovecha siempre las oportunidades cuando se presentan.

La mayoría de personas se quejan porque no reciben oportunidades, pero lo cierto, si lo pienso en retrospectiva, la vida está llena de oportunidades, y las personas están dispuestas a ofrecértelas continuamente. El problema es que no siempre estamos viviendo con el piloto consciente encendido. En otros casos, la oportunidad nos ha pasado de largo porque no estábamos preparados ni actuábamos correctamente.

Míralo de esta manera. En el caso de este empresario que me ofreció una oportunidad de alto valor, podríamos decir que tuve mucha suerte de que me la ofreciera, pues ahí comenzó mi mayor progreso. Pero, ¿Seguro que fue todo debido únicamente a la suerte? Si el día que me presenté en su casa, hubiera tenido malos modales con él, no me hubiera ofrecido nada. Si no hubiera tenido ya cierta experiencia en ventas, tampoco me hubiera ofrecido la oportunidad. Y desde luego, si debido al miedo de la propuesta en cuestión, me hubiera negado, la oportunidad se me hubiera esfumado. Voy a más. Si una vez que acepté la oportunidad y logré salirme con la mía, después no me hubiera esforzado en el trabajo, conforme Miguel y Victoria me dieron la oportunidad, me la habrían quitado.

Quiero decir con esto que, en ocasiones, hay que estar preparado incluso antes de que te den una oportunidad. Existe un viejo dicho que dice: "Que la suerte te pille trabajando." Este dicho viene a explicar que la suerte existe, pero rara vez le aparece a una persona que está tirada en el sofá de su casa. Cuanto más trabajes, más cosas hagas y más semillas plantes, por probabilidad y estadística, más suerte tendrás.

Con el caso de Raquel ocurre igual. A pesar de que tenía una vida desordenada y no era la mejor candidata para un tipo de oportunidad así, cuando se la ofrecieron estuvo dispuesta a provocar todos los cambios necesarios en su vida para aprovechar la oportunidad. Tuvo suerte, sin lugar a dudas, al igual que la tuvo el aparcacoches al que le ofrecimos una nueva vida. Pero Raquel aprovechó la suerte. El aparcacoches posiblemente siga diciendo a día de hoy que no ha tenido suerte en la vida.

4

La Importancia del entorno.

"Las personas no pueden aspirar a lo que no conocen o creen que es imposible para ellas"

Ni toda la buena voluntad del mundo te hará prosperar en la vida si estás en el entorno equivocado. Uno de los mecanismos del ser humano es la inevitable adaptación al entorno. Esto no siempre ocurre cuando se trata de introducir a una persona con malos hábitos en un entorno con personas que tienen buenos hábitos. Ahí se requeriría que esta persona tenga la actitud necesaria para adaptarse a un entorno más próspero y saludable. Pero a la inversa, sí es más probable que ocurra. Es decir, cuando una persona de buenos hábitos se introduce en un entorno de malos hábitos, es cuestión de tiempo que esa persona acabe abandonándose o siendo notablemente perjudicada por el entorno más desfavorable.

Esto siempre lo explico con un ejemplo que puede resultar algo absurdo, pero que no tiene nada de absurdo. Imagina que estás en una sala donde 8 personas tienen gripe. Por más tiempo que pases en esa sala, jamás lograrás, con tu presencia, que esas personas dejen de tener gripe. ¿Qué es lo más probable que ocurra? Que esas personas te acaben contagiando de gripe. Pues bien, debes hacerte la idea de que con las personas ocurre igual que con un virus. De hecho, el comportamiento de algunas personas puede ser como un virus nocivo para ti, para tu vida, para tu progreso.

Un mal entorno acaba cambiando a una persona, mientras que una persona difícilmente logrará cambiar un entorno. Y este es un mecanismo de adaptación del ser humano que se activa para su propia supervivencia de una forma inconsciente, pero al igual que explicábamos con el mecanismo del miedo en el primer capítulo, estos mecanismos no siempre se activan para tu progreso.

La ecuación de Lewin.

Gracias al psicólogo y filósofo *Kurt Tsadek Lewin*, hoy día sabemos, en contra de lo que pensaban los expertos en el campo de la psicología, que los hábitos y la conducta de una persona no son únicamente el resultado del tipo de persona que es, sino del medio ambiente en el que se encuentra en ese momento y del tipo de entorno del que procede.

Ecuación de Lewin

$$C = F(P, E)$$

La famosa Ecuación de Lewin explica que la conducta de un individuo (C) es una función (F) de las características personales del individuo (P) interactuando con un entorno y los miembros de dicho entorno (E), siendo el entorno, en la mayoría de los casos, el que más poder tiene para dominar tu vida y tu comportamiento más allá de tu propia personalidad.

¿Por qué es más fácil contagiar lo malo que lo bueno? Esto es muy sencillo de comprender. Hablemos de disciplina y pereza. Si metemos a una persona disciplinada en un entorno donde reina la pereza entre sus componentes, el mecanismo de adaptación hará que la disciplina de esa persona vaya ajustándose al nuevo entorno. Y convertirte en una persona perezosa es realmente sencillo, pues lo único que tienes que hacer es no hacer nada. Con eso has cumplido tu objetivo. Ya eres perezoso de una forma que no ha requerido ningún esfuerzo.

A la inversa, si introducimos a una persona perezosa en un entorno donde reina la disciplina, este mecanismo de adaptación al nuevo entorno, no actúa con la misma rapidez ni precisión, debido a que, a pesar de que esa persona está en un entorno que le podría "contagiar", sí requiere cierta mentalidad consciente de cambio para ser "contagiado" por el entorno. Aún así, notaríamos en la mayoría de los casos una inevitable mejora de la persona perezosa hacia una vida más disciplinada, pero no con la misma rapidez y precisión que sucedería a la inversa.

De hecho, veremos en breve que, aún no siendo contagiados a nivel de conducta, un entorno equivocado te puede acabar perjudicando colateralmente.

Hombres que tienen superpoderes.

En 1912, el californiano *George Horine* logró un hito de atletismo en la modalidad de salto de altura. Logró batir el récord mundial al superar la barrera mítica de los 2 metros de altura, algo que hasta entonces no había logrado ningún otro atleta en esta modalidad.

Dos años más tarde (En 1914), fruto de la inspiración y el duro entrenamiento, aparecería un atleta que batió aquella marca por tan solo 1cm (2.01m). Fue otro californiano llamado *Edward Beeson*, quien mantendría este récord mundial durante nada más y nada menos que 10 años. Superar la barrera de los 2 metros durante este tiempo solo estuvo al alcance de 2 privilegiados. Poco a poco fueron apareciendo otros atletas que irían superando paulatinamente estas marcas - muy justas, eso sí- de los récords anteriores.

Si nos vamos directamente a 1993, un joven cubano de 16 años, llamado Javier Sotomayor, logró batir el récord mundial, directamente con 2.45m, logrando superar por primera vez en la historia la barrera de los 2.40m. A día de hoy sigue manteniendo el récord mundial de salto de altura, aunque la barrera de los 2.40m la han superado 11 atletas más, mientras que centenares de atletas superan sin ningún problema los 2.00m de altura.

Si los atletas del año 1912 hubieran visto saltar a Javier Sotomayor, hubiesen pensado que es un superhombre que tiene ciertos superpoderes. Y esto ha ocurrido en muchas otras marcas de atletismo. Las marcas que hacían los campeones del mundo de hace 100 años, son marcas de deportistas mediocres hoy día.

La pregunta sería, si Javier Sotomayor hubiera vivido en 1912 ¿hubiese sido capaz de saltar los 2.45m? Podríamos decir que posiblemente no. Quizás hubiera batido el récord mundial de una forma muy ajustada al récord anterior (2.03m ó 2.04m). ¿A qué es debido? Principalmente a que la Ecuación de Lewin está haciendo su trabajo, en este caso en el entorno del atletismo. En primer lugar, es muy difícil batir una marca ampliamente cuando el entorno deportivo considera que esa marca es imposible para la época. Y en segundo lugar, en 1912 no estaba tan profesionalizado el deporte como lo está hoy en día. Ni los atletas se alimentan hoy igual que hace 100 años, ni mucho menos entrenan de la misma manera. El entorno es diferente, y por lo tanto, la marca es diferente. Es decir, nuestros atletas de hoy día no han nacido equipados genéticamente con una superioridad para el deporte (salvo excepciones), simplemente, el entorno deportivo es superior y las personas con las que se comparan y a las que aspiran a superar, tienen marcas muy superiores.

Hoy día vemos imposible que un atleta consiga saltar 3 metros de altura, por lo que todo el entrenamiento se basa en superar la marca del récord mundial. El próximo atleta que supere esa marca, lo hará posiblemente con 2.46m ó 2.48m máximo. Quizás dentro de 50 años, superar la barrera de los 2.45m sea algo común entre los deportistas, y los medallistas olímpicos estén intentando batir los 2.99m ó los 3.15m. ¿Quién sabe?

Prosperar en la vida desde un barrio marginal.

Trasladeemos ahora el ejemplo de los campeones del mundo de salto de altura a la vida en los barrios marginales. ¿Qué marcas deben superar los jóvenes de estos barrios?¿Con quién se comparan?¿Qué marcas ven imposibles de superar?

Si un niño, durante toda su vida, lo único que ha visto es entrar y salir a su padre de la cárcel, hasta el punto que ya lo ha normalizado, quizás este niño tenga como concepto de éxito el pisar la cárcel solo 3 veces en lugar de las 27 veces que la pisó su padre.

Ir a la universidad es algo que no se plantean la mayoría de estos niños, pues no ven a casi nadie de su entorno (familia y vecinos) ir a la universidad, por lo que para ellos es una marca similar a los 2.45m en 1912, es decir, algo que ni se les pasa por la cabeza. No ven posible trabajar de directores de un banco o ser gerentes de una empresa, porque consideran que eso para ellos es imposible, pues no tienen ejemplos de este tipo en el entorno en que viven.

Muchos padres de estas zonas quieren lo mejor para sus hijos, y son conscientes de este hecho. Intentan por todos los medios que sus hijos prosperen en la vida, pero la mayoría no lo consiguen, debido, principalmente, a que por más que se esfuerce el padre, si el hijo sigue estando expuesto a personas de un entorno sin aspiraciones, se producirá un ajuste hacia la media. Esto significa que tendemos a convertirnos en la media de las personas con las que más tiempo pasamos. Hay quien no está de acuerdo con esto, pero lo cierto es que funciona de una forma bastante exacta.

Si pasas las 24 horas del día durante 10 años con empresarios, premios nóbeles y ejecutivos, tu forma de pensar y tus aspiraciones en la vida serán muy diferentes a si pasas 24 horas al día durante 10 años con delincuentes, traficantes y convictos. Y no hablamos solo de prosperar en términos económicos, sino también en términos culturales y aspiracionales.

Esto tiene su base lógica y es de sentido común. Si te rodeas de 5 personas más inteligentes que tú, tú serás el sexto. Si te rodeas de 5 tontos, tú serás el sexto, a no ser que decidas ser muy ambicioso y quieras ser el más inteligente del grupo, lo que te convertiría en el líder de los tontos. Al igual que en el entorno deportivo, estar en un ambiente cuyos miembros del entorno tienen marcas y metas muy altas, te coloca un anclaje psicológico que hará que tus aspiraciones, por la propia inercia, sean más altas también. Nuevamente, un ajuste a la media.

Evidentemente, si vienes de una familia rica, las posibilidades de que te vaya mejor en la vida son mucho más altas que si vienes de una familia extremadamente pobre. Son entornos diferentes, y un entorno es más próspero que el otro. Ahora bien, que un entorno sea más favorable, eso no significa que tú no puedas prosperar viniendo de un entorno más desfavorable. Deberás esforzarte más, porque tendrás más dificultades, y ante todo, deberás tener muy presente que mientras no cambies tu viejo entorno, posiblemente estarás mutilando todo gasto de energía que hagas en intentar prosperar. Pero en este sentido, no es imposible. De hecho, son marcas que hoy día están superando otras muchas personas que proceden de entornos más desfavorecidos. Hasta hace relativamente poco, la mayoría de los multimillonarios provenían de familias millonarias. Por primera vez en la historia, tenemos un alto porcentaje de grandes empresarios y nuevos multimillonarios que no proceden de entornos de riqueza. Son millonarios hechos a sí mismos.

Es aquí cuando algunos lectores me suelen preguntar: "Pero entonces, si vengo de una familia pobre, ¿Tengo que alejarme de mi familia?" Por supuesto que no. Jamás des de lado a la familia, y jamás olvides tus raíces. Simplemente se recomienda que, sabiendo la importancia que tiene el entorno, debes comenzar a rodearte de otro tipo de personas y de otro tipo de información y, a ser posible, reducir el tiempo que pasas con personas que restan valor a tu vida, cambiándolo por personas que suman.

Hoy en día es fácil rodearse de otro tipo de información. Existen libros, blogs, y canales de Youtube que te pueden hacer cambiar tu manera de pensar en muchas áreas de tu vida. No desaproveches esta oportunidad que te brinda el nuevo entorno tecnológico y úsalo a tu favor, no en tu contra, como hace la mayoría de la gente. Es más divertido ver gatos cantando en un vídeo de Youtube, pero el aburrido vídeo de una persona que te explica cosas de finanzas (por ejemplo) puede mejorar tu vida. Los gatos cantando, probablemente no lo hagan.

Hay una historia que siempre le suelo contar a los jóvenes cuando doy una charla en algún centro educativo. En mi adolescencia, comencé a tener amigos con cierta tendencia hacia la delincuencia. A pesar de que no estaban contagiándome en ese sentido, una noche, los vi sentados en el banco de un parque, por lo que me paré a charlar con ellos. A los pocos minutos aparecieron dos coches de policía. Los agentes se bajaron muy sobresaltados y nos pusieron contra la pared para cachearnos. Incluso uno de los policías me empujó de forma agresiva contra la pared.

Mis amigos habían hecho alguna de sus "travesuras" esa noche. A pesar de que yo no había hecho nada (acababa de llegar), ahí estaba, en la misma posición que ellos y siendo tratado como un delincuente por la autoridad policial. Nos pidieron los datos, tomaron nota y se marcharon. Al irse, comencé a hablar de forma despectiva de la policía, y más concretamente, del agente que me empujó contra la pared.

Suelo contar esta historia, porque de haber seguido pasando tiempo con este grupo de amigos, esto hubiera sido algo muy habitual, y hubiera sido cuestión de tiempo que acabara viendo a la policía como los malos y a los malhechores de mis amigos como los buenos. Quizás algún día podría haber llegado a participar en algunas de sus andadas a modo de travesura, o quizás algún día podrían hacer algo más grave y, por el simple hecho de estar con ellos, me hubiera enfrentado a cargos junto a ellos (aunque luego me hubieran exculpado de cargos, pero ya tienes cierto estigma y el mal trago en el cuerpo).

¿Qué me aporta a mí como adolescente tranquilo y poco problemático el rodearme de este tipo de ambiente?¿En qué mejora mi vida? Está claro que todo lo que me podían traer estos chicos, eran problemas. No me iban a proponer crear una empresa o estudiar un poco más para los exámenes. Solo hubieran acabado metiéndome en problemas en el peor de los casos. Y en el mejor de los casos, no aportándome absolutamente nada.

A esto me refería con que un mal entorno, aún no cambiando tu conducta a peor, te puede afectar también de forma colateral. Y no debemos irnos a casos tan extremos como barrios marginales, familias extremadamente pobres o entornos de asesinos en serie. Esto ocurre en cosas tan básicas como tener un grupo de amigos cuyas únicas aspiraciones son salir de fiesta y beber, un entorno que aplique mal el famoso "Carpe Diem", que es vivir el momento, pero olvidándote de planificar un futuro mejor. En el capítulo anterior quedaba claro. Una simple persona con aspiraciones en la vida, como en mi caso fue Victoria, puede hacer despegar tu vida a todos los niveles.

Recuerdo que con 18 años, mi pareja de aquel entonces y yo, solíamos salir muy a menudo con otra pareja (Oscar y Alba). Ambos eran encantadores y concretamente, Óscar, era un buen amigo mío. Comenzó a hacer nuevos amigos a los que les gustaba salir, y ya no solo los fines de semana, sino también algunas noches entre semana. Y solía apuntarme a muchas de estas salidas entre semana, aunque al día siguiente llegaba al trabajo algo más cansado. Óscar comenzó a adaptarse al estilo de vida que llevaba este otro grupo de nuevos amigos. Comenzó a beber más, salir más, e incluso comenzó a probar algún tipo de sustancias frecuentes en este grupo (desconozco si se trataba de cocaína, pastillas o cualquier otra cosa). Comencé a ver cosas que no me gustaban en absoluto, por lo que con frecuencia le decía a Óscar: "Hagamos otras cosas, vayamos a otros sitios. Pasemos de esta gente." Pero Óscar lo pasaba bien con ellos y no había forma de sacarlo de ahí. A mi pareja no le sentaba demasiado bien que estuviera saliendo más de lo habitual, ni le gustaban estos nuevos amigos que habíamos hecho. La veía en cierto modo molesta. Y sabía que tenía razón. Esta gente no me aportaba nada, aunque lo pasaras bien con ellos. Elegí despegarme de este nuevo grupo de amigos, y por ende, despegarme de Óscar. Elegí la tranquilidad y sobriedad que me aportaba mi pareja. A Óscar le acabó dejando su pareja. No pareció importarle demasiado, pues se sentía bien en su nuevo entorno. Solo sé que en 5 años ya era un drogadicto, y los siguientes 5 años se los pasaría entrando y saliendo de centros de desintoxicación, obligado por su madre, la cual no se explicaba cómo su hijo, procedente de una buena familia y con buenos valores, había llegado a ese punto. Óscar murió a los 32 años debido a una cirrosis provocada por los excesos. Un buen chico, una buena persona que procedía de un excelente entorno y que un día tomó simplemente una mala decisión. El efecto mariposa acabó haciendo el resto.

Así cambian tus elecciones según el entorno.

Por diferentes caprichos del destino, en cierta época de mi vida acabé trabajando para un prostíbulo, y quiero dejar claro desde ya, que desconozco cómo funcionan el resto de clubes de alterne, pero al menos, para el que yo trabajé, en ningún momento conocí a una mujer que ejerciera la actividad de prostitución en contra de su voluntad. Todo lo contrario. Lo más común es que si alguien les ofrecía un trabajo de 1.500€ ó 2.000€ al mes, te decían que te lo metieras donde te cupiera, pues ellas ganaban eso en una semana, y, en algunos casos, en un par de días.

Nunca había estado en el interior de un prostíbulo hasta ese momento, por lo que me hice una idea algo diferente. Pensé que me encontraría con mafia, trata de blancas y cosas de este estilo. Por otra parte, cuando vemos en el cine la forma en que se representan a los dueños de los prostíbulos (típico mafioso explotador), en cierto modo prejuzgas lo que te vas a encontrar. En el caso del dueño de este prostíbulo, no es que esté nominado para ser beatificado, pero era un hombre que solía repetir: "Trata a las chicas como reinas, pues gracias a ellas podemos comer".

Lo que sí tenía claro es que el entorno en este tipo de lugares, no es un entorno que se ajuste ni a mi forma de vida, ni va con mi personalidad. De hecho, no llegaba a comprender por qué la mayoría de la gente que trabaja en estos sitios acaba casándose o formando pareja con alguna de las trabajadoras de estos lugares (prostitutas). No lo entendí, hasta que vi el ambiente por dentro.

Me gusta ponerme límites antes de llegar a los lugares, para así, dejarme guiar por un código y hacer cumplir las promesas que me hago a mí mismo. Me prometí a mí mismo que únicamente me dedicaría a hacer mi trabajo y que me mantendría alejado de tener cualquier tipo de relación con ninguna de las trabajadoras del local. Ni relación sexual esporádica ni mucho menos relación de largo plazo. Únicamente tratarlas con respeto y educación, y nada más que eso.

Te das cuenta que el entorno comienza a hacer su trabajo. Recuerdo que los primeros días me daban nauseas (hablo literalmente), cuando veía a una chica de 19 ó 21 años, preciosa, subiendo con un cliente de 70 años, descuidado, obeso y en muchos casos, con malos modales. Leyendo esto, puede que muchos sientan repulsión hacia este tipo de hombres, pero podría ser el padre o el abuelo ejemplar del vecindario. Si algo aprendí ahí, también fue, que acabas viendo a quien menos te esperas ver y lo ves comportándose como nunca te podrías imaginar.

Al poco tiempo, las náuseas desaparecen y lo acabas viendo como algo normal. Las tardes y las noches se hacen muy largas, por lo que hablas con los clientes y con las chicas, y poco a poco lo vas viendo todo con normalidad. La gente de este entorno también se va haciendo poco a poco contigo. De hecho, al principio venían algunos clientes que me amenazaban con meterme en el maletero del coche, y en poco tiempo te acaban diciendo: "Si alguna vez tienes algún problema, aquí tienes mi teléfono." Poco a poco vas formando parte del nuevo entorno. Gente que hace tan solo unos meses hubieras cambiado de acera para no hablar con ellos, ahora se convierten en amigos.

Las largas jornadas (a veces 14 horas de trabajo o incluso más) hacían que hubiera días en los que al levantarme, tenía que decidir entre comer o ducharme, pues no me daba tiempo a ambas cosas. Solo tenía tiempo para trabajar y dormir lo suficiente para volver al trabajo. Se puede decir que vivía allí, y durante ese tiempo, solo hablaba con gente de allí: clientes, trabajadoras, jefes y compañeros. Mi círculo social se redujo a mi ambiente de trabajo. No veía a nadie más.

Es inevitable que a base de horas y horas, y de numerosas charlas durante esas horas, acabes cogiéndole cariño a muchas de estas chicas. Debes tener en cuenta que pasas más tiempo con ellas que con cualquier otra persona. Y como suele ocurrir, comienzas a cogerle más cariño a unas que a otras. Y de esas a las que les tienes más cariño, suele haber una que también se encariña más contigo, intima más contigo y comienza a buscar la manera de pasar más rato contigo. Cuando quieres darte cuenta, comienzan a aparecer otros sentimientos, ese tipo de sentimientos que dijiste que ibas a evitar antes de entrar a trabajar ahí. Entonces sabes que has entrado en zona de peligro, y sabes que ha llegado el momento de largarte de ahí.

Descubres una ley muy básica cuando se habla de la importancia del entorno: Por muy fuerte que seas mentalmente y por mucha fuerza de voluntad que tengas, al final, el entorno se hace contigo; te contagia. Y lo vamos a entender perfectamente.

Pensemos por un momento en aquella época. Cuando no estaba durmiendo, estaba trabajando en el club, es decir, pasaba toda la tarde y la noche en ese ambiente rodeado de prácticamente el mismo tipo de gente. No tenía horas en el día para pasar tiempo con otra gente, ni mucho menos conocer a alguien más.

Supongamos que esta situación la hubiese alargado durante 10 años, trabajando todo ese tiempo con ese mismo horario. Y supongamos ahora que me apetece conocer a alguna persona para tener una relación con ella. Una persona en otro entorno puede decidir entre una arquitecta rubia o morena, una camarera delgada o rellenita, una abogada alta o baja, una deportista o una contorsionista. Pero yo, en este entorno, solo puedo elegir entre las siguientes opciones: una prostituta alta o baja, una prostituta rumana o brasileña, una prostituta rubia o morena. Mi entorno me limita las opciones hacia un tipo de persona en concreto. Primero me atrapa y luego me hace elegir entre lo único que tengo disponible o al alcance.

Las elecciones también funcionan de una forma curiosa. La mayoría de las personas piensan que son capaces de elegir libremente, pero en realidad, no elegimos lo que deseamos, queremos o necesitamos. Elegimos en función de las opciones que tenemos. Se han hecho numerosos experimentos donde se le ha dado a elegir a un grupo amplio de personas entre dos opciones: La opción A y la opción B. A raíz de incorporar una tercera opción C, los resultados demostraron que las personas no siempre eligen de forma coherente.

Uno de los experimentos que mejor refleja cómo podemos ser manipulados, fue el diseñado por el economista conductual *Dan Ariely*, el cual demostró cómo se podía manipular fácilmente a los usuarios. Lo hizo con la revista "*The Economist*". Los usuarios que querían suscribirse a la revista tenían 3 opciones:

A. Suscribirse a la versión web por 59 dólares.
B. Suscribirse a la revista impresa por 125 dólares
C. Suscribirse a la revista impresa + versión web por 125 dólares.

No hay que ser Albert Einstein para saber que aquí tenemos una opción inútil, como es la opción B, pues nadie pagaría 125 dólares para suscribirte a la revista impresa cuando tienes un combo (opción C) que por el mismo precio te da también la versión web. Pues bien, el 84% del grupo eligió la opción C, el combo (revista impresa + versión web), mientras que el 16% restante eligieron la opción A, únicamente la versión web. Como era de esperar, nadie eligió la opción B.

Repitió el experimento, pero en esta ocasión, Ariely retiró la opción B (opción inútil), por lo que la elección para los suscriptores quedaría de la siguiente manera:

A. Suscribirse a la versión web por 59 dólares.
C. Suscribirse a la revista impresa + versión web por 125 dólares.

¿Y qué ocurrió en este caso? Ocurrió que ahora un 70% de los usuarios eligieron la opción A, mientras que un 30% de los usuarios eligieron la opción C, la opción combo, que anteriormente habían elegido un 84% de los usuarios.

Las marcas conocen este tipo de sesgos psicológicos a la perfección, por lo que constantemente los están usando contigo, y no siempre eres consciente de ello. Habrás notado que algunos productos se ponen en un escaparate en pack de tres: uno barato y malo, uno de precio medio y calidad media, y uno de alta calidad y alto precio. Lo último que esperan las marcas es que elijas el producto de alto precio, aunque si así lo decidieras, es el producto con el que la empresa obtiene su mayor margen de ganancia. Pero la función de ese producto de alto precio, sirve para que la mayoría de las personas elijan el producto intermedio. De no estar esa tercera opción, posiblemente comprarían el producto más barato, aunque tuviera menor calidad.

Pero aún hay más. Estas opciones de elección entre tres productos tiene otro truco, y es que mientras te estás debatiendo entre comprar precio alto, intermedio o bajo de esta marca, estás comparando entre productos de la misma marca, lo cual evita, en cierto modo, que compares con otros productos de otras marcas. Se trata por un lado de limitar las opciones, pero aún así, darte una opción más para dirigirte hacia lo que les interesa venderte, aunque no siempre sea lo que necesitas o quieres en realidad.

Es por eso que la mayoría de las personas piensan que están tomando decisiones racionales cuando en realidad no son dueños de sus propias decisiones al estar eligiendo, no en función de sus gustos, sino en función de sus opciones. Para comprender a la perfección todos los sesgos psicológicos y errores de procesamiento mental de los que somos víctimas, es recomendable el libro *"Pensar Rápido, Pensar Despacio"* de Daniel Kahneman, posiblemente el mejor libro que se ha escrito al respecto.

Pero démosle un giro de tuerca más a este tema. Supongamos que eres de esas personas que dicen: "Yo nunca podría estar con una mujer obesa", y además, lo dices con convicción, porque en realidad crees que así lo piensas. Te subes a un barco que naufraga y acabas en una isla desierta acompañado de únicamente 3 mujeres obesas. Vas a estar en la isla durante al menos 20 años. Pero tranquilo, no te hará falta tanto tiempo. En menos de dos años (posiblemente a los 6 meses), ya no te estarías preguntando si te gustan las mujeres obesas o no. Tu pregunta sería si te gusta más la mujer obesa rubia o la mujer obesa morena. El entorno haría su trabajo, y en tu nuevo entorno desaparecen los cánones de belleza estipulados en tu actual entorno. De hecho, tus propios cánones de belleza serían alterados hasta adecuarlos a las opciones que tienes disponibles.

Sin ir más lejos, esto lo podemos ver en la sociedad de hoy día. ¿Por qué casi todo el mundo tiene tatuajes? La mayoría de las personas piensan que se han hecho un tatuaje porque les gusta. Y sí, pero no. El único motivo por el que la mayoría de la gente tiene tatuajes es porque casi todo el mundo tiene tatuajes. Lo mismo ocurre con los piercings y las cejas partidas. Recuerdo que un conocido, hace 20 años, tuvo una caída que le provocó que no le saliera el pelo en el lateral derecho de su ceja. Tenía un complejo con esto, hasta el punto de recurrir a pintarla con rotulador. Hoy día, el complejo que tenía mi amigo, curiosamente es moda. Vemos cómo ahora los bajos de los pantalones —incluso en trajes de vestir— se saludan a distancia con los zapatos. Antes vestía así el tonto del pueblo. Ahora es una moda sexy y original.

En la dictadura comunista de Corea del Norte, su líder (ese señor tan simpático de cuerpo atlético) obliga a los habitantes masculinos del país a elegir entre unas pocas modalidades de cortes de pelo. Irónicamente, en Occidente, nuestros jóvenes tienen menos modalidades de cortes de pelo aun eligiendo libremente. Y más curioso aún es el parecido que tiene el corte de pelo que eligen nuestros jóvenes con el corte de pelo que obliga el líder de Corea del Norte. Sin vivir en una dictadura y pudiendo elegir libremente el corte de pelo, han elegido en su mayoría el mismo degradado que se usa en Corea del Norte. Lo curioso es que si le preguntas a nuestros jóvenes —y no tan jóvenes—, ellos pensarán que están eligiendo libremente. Pero no. Ni son originales ni eligen libremente. Están siguiendo modas en función de las opciones que tienen a la vista, y desde luego, ser original no es vestir y peinar como el 80% de la gente. Somos víctimas del entorno.

Volvamos a los jóvenes que viven en barrios marginales. En ocasiones, en función de lo que observan en su entorno, cuando piensan en su futuro laboral, un alto porcentaje piensan: ¿Me dedico a traficar (Opción A) o me dedico a robar (Opción B)? En ocasiones, los más afortunados incluyen algunas otras opciones, pero, como recordábamos en el ejemplo de los atletas, esas opciones estarán extremadamente limitadas a las marcas logradas por los individuos de su entorno. Al ser hitos altos para ellos, pero bajos para los jóvenes de otros barrios de un poder socio-económico más elevado, finalmente quedan en cierto modo atrapados por la escasez de opciones.

Y es por este motivo que tanto las cárceles como los centros de menores perjudican más que benefician. Una cárcel no está diseñada para reformar a un presidiario. Si el preso está rodeado de otros presos, es prácticamente imposible que se reforme teniendo en cuenta la influencia del entorno. Lo que se observa es todo lo contrario, que suelen ser personas que entran a la cárcel por un delito menor, y al salir, acaban cometiendo un delito mayor.

En muchos casos entra a una cárcel una persona con un graduado en tráfico de marihuana, y acaba saliendo con una licenciatura en tráfico de cocaína, master en robos y Cum laude en asaltos. No puedes mejorar a una persona si la rodeas de personas peores. Y esto mismo ocurre en los centros de menores, los cuales acaban convirtiéndose en una escuela de delincuencia mayor.

Un consejo práctico.

No me importa quién eres ni dónde vives, ni de quién te rodeas ni de dónde procedes. Solo observa tu entorno y la gente con la que más tiempo pasas, y hazte las siguientes preguntas:

¿Te gusta cómo les va en la vida?

¿Te gusta lo que han logrado?

¿Te gustaría parecerte a ellos?

Si estás en un entorno y te gustaría llevar la vida que llevan los individuos de este entorno, si quieres conseguir lo que ellos han conseguido y, a modo general, te gustaría llevar el tipo de vida que llevan ellos, simplemente imítales, sigue sus pasos y pasa todo el tiempo que puedas con ellos, aprende todo lo que puedas de ellos.

Si, por el contrario, no te gusta lo que ves, no quieres parecerte a ellos, y te gustaría algo más en la vida, haz precisamente todo lo contrario a lo que ellos hacen. Intenta reducir el contacto con ellos al máximo y busca otras figuras a las que seguir. Introduce en tu entorno a personas que sean más afines a tus propósitos y metas en la vida. Una cosa te aseguro, y es que para cambiar tu vida, primero tienes que cambiar tú, y para cambiar tú, debes cambiar tu entorno. De lo contrario, no hay cambios. Como se suele decir, tanto el éxito como el fracaso dejan pistas. Sigue esas pistas según el resultado que desees lograr.

Y en la búsqueda de las pistas de éxito, tras leer decenas de biografías de las personas de éxito, podríamos encontrar algunos rasgos comunes en todos y cada uno de los empresarios de éxito. En ninguna biografía de personas exitosas encontrarás referencias a la complacencia, conformismo o probar suerte por probar. Encontrarás historias llenas de sacrificio y sudor, de preparación, de continuo aprendizaje y determinación. Si algo es fácil no es el camino ideal, porque si fuera fácil todo el mundo lo estaría haciendo. Y aún así, si algo viene de forma fácil, se evapora con la misma facilidad. En cualquier camino hacia la prosperidad, nadie puede quitarte esas horas de más, ese sacrificio temporal, ese sudor y cansancio añadido. No importa si hablamos de sacarte una carrera, tener éxito en los negocios o ser un atleta o cantante de prestigio. Gana aquel que más lo que quiere, pero una cosa es querer y otra quererlo de verdad y estar dispuesto a hacer lo que sea necesario para provocar el resultado. Deberás tomar decisiones que incluyen elegir entre hacer lo que hace el resto de la gente que te rodea o hacer lo que tienes que hacer para lograr más cosas que esta misma gente. El camino del éxito es casarte con el sacrificio, dolor y sudor, y la mayoría de la gente no está preparada para este matrimonio.

5

Gisella.
Mi mayor alegría.
Mi mayor tragedia.

"Hay personas que te cambian la vida el día que llegan, y te la ponen patas arriba el día que se van"

Por mi tipo de vida, centrado en mi crecimiento profesional junto a Victoria, se me hacía difícil mantener una relación sentimental formal. La mayoría me acababan dejando por estar casado con mi trabajo y con mi compañera Victoria. Era común escuchar: "Actúas como si no te importara", "Nunca tienes tiempo para mí". Y en realidad tenían razón. Incluso me llegaba a sentir mal, porque tenían razón. Y me sentía mucho peor al estar viendo que eran buenas mujeres en la mayoría de los casos. Lo cierto es que hasta mis 35 años de edad, nunca pude decir que hubiera tenido a mi lado a una mala mujer. Esto no siempre sería así, sobre todo al acercarnos a los tiempos en los que estoy escribiendo este libro (2022). Recuerdo a una chica que me dolió realmente, porque era una mujer de mucho valor en todos los sentidos. Me dijo: "Carlos, eres fácil de querer, pero muy difícil de llevar", y esto lo dijo justo antes de decirme entre lágrimas: "mejor que lo dejemos, porque me estás haciendo mucho daño". Podría haber impedido que aquello ocurriera, podría haberle dicho que cambiaría, que sacaría más tiempo para estar con ella, pero lo cierto, entendía que con la carga de trabajo que teníamos, únicamente le provocaría más dolor, y no estaba dispuesto a hacerle pasar por más dolor.

Además, esta mujer pasó con creces el "Filtro Victoria". Victoria tenía un talento inusual para calar a las personas solo con una primera impresión a lo largo de 5 minutos. Era capaz de sacar su tipo de personalidad y sus inseguridades solo en los primeros 30 segundos de presentarle a una chica. Lo cierto es que era un espectáculo ver las reacciones de algunas chicas a las que le presentaba. Si conocía a alguna chica, a los 3 ó 5 días de haberla conocido, antes de decidirme a seguir adelante con ella, me gustaba ver ese encuentro donde quedábamos con Victoria para tomar un café.

Algunas se sentían impresionadas e inseguras al conocer a mi mejor amiga, debido a su belleza y elegancia. Otras mostraban directamente los celos en su rostro, mientras otras mostraban una especie de incomodidad ante la seriedad de Victoria. No era algo decisivo a la hora de tomar una decisión, pero sí era algo interesante y entretenido presenciar. Si una chica se mostraba con la misma naturalidad sin importarle la seriedad de mi compañera Victoria, eso era una excelente señal de que estabas con una mujer que posiblemente mereciera la pena seguir conociendo. En cualquier caso, ya me comencé a acostumbrar a no pasar de los 3 ó 4 meses de relación con una persona. Insisto.

Me dolía este hecho, y comprendía que lo más valiente que podía hacer una persona cuando ve que su potencial pareja no le está prestando la debida atención, es mandarlo al carajo. Siempre he respetado a las mujeres que me han mandado al carajo por este motivo, porque pienso que hicieron lo correcto, lo que yo mismo le aconsejaría a cualquier otra persona.

El día que conocí al ángel terrenal.

Cierto día me cancelaron a última hora un curso de formación de ventas, por lo que fui a tomar un café a la cafetería colindante. Me senté solo en la mesa de la esquina del local que, en ese momento, estaba abarrotado de gente. Ahí, sin prisa, pensando en mis cosas en plena hora punta de desayunos donde las prisas y el estrés se podía palpar en el ambiente, entró ella. Lo primero que siempre me atrae de una persona es la mirada, ni siquiera sus ojos. Únicamente la mirada, y no sabría explicar lo que me llama la atención de una mirada, pero ella tenía eso que me cuesta tanto explicar. Su manera de caminar, su sonrisa y su rostro acaban haciendo el resto. A pesar de que se notaba que esta chica entró con prisa, generaba una sensación de paz y calma increíble en su rostro. Y sí, el cómputo total de esta mujer era perfecto, por no decir que ahora sí estaba viendo a la mujer más bella que había visto en mi vida. Yo nunca he creído en los flechazos ni en el amor a primera vista. En realidad sigo sin creer en eso, pero lo que esta mujer provocó en mí solo al verla, no lo había experimentado jamás. Sé que algunos pensarán que era por su belleza o que pudiera haber algún componente sexual, pero no. Cuando conozco a una chica, en lo último que pienso es en sexo. No tengo prisas para eso (ni antes ni ahora). Y esto no lo digo por quedar bien, pues esto lo puede confirmar cualquier persona de mi entorno. Y con respecto a la belleza, eso ayuda, pero una barbie que solo tenga belleza y carezca de algo más, para mí tiene el mismo interés que una muñeca hinchable.

Con la cafetería en plena hora punta y con la prisa visible de esta chica, la cual pidió un café para llevar, no es el mejor momento para entablar una conversación. Por la confianza y forma que tenía de hablar con el camarero, deduje que era habitual de esa cafetería, por lo que no quise dar la sensación de baboso o de típico ligón de día en ese momento. Tampoco se me ocurría qué podía decirle en ese momento, por lo que dejé que se fuera sin hacer nada. Ella, al salir, hizo un ligero repaso a toda la gente que había en la cafetería, incluido a mí, aunque pasó su mirada sobre mí con la misma rapidez que con el resto de los allí presentes. Ya sabíamos algo, y es que si eso que me había ocurrido era un flechazo, el flechazo no estaba correspondido, o, al menos, Cupido había olvidado lanzar una segunda flecha. La observé a través de la cristalera y ahí volvió a mirarme desde la calle, pero claro, me imagino que pensando: "¿por qué me mira el tipo este?"

Antes de irme, le pregunté al camarero: "Esta chica del café para llevar, ¿suele venir a menudo por aquí?" Me comentó que cada día de lunes a viernes, aunque era la primera vez que se había pedido el café para llevar, pues normalmente se lo tomaba ahí en la cafetería.

El caso es que al día siguiente cambié mi cafetería habitual por esta, aunque tenía que hacer unos 500 metros más, no me importaba. Ya sabéis que hay que caminar de vez en cuando para mantenerse en forma. Volví a sentarme en la misma mesa, esperando que apareciera este ángel. Pero no apareció. Volví al día siguiente, y tampoco apareció. Y tampoco apareció a la semana siguiente. Le iba a preguntar al camarero si la chica por la que le pregunté había vuelto por allí, pero el camarero con el que hablé, dejó de trabajar ahí. Así que lo dejé correr y seguí haciendo mi vida normal, no sin antes decirme a mí mismo: "la última vez que dejo algo para más adelante." Y así pasaron algunos meses.

Una mañana de un martes cualquiera, Victoria se quedó en su piso enferma, por lo que me escapé de la oficina para hacerle una visita. Me pidió que fuera a comprarle algunos medicamentos a la farmacia, y me dispuse a ello. Me quité el traje y me puse un chándal. Poco antes de llegar a la farmacia me llamó por teléfono para que fuera a comprarle cereales y algunas otras cosas al supermercado. No sabía dónde había supermercados en esa zona, por lo que me dispuse a buscar uno. Lo encontré. Justo al entrar por la puerta del supermercado, ahí salía una especie de ángel. Era ella. Inconfundible su presencia y forma de andar, y sobre todo, esos ojos con esa mirada tan particular y especial. Dejé de caminar. Me quedé parado sin saber qué hacer, aunque bueno, más bien me quedé parado sin saber cómo hacerlo, porque ya sabía lo que iba a hacer.

Problemas que tenía a la vista: el error de haberme quitado el traje y ponerme el chándal. No es que sea algo malo en sí mismo, pero te resta atractivo para estos casos, y más teniendo en cuenta que ella iba vestida muy pero que muy elegante. Y cuando notas que tu vestimenta no es la ideal, eso te resta seguridad. El segundo problema que no observé desde la mesa de la cafetería era un pequeño detalle sin mucha importancia en principio. No me di cuenta de lo alta que era esta chica. Yo mido 1,70 m y esta chica medía 1,75 m, y aquel día, además, llevaba tacones (1,80 m aproximadamente en total).

Para que comprendáis cómo funciona mi cabeza, todo esto que estoy describiendo aquí, mi cerebro lo procesa en cuestión de un par de segundos. Así que esta es la descripción de la situación: chica increíblemente bella y elegante de 1,80 m aproximadamente, sale de un supermercado donde está a punto de cortarle el paso un tipo en chándal de 1.70 m. Probabilidades a favor: pocas; probabilidades en contra: muchísimas; ganas de intentarlo: TODAS.

Desde mi posición estática en el centro del pasillo del supermercado, ella se dirigía hacia mi posición, mientras pensaba en qué decir y cómo decirlo. Me mira de frente, me esquiva y ya no hay tiempo para más, salvo para hacer algo que nunca debes hacer: cogerla del brazo para detenerla.

—Tómate un café conmigo— fue lo único que me salió decirle ante su mirada atónita —En serio, tómate un café conmigo. No tienes nada que perder. Ahora te cuento— Volví a insistir mirándola fijamente con cierta expresión de súplica en mi rostro.

—Vale, pero.... ¿Me dejas subir primero la bolsa de la compra al piso?— Me dijo con esa sonrisa que provocó que me derritiera.

¿Qué probabilidades existen de que algo así salga como esperas? En realidad, bastante pocas, y más teniendo en cuenta que mis técnicas de seducción seguían siendo algo rudimentarias y desastrosas, pero me dio aquella oportunidad. Ahora todo consiste en no fastidiarla.

Una vez subió la bolsa de la compra y bajó a la calle, fuimos a una cafetería de la zona. Allí le reconocí que volví a aquella cafetería para verla de nuevo, pero sin éxito. Resulta que el día que la vi, pidió el café para llevar porque era su último día de trabajo en la empresa. Se llamaba Gisella. Por fin la había conocido, y por fin estaba tomando algo con ella. En 45 minutos tenía que irse a toda prisa para una entrevista de trabajo. En caso de que no la seleccionaran para el trabajo, debería irse de Madrid para aceptar un puesto de trabajo en una compañía del norte de España. Y algo me decía que no iba a ser seleccionada y que de no intervenir de alguna manera, la perdería de vista.

Llamadme loco, pero en los primeros 5 minutos, quizá menos, por algún extraño motivo, tenía la sensación de que sabía todo lo que había que saber de esta mujer. Era una mujer que, al igual que yo, éramos personas de una sola capa. Es decir, lo que ves es lo que hay. Sin cuentos, ni adornos, ni engaños ni mentiras. Llamadla loca, pero ella estaba comenzando a pensar lo mismo.

Mientras todo esto estaba ocurriendo, unas tres manzanas más atrás había otra preciosa mujer esperando que le llevara unos cereales y sus medicamentos. Ten amigos para esto.

Yo no soy de bailar.

Hace unos meses hice un vídeo para el canal de Youtube (A. Carlos González) titulado "Yo no soy de bailar", un vídeo en el que representaba junto a una chica, una escena que muchos usuarios no llegaron a comprender. Pues bien, ahora cobrará sentido aquel vídeo.

Solo tenía claro que este no iba a ser el último día que viera a esta persona. Tenía claro, completamente cristalino, que quería volver a verla, y aunque suene a locura, quería tener a esta persona en mi vida, por lo que aquí viene posiblemente el diálogo más surrealista que haya podido tener en mi vida.

—Gisella, tanto si consigues el trabajo como si no lo consigues, no te puedes ir. Ahora que te he vuelto a encontrar, no puedes irte.

—¿Y qué le hago, Carlos? Me he quedado sin trabajo, y si no consigo este trabajo, no puedo rechazar la otra oferta que tengo.

—Algo me dice que te irá bien. Confía en mí.

—Además, tengo que dejar el piso este mismo viernes.

—Eso no es problema. Te vienes a vivir conmigo, y problema solucionado. —Y esto se lo dije totalmente en serio.

—Ohhh... Ahora sí me estás pareciendo un loco.

—Créeme, es lo más sensato que he hecho en mi vida. —y lo dije con total y absoluta convicción.

—¿Sabes bailar, Carlos?

—¿Qué?¿A qué viene eso?

—Un hombre que no sabe bailar, no es un hombre de fiar. —Me lo dijo en cierto tono burlón.

—Eso son tonterías. Los hombres de fiar son los que se quedan apoyados en la barra y le dicen que "no" a las chicas que le piden bailar. Eso hacen los hombres de verdad.

—¿Nunca has bailado con una chica?

—En vertical no.

—¿En serio?

—Totalmente en serio.

—¿Voy a ser la primera?

—No, porque no pienso bailar contigo.

—Si quieres que me quede, tienes que bailar conmigo.

—Si te quedas, bailo todo lo que quieras cuando quieras y donde quieras.

—Tiene que ser ahora

—¿Ahora? Estamos en una cafetería!

—No sé si podría estar con un hombre que le da vergüenza el qué dirá la gente.

—Muy bien, bailemos, pero no hay música.

—¿Que no? Ahora verás.

Gisella le preguntó al dueño del local si podíamos pasar a una sala que tenían al fondo y que estaba cerrada al público. Con su particular encanto, evidentemente, el dueño del local no se lo negó. Le pidió que pusiera música. Y ojo, que estamos hablando que serían aproximadamente las 12:00 del medio día.

Ella se fue para la sala, mientras le pedí al dueño un favor: "A mi señal pon una canción lenta, y este favor te lo devuelvo sí o sí". Comenzó sonando música tecno o algo parecido, y no sabía qué era lo que quería comprobar Gisella. No sé si quería ver si yo era capaz de hacer el ridículo o simplemente verme hacer el ridículo, pero lo cierto es que yo nunca fui de bailar, salvo a mi manera.

Le hice el gesto al dueño del local mientras caminaba hacia Gisella, la cual estaba muy contenta por salirse con la suya, hasta que llegó el cambio de música. Comenzaron los acordes lentos, la agarré de la cintura y la traje hacia mí mientras le susurré: "Así es como bailo yo".

Pleno centro de Madrid, un martes de un día cualquiera sobre las 12:00 del medio día, y ahí estábamos nosotros, bailando una canción lenta aislados del resto del mundo, como si no existiera nada más. Solo me quedaban unos pocos minutos para convencerla de que se quedara, para convencerla de que yo era ese hombre que ni ella misma sabía que estaba buscando. Y eso, llegados a este punto, ya no se podía hacer con palabras. Ya había escuchado mi voz y había escuchado mis palabras. Ahora se trataba de hacerla sentir sensaciones, sin dar la sensación de que llevas otro tipo de intenciones más insanas.

Aunque en el vídeo representamos esta escena llevando yo un traje color negro y ella un vestido rojo, lo cierto es que, por desgracia, yo llevaba un chándal color gris y ella un vestido de color negro con la espalda al descubierto.

No podía despegar mi boca de sus hombros (supongo que por una descompensación de altura debido a sus tacones), y mis manos no podían dejar de acariciar sus brazos y su espalda, hasta que sentí cómo se le comenzó a erizar la piel en mitad de este baile donde reinaba nuestro silencio.

Gisella colocó sus manos en mis hombros y se apartó ligeramente de mí. Pensé que se estaba sintiendo incómoda, pero no. Se apartó para clavar su mirada en mis ojos, una mirada que jamás olvidaré, colocó su frente en mi frente y su nariz en mi nariz, sin quitarme esa mirada, y tras una ligera sonrisa acabó pegando sus labios con los míos, de forma suave, sin ninguna prisa, como si tuviéramos todo el tiempo del mundo. En realidad, no llegamos a bailar ni un solo acorde más allá de un roce estático de nuestros cuerpos y una lluvia de caricias.

Lo último que pensé al levantarme aquella mañana de martes fue tener este momento con la persona más bondadosa y la mujer que más amé en toda mi vida.

Se acercaba la hora de su partida hacia la entrevista de trabajo, y acordamos que ocurriera lo que ocurriera, el viernes se vendría a vivir conmigo, pero irse de Madrid, no se iba. Nos despedimos y quedó en llamarme al salir de la entrevista. Yo proseguí con los recados que me habían encargado, pero ahora era el hombre más feliz del planeta. Cuando llegué con la compra al piso de Victoria, le di la noticia.

—Victoria, me he enamorado. Y se viene a vivir conmigo.

—¿¡¡¡QUEEEEE!!!?...Carlos, ¿tú eres tonto o se te ha ido la cabeza?

—Tranquila, Victoria, cuando la conozcas lo comprenderás.

Gisella me llamó al cabo de dos horas. Efectivamente, y tal como me temía, no consiguió el trabajo. Esa misma noche quedamos nuevamente para tomar algo. He de reconocer que tenía un constante miedo a que lo pensara mejor y decidiera marcharse de Madrid, pero no. Lo que yo sentía por ella, inexplicablemente, era correspondido. El mismo jueves quedamos con Victoria para tomar un café. Tenía una tremenda curiosidad por ver cómo sucedía el "filtro Victoria". Increíble.

Allí estaba Victoria sentada, esperándonos. Gisella, antes de que me diera tiempo a hacer las presentaciones formalmente, no se contuvo, gritando: "¡¡Joder!!, ¡qué guapa eres dios!", y directamente le dio un abrazo. La cara de Victoria era un poema. El tema de conversación durante las 3 horas de charla fue Carlos, las cosas de Carlos, y lo loco que está Carlos. Cuando Gisella se fue al servicio, Victoria, muy seriamente, me dijo: "Con esta no metas la pata. No dejes que se te escape."

Gisella trabajaba en Recursos Humanos y, casualmente, Victoria quería reestructurar el departamento de Recursos Humanos, por lo que Gisella ya tenía trabajo en Madrid. Ya me iba bien en Madrid, me iba bien profesionalmente, me sentía bien a modo general, pero con la entrada de Gisella a mi vida, fue como escalar hacia las estrellas. Fue un placer ir descubriéndola poco a poco. Fue una bendición cada minuto que pasé con ella. Sin duda, era ella. Era la definitiva. En esos momentos sientes como si todo lo que has hecho en la vida, te hubiera conducido hasta ella. Piensas en que todo lo que has sufrido y todos los romances que has tenido, han servido para saber apreciar y disfrutar el romance verdadero y definitivo. Te han preparado justo para esta persona.

Gisella era una de estas personas que es capaz de sacrificarse por el bienestar de los demás. Era una persona tan sumamente bella que no cuadraba esa humilde personalidad que tenía. Simplificando la descripción de Gisella, la podríamos definir como Perfección. Para mí, sin duda, era perfecta.

Seguimos creciendo profesionalmente, seguimos aumentando las contrataciones y aumentando nuestra facturación. A mis 26 años, podríamos decir que ya podía definirme como una persona de éxito y además muy feliz.

Y es que hay una pequeña diferencia, pues éxito es conseguir todo lo que deseas, y felicidad es poder disfrutarlo. En este punto de mi vida, consideraba que ya tenía todo lo que necesitaba: una profesión que me encantaba, capital más que suficiente, los mejores amigos que podía tener, y la mejor pareja que se puede desear. Esto también nos llevaría a otra definición de éxito: Es lograr lo que deseas y poder compartirlo con las personas que quieres. Claro que en mitad de tanta felicidad, uno no es consciente de que la última palabra la tiene la vida (la vida, el azar, el destino, o lo que sea...).

Cuando superé el hito de 12 meses de relación (nunca había pasado del año en una relación amorosa), tenía más que claro que Gisella era esa mujer; La mujer con la que quería compartir mi vida hasta el fin de mis días, por lo que cierto día le pedí matrimonio. Bueno... técnicamente no le pedí matrimonio, pues salió de una forma natural: "Gisella, nunca hemos hablado de esto, y ni siquiera sé si es algo que tú quieres, pero que sepas, que a pesar de que yo no tengo necesidad de firmar un papel, si en algún momento tú quieres casarte, yo me caso contigo encantado de la vida". Creo que la idea de lo que quería decir se captó bastante bien. De una u otra manera, acordamos una boda tipo ibicenca, algo que en realidad, me encantaba. Me la imaginaba vestida de blanco, incluso Victoria vestida de blanco (un color que nunca usaba a la hora de vestir), me imaginaba tantas cosas... y al final, todo quedó en eso: en imaginación.

22:47 - La vida te cambia en cuestión de segundos.

La vida funciona con tendencias, y mi tendencia era completamente alcista en todos los sentidos. Como siempre he dicho, hay problemas que ves venir a distancia, y te da tiempo a reaccionar. Puedes hacerle frente al problema o puedes ignorarlo y dejarlo pasar. Todo depende de tus decisiones. En una ocasión le escuché decir a un tipo que los verdaderos problemas vienen sin avisar, un día cualquiera a las cuatro de la tarde o a las ocho de la noche. Y te cambian la vida por completo. Rompen tu tendencia en la vida. Te hacen cenizas, casi literalmente.

Cierto día, a escasos tres meses de la boda, estábamos tomando algo en un restaurante Gisella, Victoria, Raquel y yo, en una noche de risas y celebración. Gisella salió antes del restaurante. Tramaba algo. Lo intuía, aunque luego lo supe con certeza. Unos 20 minutos más tarde, me despedí de Victoria y Raquel y me dirigí a casa. Al llegar, esperaba encontrar allí a Gisella, pero no estaba. Eso sí, vi sobre la mesa algunas velas y pétalos de rosas. Estaba preparándome una noche especial, como era habitual en ella. Pero no estaba allí. La llamé al teléfono y no respondía. Y me extrañé pero no me alarmé aún. La volví a llamar sin obtener respuesta, y ya se me aceleró el corazón. Comencé a preocuparme bastante. Hasta que mi móvil sonó, exactamente a las 22:47. Era Raquel: "Gisella ha tenido un accidente". Murió en el acto. Es increíble cómo una sola llamada y cinco palabras te pueden cambiar la vida. Cómo pueden cambiar esa tendencia establecida que llevas, cómo pueden aplastar tus sueños y hacerte cenizas.

Había escuchado mil veces eso de quedarte en estado de shock, pero nunca lo había vivido en primera persona. No reaccioné, era como si no acabara de creérmelo o como si no quisiera creérmelo. Te sientes desubicado, atontado, sin capacidad para reaccionar. Ni siquiera me dio por llorar o gritar. Simplemente me quedé ahí de pie, sin saber qué hacer y habiendo perdido incluso la noción del tiempo. No sé si permanecí estático 30 segundos o 1 hora. De hecho, todo lo recuerdo como escenas con cortes.

Recuerdo que todo el mundo se acercaba a abrazarme y hablarme, y seguía sin poder reaccionar, completamente desorientado. Recuerdo a Victoria llorando, a Raquel destrozada y a la familia de Gisella hundida, pero yo seguía sin saber exactamente qué estaba ocurriendo. Y me quedé en ese estado no sé si 24 horas o 36 horas.

El recuerdo más nítido que tengo es cuando Victoria me acompañó a mi piso para que me acostara, después de no sé cuánto sin dormir. Al entrar en el piso y ver que ella no estaba, fue como si mi cerebro hubiera adquirido conciencia plena. Y ahí comienza la puta pesadilla.

Perdí la fuerza en las piernas hasta clavar fuertemente las rodillas en el suelo, exploté en llanto y gritos, y apenas podía respirar. Y por desgracia, no encontré satisfacción con ningún ansiolítico ni pastilla que hiciera desaparecer ese dolor. En ese momento ves la realidad. Has perdido a la persona que amabas y nada puedes hacer por evitarlo. Tampoco sirven las palabras de consuelo. Se te ha evaporado la felicidad y ha entrado un torrente de dolor y tristeza que es insoportable. En algún momento, a lo largo de las horas y el dolor, el cerebro se desconecta. Necesita que descanses y recargar energía, porque en cuanto despiertes, volverás a enfrentarte nuevamente a la pesadilla, y esta vez, estarás más consciente aún.

Victoria abandonó sus compromisos laborales y se quedó en el piso conmigo las 24 horas del día durante tres días. De no haber sido por ella, no sé qué hubiera sido de mí en aquellos momentos. Durante 3 semanas fui una especie de zombie. Al final, fue Victoria la encargada de recordarme algo que ya sabía, pero que viene bien que te digan en estos casos.

La muerte de un ser querido es de esas pocas cosas que nunca se superan. Simplemente aprendes a vivir con ello. Quizás penséis que Victoria fue dura, pero en realidad, me acabó sacando de ese estado en el que me encontraba. Sus palabras fueron:

"Carlos, ya no puedes seguir así. Ella no va a volver, y solo te queda joderte y seguir hacia delante. Muchas personas pierden a sus seres queridos y salen adelante, y siguen con su vida. Y tú no vas a ser menos. Y yo estoy contigo. Si te faltan fuerzas, aquí voy a estar. Si estás mal, aquí me tienes, pero tienes que hacerle frente a la realidad ya, y la realidad es que Gisella ha muerto y ya no va a volver. Asume que nos va a tocar jodernos y seguir."

Y aquí es donde cobra sentido un vídeo corto (Short) que subí hace algún tiempo en el que hablábamos del secreto en la vida.

"A veces pierdes las fuerzas incluso para rendirte, por lo que sin fuerzas, pero sigues; agotado pero sigues; hundido pero sigues. Y pase lo que pase, tú debes seguir avanzando. Ese es el secreto."

El secreto es avanzar.

Mi anterior vida ya había acabado. Ahora me tocaba asumirlo y "fabricarme" una nueva vida. En mi caso me refugié durante algún tiempo en el trabajo, y por supuesto, en los abrazos de Victoria. Poco a poco todo iba volviendo a una nueva normalidad, y Victoria comenzó a viajar frecuentemente a Estados Unidos, por lo que Madrid comenzó a pesarme. En ocasiones, cuando ya parecía estar más entero, pasaba por algún lugar o, sencillamente, algo me recordaba a lo que un día tuve y acabé perdiendo, y volvían a venir esos sentimientos de tristeza y dolor.

Así que decidí marcharme de Madrid y volver a mi tierra natal. Necesitaba hacer un cambio y tener nuevos comienzos, aunque eso significara alejarse de Victoria, Raquel y del mundo empresarial de altos vuelos. Eso siempre lo tendría ahí. Me vi reflejado en cierta teoría que explica que cuando la vida se te pone del revés hasta el punto de que ya no sabes ni dónde estás, lo mejor es volver a la casilla de inicio para volver a dar los pasos en la dirección correcta.

En mi caso no comenzaba de cero, aunque dejé muchas cosas atrás. Y no sabía tampoco lo que quería hacer concretamente, por lo que preferí aventurarme y ver hasta dónde me llevaban los nuevos vientos en otro ambiente que no me recordara la tragedia. Y de esta forma volví a Andalucía, como un soldado condecorado, pero herido de gravedad en el campo de batalla. Aquel año leí más de 60 libros, todos ellos enfocados a las finanzas, la bolsa, el desarrollo personal y el cerebro. Al año siguiente fueron más de 50 libros entre biografías, psicología de ventas y más sobre el cerebro y la bolsa. Antes de los 30 años había consumido más de 300 libros de estas temáticas. Me dediqué a cultivar el conocimiento con su correspondiente aplicación en el mundo real, y comencé a jugar con estos conocimientos, introduciendo conceptos de una temática en la otra temática. Te sorprendería saber cómo prosperan los vendedores cuando en lugar de estudiar técnicas de ventas, estudian la psicología de las personas, y cómo mejoran las rentabilidades de los inversores cuando aprenden más del cerebro humano que de inversión en sí. Y por algún motivo, todo ese conocimiento se quedó almacenado y ordenado en mi cerebro. Supongo que por este motivo, y debido a la variedad de temas que estudié, es por lo que me cuesta centrarme únicamente en una temática concreta. Me aburriría hacerlo de otro modo. Me había vuelto un yonki del aprendizaje. Supongo que todo comenzó debido a que, mientras el cerebro está ocupado recibiendo información, no tiene tiempo de pensar en tragedias, o en lo desgraciado que eres por haber sufrido pérdidas importantes. Lo cierto es que ante tragedias o eventos dolorosos, la salida más rápida es centrarte en tu crecimiento personal. De hecho, la mayoría de las nuevas inscripciones en los gimnasios suelen ser de personas que han sufrido algún revés en algún área de su vida.

Volví a las ligas inferiores con la idea de buscar nuevamente esa sensación de crecimiento personal y profesional, esa sensación de progreso. Volví a trabajar de comercial raso, cobrando en un mes lo que hacía poco tiempo cobraba por un solo contrato cerrado con una compañía. Y no me importaba. Dejó de moverme el dinero, pues lo cierto es que en esta época sí lo hice bien en tema de inversión, aunque como siempre decimos, cuando haces las cosas bien, el dinero acaba llegando por sí solo. En menos de un año volví a estar dirigiendo un departamento comercial, hasta que volví a dedicarme a la gestión y formación de departamentos comerciales. A los pocos años nació Negocios1000.com, una forma de compartir con el mundo lo que había ido aprendiendo a lo largo del camino. Este espacio me dio a conocer en otros muchos sectores. Nunca pensé en dedicarme a dar charlas de ningún tipo, y ahora también me llamaban de algunos centros educativos para hablar de educación financiera, y también comenzaron a llamarme de algunas empresas para darles charlas de finanzas a sus plantillas. En cierto modo, seguía colaborando con Victoria en diferentes asuntos, aunque ahora nos veíamos con bastante menos frecuencia.

No puedo sacar nada de positivo de la muerte de un ser querido, como en este caso fue la muerte de Gisella. Sé que muchos autores intentan buscarle un lado positivo, y no. No lo tiene. Lo mires por donde lo mires, no lo tiene. Pero una vez que ocurre algo así, solo te queda joderte y seguir. En mi caso, fue algo que me golpeó con fuerza, me destrozó, me hundió hasta el fondo, y una vez salí del fondo, refugiándome en el crecimiento, aprendizaje y nuevos comienzos, salí mucho más fuerte y preparado a nivel profesional, pero desgastado a nivel personal. Aprendes de la forma más dura algo que siempre has escuchado o que has leído de los filósofos estoicos: "Que la mayoría de las cosas están fuera de tu control en esta vida".

El segundo golpe que te vuelve a enviar a la lona.

La vida puede ser una montaña rusa de emociones. A veces con sus recorridos tranquilos, otras veces con sus giros emocionantes, y en ocasiones, con elevadas subidas que acaban en vertiginosas caídas y giros que te acaban poniendo boca abajo, al revés, y con los pies hacia arriba. Pero has pagado el viaje, y la intención es que el viaje merezca la pena, a pesar de todos esos giros inesperados. Incluso si el aparato descarrila en mitad del viaje, sigue siendo el viaje por el que pagaste para tener la experiencia de vivirlo. En un momento de la vida en que has dejado la tragedia atrás y que tu rumbo en la vida vuelve a ser alcista a todos los niveles, lo último que esperas es recibir otro duro golpe.

Victoria se instaló en Estados Unidos, aunque acordamos vernos al menos dos o tres veces al año. Incluso hacíamos alguna escapada de vez en cuando. Pero comenzamos a incumplir tanto el vernos como el hacer estas escapadas, algo de lo que me sentí culpable. Victoria llevaba tiempo diciéndome de hacer algún viaje, pero yo lo aplazaba por cuestiones profesionales. Lo aplacé en varias ocasiones, pensando en que más adelante, con más calma, podríamos disfrutarlo durante más tiempo y menos prisas. Comencé a notarla extraña, apagada, distinta. Le preguntaba qué le ocurría, y ella me decía que todo iba bien, que no me preocupara. Pero ya sabía que algo ocurría, y si no la veía cara a cara, no me lo diría. Una tarde me llamó para proponerme que fuera a Estados Unidos a pasar unos días con ella, y que no tardara mucho, pues le apetecía verme. Confirmado. Algo ocurría. Me dispuse a preparar todo lo necesario para viajar lo más urgente que pude, y en mitad de todo este ajetreo, ya no me respondía al teléfono.

Recibí una llamada de su abogado en Madrid para que me personificara en su despacho. Y eso hice, conduciendo aún más rápido que el día que tuve que llevar el contrato de colaboración. Una vez en el despacho, este señor se aseguró de que me sentara y me pedía que, ante todo, me tranquilizara. Siempre he definido esta situación como estar en un avión que ves que está a punto de estrellarse, y la azafata te pide que te tranquilices. La expresión de este abogado me indicaba que estaba a punto de estrellarme. Sus palabras: "Victoria está encamada en el hospital.

Tiene cáncer y no le queda mucho tiempo. Ya está con paliativos."

Volvieron todos los demonios a los que me enfrenté años atrás. Mi madre profesional, mi mentora, mi mejor amiga, mi compañera, la persona que me ayudó a salir de la peor tragedia que sufrí en la vida, también la estaba perdiendo. Victoria estuvo luchando contra el cáncer en silencio durante cinco años. Nunca dijo nada. Cargó con ello en silencio para no preocupar a nadie, manteniendo la esperanza en que lo superaría. Así era ella. Aproximadamente a las dos horas de llegar al despacho del abogado, recibimos la llamada. Victoria había muerto.

Sus últimos días de fuerza y consciencia los dedicó a escribir diferentes cartas. No puedo reproducir el contenido completo de la carta por diferentes motivos, pero nos quedaremos con el principio, una parte intermedia, y el final.

Si las lágrimas me lo permiten, te diré que recuerdo a un joven arrogante que un día se sentó frente a mí dispuesto a sacarme de quicio. Te maldecí en aquel momento sin saber que estaba delante del que sería el hombre más importante que ha pasado por mi vida.

....

Estoy perdiendo la única batalla que no he elegido luchar. Ahora te va a tocar afrontar otra pérdida, y te pido por favor que no te hundas. Siento que tengas que pasar por esto otra vez, pero no te hundas.

....

Míralo desde esta otra perspectiva. Si es cierto que desde arriba
nos cuidan nuestros seres queridos, tú vas a tener cuidando de ti a
un ángel y al mismísimo diablo.

....

Que conste que he cumplido una de mis promesas. Te he querido
hasta el fin de mis días. Eso lo he cumplido.

Perder a dos de las personas que más has amado te deja una sensación extraña en tu cerebro. Llegas a pensar que el destino te está jugando una broma macabra. Prácticamente nadie está preparado para afrontar la pérdida de seres queridos, y por desgracia la muerte es algo que forma parte de la vida. De hecho, si la vida sigue su curso normal, todos perderemos en algún momento a nuestros seres más amados, que son nuestros padres. Mis padres siguen vivos, gracias a Dios, pero ahora soy consciente de que algún día deberé hacer frente a más pérdidas. El dolor por la muerte de seres queridos, aún no ha terminado. Deberé enfrentarme a eso en algún momento. Hoy día existen talleres en los que se prepara a la gente mentalmente para asumir estas pérdidas y estar concienciados para que, llegado el momento, poder llevarlo de la mejor forma posible. Y cuando se dan estos eventos, lo único que te queda es soportar el golpe y seguir avanzando. Con dolor y sufrimiento pero debes seguir avanzando.

Solía decir el legendario empresario Steve Jobs, que la muerte es el mejor invento que tiene la vida, pues te hace apreciar la propia vida y te hace enfocarte en lo que realmente es importante en la vida. Cuando adquieres conciencia de que el tiempo que pasamos en la vida es prestado y no sabes cuándo la vida querrá cobrarse el préstamo, ni cuándo le cobrará el préstamo a tus seres queridos, comienzas a ser consciente de la importancia que tiene disfrutar de los momentos que nos presenta la vida y de las personas que nos presta la vida.

Estas pérdidas sufridas me enseñaron a no aplazar eventos satisfactorios en el tiempo, porque hoy día sé que el tiempo es lo único que no tenemos garantizado. Eso me ha llevado a ser una persona menos procrastinadora y, podríamos decir, menos paciente para algunas cosas. Hoy día, si alguien me dice que hagamos una escapada de fin de semana, antes de que acabe de hablar, ya estoy preparando la maleta. Por más que superes eventos traumáticos, siempre se te queda una especie de mecanismo activado en el cerebro. Es decir, en ocasiones, cuando alguien me dice "Este año no, pero el año que viene vamos a ir a....", es inevitable que se active este mecanismo con un flash que durante menos de un segundo te dice que "el año que viene puede que sí o puede que no, y que mejor hacerlo ya por si acaso". No deja de ser un mecanismo similar al del miedo, de hecho, es un temor que se debe a eventos traumáticos pasados, por lo que durante mucho tiempo tuve que luchar contra esta impaciencia que me producía este mecanismo. Explicado así, podría dar la sensación de que me estoy centrando en lo negativo de este mecanismo, pero si lo miramos desde otra perspectiva más espiritual, simplemente soy más consciente de disfrutar del aquí y el ahora, pues el ahora es lo único que está garantizado. Este preciso instante es lo único que existe. Es una forma de vivir y pensar que te hace apreciar lo que tienes en este preciso momento, y te hace recordar que debemos pasar más tiempo con nuestros seres queridos, pues de todo lo externo que tenemos, es lo más importante. Pero ojo, el hecho de disfrutar del ahora no es excusa para no planificar para el futuro.

La felicidad.

La mayoría de las personas piensan que una persona que se dedica a la motivación o al desarrollo personal, debe ser una persona que en todo momento está feliz y contento y alejado de problemas porque para él no existen los problemas, porque él vive como en otra dimensión y tiene un escudo protector ante las preocupaciones. Y esto ha llevado a muchos autores a esconder la realidad de la vida. A todos nos llueve, todos tenemos problemas, todos tenemos días buenos y días menos buenos. El concepto de felicidad se ha mancillado. Es por eso que mucha gente se siente infeliz al no encontrar esa felicidad que algunos pregonan y venden como un estado de nirvana que difícilmente encontrarás. La verdadera felicidad es como las cuentas de una empresa. Una empresa tiene gastos y tiene ventas, a veces tiene beneficios y otras veces tiene pérdidas. En ocasiones la empresa alcanza ciertos hitos y en otras ocasiones atraviesa por malas situaciones. Lo importante, por un lado, y el secreto para la empresa, es que una vez que cuadras el debe y el haber en la contabilidad, la empresa obtenga un beneficio. Y en caso de que incurra en pérdidas, debe hacer todo lo necesario para mejorar esa rentabilidad. Lo que no puede hacer una empresa es detenerse.

Y eso mismo ocurre con las personas y la felicidad de dichas personas. A lo largo del día, a lo largo de la semana, del mes y del año, tenemos buenos momentos y malos momentos, preocupaciones y satisfacciones, pérdidas y beneficios. El secreto está en sumar más buenos momentos que malos momentos, en encontrar más satisfacciones que preocupaciones, para, de esta forma, cuando hagamos el balance, este haya sido favorable. Y si estamos en uno de esos momentos en los que el balance es negativo debido a demasiadas pérdidas acumuladas, problemas y preocupaciones, nuestra misión en la vida es seguir avanzando, seguir creciendo, seguir mejorando, y en algún momento pondremos el balance nuevamente a nuestro favor.

"La felicidad es dejar ir lo que suponemos que debería ser nuestra vida en este momento y aceptar lo que en realidad es."

Pero hay una diferencia enorme entre las cuentas de una empresa y nuestra vida, hasta el punto de poder decir que este símil que he hecho no es del todo correcto. Y es que, mientras que algunas pérdidas y problemas sí son reales y restan bastante a nuestro balance general, podríamos decir que la mayoría de preocupaciones y problemas que tenemos en la vida, son causados porque así lo deseamos. Prestamos atención a las cosas que en realidad no importan. Por otra parte, carecemos de una gestión emocional para hacer frente a problemas comunes que en realidad no son problemas como tales. En cierto modo depende de nosotros sumar buenos momentos, porque los buenos momentos, por regla general no vienen a ti, tú eres el que los creas. Si piensas en cuáles eran tus mayores preocupaciones cuando tenías 16 ó 18 años, estarás de acuerdo conmigo en que al hacerte adulto, te preocupaste por cosas que no tenían importancia. A los 40 años ves muchas de las preocupaciones que tuviste con 20 y con 30 años, y llegas a la conclusión de que tampoco era tan importante. Y cuando llegues a los 80 años y eches la vista atrás, descubrirás que fuiste un estúpido por sufrir por cosas que no merecían ese sufrimiento. Ahí verás claramente que la vida podría haber sido más fácil para ti de haberte sabido centrar en lo que realmente importa.

Y es por eso que siempre me ha encantado escuchar a las personas mayores, independientemente de si son grandes empresarios o han trabajado en el campo toda su vida. Son personas sabias porque tienen algo que no te enseñan en ninguna universidad: tiempo acumulado de experiencias vitales. En su lecho de muerte, ninguno te dice que se arrepiente de no haber dedicado más horas al trabajo. La mayoría se arrepienten de haber sentido miedos innecesarios, de no haber tenido el valor para comenzar proyectos que querían comenzar. Se arrepienten de no haber dedicado más tiempo a sus seres queridos y de haberse complicado la vida en lugar de hacerla más simple. Muchas personas viven con complejos y se generan ciertas inseguridades. Con el paso de los años, descubrirán que en realidad eran más atractivos de lo que pensaban y que únicamente no pudieron hacer muchas cosas por sus propias limitaciones autoimpuestas. Descubrirán que se autodestruyeron. Y esto es ley de vida. Mirar atrás y ver claramente que estabas equivocado sobre todo aquello que creías que era importante y que hoy día sabes que no lo era. Podrías haber sido más feliz de lo que fuiste, pero decidiste no serlo. Y ese tiempo ya nadie te lo devuelve.

Pero entonces, ¿qué es realmente la felicidad? He llegado a la conclusión de que la felicidad acaba siendo todo aquello que te pierdes mientras estás buscando la felicidad. La felicidad es algo intrínseco. Es algo que decidimos tener, aún partiendo de los eventos negativos y positivos que lleguen a nuestra vida. Tu felicidad en ningún caso debe venir de bienes materiales, porque los bienes materiales los puedes perder. Si te juegas la felicidad a tener mucho dinero, entonces, si un día no tienes dinero, esta situación se lleva una parte intrínseca de tu persona, como en este caso es la felicidad. Si te juegas la felicidad a tener pareja, tu felicidad se evaporará si un día pierdes a tu pareja. Si te la juegas a la opinión que los demás tengan de ti, estás dejando tu propia felicidad en manos de otras personas.

Cuando comprendes que la felicidad no es algo que proviene del exterior y que es algo que habita en ti, descubrirás que la felicidad es lo que te ayudará a ganar más dinero, a conseguir pareja y a mejorar la percepción que otros tienen de ti. ¿Significa que el día que pierdes a un ser querido tienes que levantarte feliz? Evidentemente no. Significa, que a pesar de que vamos a sufrir duros golpes en la vida, tristeza y preocupaciones reales, debemos considerar esos estados emocionales como lugares a los que vamos a ir de visita, pero nuestra residencia habitual debe ser otra. Significa que debes seguir en movimiento, y ese movimiento debe seguir siendo hacia adelante. Como se suele decir, está permitido caer, pero debemos convertir en obligación el levantarse. Está permitido sumergirse hasta el fondo, pero es obligatorio volver a salir a la superficie.

Significa que, llegado el momento, puedas decir que has vivido con intensidad. Si en esta vida has reído, has llorado, has tenido éxitos y fracasos, has amado, te han amado, te han decepcionado, has ganado y has perdido, y nunca te has rendido, entonces sí, podrás decir que has vivido. Mientras sigas en movimiento, sigues estando vivo. Y ese es el juego de la vida, asumir pérdidas y recoger ganancias. Y tampoco quiero que se tergiverse algo, como es la importancia del dinero en nuestra vida. Es cierto que el dinero no da la felicidad, pero la ausencia de dinero sí que tiene el poder de causar infelicidad, y más cuando vivimos en un entorno donde se necesita dinero. Pero a partir de cierto nivel económico, más dinero ya no trae más felicidad intrínseca. Dedicaremos más de la mitad de nuestra vida (posiblemente más) a buscar dinero. Canjeamos nuestro tiempo por dinero la mayor parte del tiempo, por lo que es de vital importancia buscar una forma de hacerlo que nos llene y que nos haga sentir que estamos dentro de un propósito, de una contribución. Tener una tranquilidad y seguridad financiera añade puntos extra a nuestra felicidad. La búsqueda de la riqueza per sé, no siempre lo consigue.

Si me detengo a pensar en cuáles son los momentos más felices que recuerdo, precisamente son momentos y situaciones en las que no hizo falta un gasto económico. Y con respecto al mundo empresarial, también recuerdo, no la gran cantidad de dinero que ganábamos, sino la sensación de estar creciendo profesionalmente, esa sensación de estar prosperando en un sector que dominaba cada vez más y haciendo un trabajo que me encantaba. Ver el progreso de las empresas que asesoramos y ver cómo mejoraba la vida de los ejecutivos y vendedores que preparábamos. Ese aporte que hacías al mundo, ese olor a progreso a todos los niveles. Así que podríamos decir que la felicidad tiene mucho que ver con eso; con el progreso, con la sensación de crecer, y sí, con tu aportación a mejorar la vida de otras personas. De hecho, tanto la felicidad como el éxito, a falta de cualquier otra medida, se puede medir con el crecimiento personal, con el ser mucho mejor hoy de lo que eras ayer. Disfrutar de los momentos que te ofrece la vida y progresar mientras lo haces. Y la vida te puede joder muchos de estos momentos, e incluso llevarse a estas personas, y nada puedes hacer con eso. Lo único que puedes hacer, lo único que depende de ti llegado ese momento, es seguir avanzando. Seguir progresando. Poner tu mejor cara al levantarte por la mañana y seguir avanzando. Y si a lo largo del camino encontramos personas que se sumen a nuestra vida y progreso, será doblemente bueno.

Finalmente, la felicidad es una decisión que tomas. Puedes elegir levantarte de buen humor o puedes elegir no hacerlo. De ti depende. En mi caso he elegido levantarme de buen humor cada día, y esto hace que mis días sean mejores. No voy pitándole con el coche a quien tarda más de tres segundos en moverse cuando el semáforo se pone en verde, ni le grito a un camarero por equivocarse con mi café. Me tomo la vida con más calma en ese sentido, y así mis niveles de estrés están al mínimo. Si algo requiere de mi estrés, que sea algo que de verdad importa.

Cuando entras a un lugar con una sonrisa y educación, generas otro tipo de sensaciones en el ambiente, y a su vez, cuando te muestras alegre, la gente también es contagiada y te devuelve esa alegría, dando lugar a un entorno mucho más agradable. Te sorprendería todo lo que puedes lograr con educación y una sonrisa. Yo tengo mis problemas y preocupaciones, el resto de personas tienen los suyos, por lo que si eliges una actitud correcta y el resto actúan de esta misma manera, acabamos provocando entre unos y otros que olvidemos las preocupaciones y problemas. La alegría y el buen humor es altamente contagiable. De hecho, solo hay algo más contagiable que la alegría: la amargura. Eso sí que te contagia y te arruina el día. Si quieres tener un mal día o una mala semana, rodéate de amargados y pesimistas. Tus problemas aumentarán de forma exponencial.

6

Simplifica todo al máximo.

"Si ves una colilla tirada en el suelo, es muy posible que alguien haya estado fumando"

Principio básico del sentido común.

Supongamos que te pongo a dos hombres frente a ti. Uno de ellos con un cuerpo musculoso, grandes bíceps, grandes pectorales y unas abdominales marcadas y bien definidas. El otro, un hombre con sobrepeso, gran barriga, michelines y brazos flácidos. ¿A qué conclusión llegarías nada más observarlos, incluso antes de que digan una palabra? El hombre de cuerpo atlético es una persona que asiduamente frecuenta un gimnasio o, en su defecto, entrena su cuerpo en casa. El hombre obeso no es un asiduo del gimnasio y posiblemente sus hábitos alimenticios no sean muy saludables.

¿Pero cómo puedes saberlo? Si ninguno de los dos ha dicho ni una sola palabra. Sin duda estás prejuzgando, pues puede deberse a que el tipo de cuerpo atlético haya nacido con esa genética y no haya pisado un gimnasio en su vida, mientras que el señor obeso, está harto de ir a gimnasios con duros entrenamientos y alimentación cuidada, pero su cuerpo no responde ni al entrenamiento ni a la alimentación. ¿Podría ser este escenario correcto? Poder... podría. Todo es posible, pero sigue el sentido común, y rara vez te equivocarás. No es prejuzgar. Es ver los hechos. En este caso, las cosas son, ni más ni menos lo que parecen ser. Lo que ves es lo que hay. Y no importa que el señor obeso intente convencerte de que entrena cinco días a la semana y come solo frutas y verduras. No te convencería porque tienes claro que te está mintiendo. Entonces, si tan claro lo tienes en este caso, ¿por qué esta misma simplicidad de pensamiento no la aplicas para otras cuestiones de la vida? Porque en otros casos, anulamos el sentido común y preferimos creer que no nos están mintiendo, que estamos frente a una excepción que confirmaría una regla. Pero debes tener algo claro, y es que todo aquel que busca la excepción, suele acabar saliendo decepcionado.

La navaja de Ockham

El monje y filósofo *Guillermo de Ockham* es recordado como el hombre que le cortó las barbas a Platón. La filosofía de Ockham decía que, por regla general, la solución más sencilla ante algunas cuestiones, suele ser también la más probable. Esta filosofía de Ockham se usa en economía, medicina y ciencia, y a menudo sirve para acelerar los procesos de investigación. El concepto de navaja de Ockham es debido a que las ideas de Ockham cortaban como una afilada navaja las ideas de Platón (las barbas complejas de Platón).

A diferencia de Platón, Ockham pensaba que no era necesaria tanta elucubración metafísica ni tanta complejidad de pensamiento para resolver algunas cuestiones. Se trataba de eliminar lo imposible y lo menos probable. Una vez eliminados estos escenarios quedaba la realidad, es decir, la verdad. Dicho de una forma más sencilla: "En igualdad de condiciones, ante dos soluciones, escoge siempre la más simple."

Los médicos siguen esta filosofía. Si una persona asiste a la consulta y le dice al médico que tiene ardor de estómago, el médico posiblemente pensará que ha comido algo en mal estado o que se deberá a una situación de estrés. Por simplicidad y probabilidad, el doctor posiblemente le recete un medicamento antiácido. En este caso, lo último que piensa un médico es que el ardor de estómago es debido a que el paciente tiene un tumor estomacal o una enfermedad grave. Lo más sencillo suele ser lo más probable. Si los médicos siempre quisieran descartar enfermedades graves debido a síntomas comunes, en primer lugar, acabaríamos provocando un colapso en el sistema sanitario, y en segundo lugar, posiblemente estaríamos sometidos a un exceso de pruebas innecesarias, las cuales acabarían dañando nuestra salud.

En su libro *Outliers (Fuera de Serie)*, Malcolm Gladwell explica por qué durante la mayor huelga de médicos que se produjo en Estados Unidos, contra toda lógica, acabó siendo la época en que menos gente murió. La explicación es sencilla. Menos pruebas innecesarias y menos consumo de medicamentos innecesarios.

Es cierto que la teoría de Ockham tiene sus limitaciones como forma de pensar, pues en el caso de un juicio, tanto un juez como un jurado no deben usar esta filosofía, y deben basarse expresamente en las pruebas aportadas por todas las partes. En un juicio, a veces, lo que ves es lo que hay, pero en otros casos, a pesar de que lo ves claro, las pruebas dicen lo contrario. Pero esto no ocurre por regla general en la vida.

Si llegas a casa y tu pareja está desnuda en la cama mientras ves a otra persona salir desnudo del armario, usa la filosofía de Ockham y evita la complejidad de pensamiento, pues lo más probable es que ese señor que sale del armario no sea un viajero en el tiempo ni esté esperando el autobús de las 22:30.

No escuches palabras. Sólo observa.

Quédate con esta frase sacada de la serie Mad Men:

"Las personas nos dicen a cada instante cómo son, pero no las escuchamos porque queremos creer que son como a nosotros nos gustaría que fuesen".

Tenemos cierta tendencia a autoengañarnos en muchas situaciones que, de alguna manera, podrían hacernos infelices en caso de ser completamente conscientes de la realidad. Y por este motivo, preferimos creer cosas poco creíbles. Pero es aquí donde debemos aprender a simplificar. Si una persona te dice que quiere verte, pero no hace por verte, la realidad es que no tiene demasiadas ganas de verte. Si te dice que le gustas y que quiere quedar contigo, pero únicamente tiene tiempo para hacer otros planes que no te incluyen, en realidad, no le gustas lo suficiente. No eres su prioridad. Pero muchas personas excusan este tipo de comportamientos pensando que posiblemente sea cierto que esa persona no tiene tiempo porque está muy ocupada. Y prefiere pensar esto porque en ese momento causa menos dolor que ser consciente de la verdad. Claro que este autoengaño acaba provocando más dolor en el largo plazo, porque la realidad va a caer con todo su peso tarde o temprano, por mucho que intentes cubrirla o retrasarla. Soy el primero que ha estado hasta 48 horas sin dormir por poder quedar con una persona. Otras personas no lograron sacarme de mi casa en un día de aburrimiento en el que preferí quedarme viendo una película yo solo. Les dije que estaba cansado. Y en realidad no las estaba engañando, pues estaba cansado. Pero la verdad es que la diferencia entre la primera y estas últimas es que a la primera sí quería verla con todas mis ganas, mientras a estas últimas, si no las veía no pasaba nada. Si observas los hechos y dejas de escuchar las palabras, siendo estos hechos algo que se repite asiduamente, ahí es cuando estás viendo la realidad tal y como es, porque los hechos, no mienten. Las palabras sí pueden hacerlo.

Nunca subestimes a tu propia intuición. Hay personas que son más intuitivas que otras, aunque la intuición, en realidad no es ningún tipo de don, sino conclusiones inconscientes que tu cerebro es capaz de hacer debido a la experiencia o a la observación de hechos irrefutables. En la mayoría de los casos, si intuyes que tu pareja te está siendo infiel, con una alta probabilidad, es posible que así sea, siempre y cuando no seas una persona celosa y desconfiada por naturaleza.

Si tienes que preguntarte si tu pareja realmente te ama, lo más seguro es que no te ame, pues en mitad de una gran lluvia nadie se pregunta si se está mojando. Simplemente sabe que se está mojando. Está viendo y sintiendo la lluvia caer sobre ella.

Tengo una amiga, Verónica, la cual conoció a un chico. Este chico solía quedar con ella los viernes por la noche. Solía aparecer casi siempre dos o tres horas más tarde, porque le habían surgido cosas de última hora en el trabajo, algo que está dentro de lo normal. El caso es que aparecía con los ojos demasiado rojos, haciendo gestos extraños con la boca y una especie de tic en el hombro derecho, y todo ello con un continuo moqueo que le hacía sonarse más de lo normal. A mí no me gusta ser mal pensado, pero si usamos la navaja de Ockham, a pesar de que cada síntoma por sí solo puede tener una explicación, el cúmulo de síntomas deja de ser una casualidad. El chico ha consumido algo que suele ser de color blanco y viene en polvito.

Este chico le decía a Verónica que se debía al cansancio y el estrés que padecía en el trabajo, lo cual podría ser posible, pero no lo más probable. Verónica se fue a vivir con él y hasta tuvo un bebé con él. El estrés de este chico en el trabajo parecía no tener fin, y ahora el nuevo síntoma que padecía este chico es que por algún motivo, el dinero que cobraba se encogía antes de llegar a casa. El día que Verónica lo pilló en pleno acto de absorber por la nariz estos polvitos, lo entendió. Sus palabras fueron: "Nunca lo hubiese esperado de él". Todo el mundo lo sabía. De hecho, bastaba con observarle. ¿Estamos seguros de que Verónica nunca sospechó nada? Lo cierto es que en ningún momento lo ha reconocido y se ha mantenido firme en que como ella no entiende mucho de drogas, no era capaz de identificar algunos de los síntomas. Y hasta ahí, podríamos estar de acuerdo, pero, ¿Cómo ignoras el hecho de que tus amigas y amigos te advirtieron? Usando la simplicidad de pensamiento y la experiencia en estos temas, lo cierto es que Verónica decidió ignorar estas señales a propósito (de una forma semi-consciente) para no tener que asumir que la persona que le gustaba era un drogadicto, lo cual le hubiese roto el cuento de príncipes y princesas. Al menos en este sentido, Verónica no es víctima de la compulsión de repetición, pues desde aquello, cada vez que ve a alguien sonarse los mocos más de lo normal, le obliga a hacerse una prueba que le asegure que no es un consumidor.

Ockham en las finanzas.

Internet se ha llenado de vendehumos que campan a sus anchas. El éxito de un vendehumos tiene mucho que ver con lo que decíamos en el apartado anterior, y es que a las personas les gusta que les mientan. No quieren saber la verdad, siempre y cuando una mentira les dé cierta esperanza en la consecución de un sueño improbable.

Pero al igual que ocurría en el caso anterior, en el fondo, por más que defiendan la posición del vendehumos, en alguna parte remota del subconsciente de estas personas, saben que se están autoengañando. No voy a hablar de mi experiencia en la bolsa y mercados financieros ni de mi trayectoria como inversor sensato. A fin de cuentas, mis conocimientos en el sector bursátil son adquiridos de otras muchas personas. Claro que una vez que estudias el sector, escuchas a unos y a otros, y solo tienes que buscar una cosa: los resultados. ¿Quién tiene los mejores resultados?¿El que vende la gestión activa en bolsa o el que vende la gestión pasiva?¿El trader o el inversor de largo plazo?

El secreto para acumular riqueza en la bolsa ya está inventado, y es tan simple que ningún vendehumos lo vende, porque la verdad es que se trata de largo plazo y paciencia, porque la verdad es que cualquier persona puede acumular riqueza de una forma sencilla sin hacer complicados análisis y asumir demasiados riesgos. El problema que encuentran la mayoría de inversores, precisamente es ese: la paciencia. No la tienen, y preferirían alcanzar la meta más rápido. Prefieren hacerse ricos de la noche a la mañana. Pero eso es poco probable que ocurra. Y ahí es donde entra en escena el vendehumos y la persona que confía en el vendehumos. Es decir, para que haya un engañabobos, se necesita a un bobo al que engañar, o muchos bobos.

Es entonces cuando estas personas creen que van a conseguir batir las rentabilidades de los mejores inversores de todos los tiempos que han dedicado toda su vida y carrera a este sector y que han acumulado riqueza, gracias a la paciencia durante más de 50 años. Pero no, esta persona se autoengaña a sí misma pensando que sus dos horas de estudio sobre finanzas batirá los 50 años de estudio y experiencia de estos inversores. Y si no, siempre queda comprar el sistema de inversión de un vendehumos que te promete rentabilidades superiores a las de inversores como Benjamin Graham, Peter Lynch o Warren Buffett. Lo irónico del asunto es que las personas que de verdad saben sobre inversión, te están contando a cada instante el secreto de la inversión, mientras tú confías en un vendehumos cuya única riqueza proviene de la venta de un método que únicamente te hará perder tiempo y dinero.

Pero aquí tenemos otro problema. Los usuarios de internet usan la filosofía de la Navaja de Ockham, unida a varios sesgos psicológicos para su propia autodestrucción. En Internet, el tamaño sí importa. Si un canal de Youtube tiene 1 millón de seguidores, automáticamente, el cerebro de los usuarios piensan que su contenido es bueno y, ante todo, verídico y fiable. Y es que 1 millón de personas no pueden estar equivocadas. ¿Por qué escuchar a un señor con un canal de 700 seguidores o 5.000 seguidores? Se premia la cantidad, y no la calidad o veracidad de un contenido.

Esto se debe a varios sesgos psicológicos, como son el efecto halo (una persona atractiva también debe ser inteligente, por lo que un canal grande es más fiable que un canal pequeño) y el sesgo de consenso social (Si muchas personas le siguen, yo también debo seguirle, porque muchas personas no pueden estar equivocadas). Y la gente se estrella siguiendo consejos financieros inútiles porque muchas otras personas les acompañan en su "estrellamiento".

He dedicado años a luchar contra los vendedores de cursos de trading. Sin éxito. Siempre encuentras a multitud de personas que defienden esta práctica a pesar de que los datos muestran que más del 90% pierden dinero. Pero la mayoría quieren creer que ellos pueden ser esa excepción que logra vivir de este tipo de operativas. Y también usan la filosofía de Ockham para simplificar su pensamiento de una forma que no les conviene: "Si el tipo tiene un Ferrari es porque al tipo le va bien con su método de inversión", cuando en realidad, lo que le va genial al tipo es su método de marketing para la venta de cursos.

Tras leer decenas de libros de los mejores inversores, escuchar sus contrapartes, estudiar el mercado por mí mismo y contrastar toda la información, unida a mi experiencia y a la de otros cientos de inversores que he conocido, finalmente puedo llegar a una conclusión que es exactamente la misma a la que llega Buffett y Lynch, es decir, si alguien no quiere escucharme por no tener 3.000 ó 60.000 millones de dólares en la cuenta, al menos escucha a los que tienen estos miles de millones. El secreto de la inversión en bolsa no se basa en tratar de ser más inteligente que el mercado, porque eso no lo vas a conseguir. El secreto consiste en tener un sistema que descuenta los factores aleatorios de los mercados y la economía, añadiendo paciencia y largo plazo.

Y este sistema está al alcance de todo el mundo y no requiere dedicar tu vida al estudio de las finanzas. Únicamente tienes que dedicarte a ganar suficiente dinero por otras vías, y enviar una parte de ese dinero ahorrado a los mercados, independientemente del ciclo del mercado. Si una persona con 20 años comienza a invertir únicamente 200 euros al mes en bolsa, podríamos casi garantizar que esta persona tendrá más de 1 millón de euros a la edad de jubilación, incluso es posible que más; incluso es posible que antes de los 60 años.

Este sistema, como decía, no lo he inventado yo ni mucho menos, pero tras contrastar los datos que muestran los inversores que aseguran que este método es más eficaz que cualquier otro tipo de gestión más activa en las inversiones, lo cierto es que es irrefutable. Pero al ser un sistema tan sencillo que se basa en el largo plazo, la gente prefiere creer a otras personas que ofrecen rentabilidades improbables de alcanzar. La filosofía de Ockham se da en finanzas: El método más sencillo es el más eficaz.

Pues bien, hice un vídeo en mi canal de Youtube titulado *"El secreto al Invertir en bolsa - la regla del 5 y cómo batir a los mejores inversores"*, donde explicamos de forma irrefutable por qué funciona este método y cómo aplicarlo. En el momento que estoy escribiendo estas líneas, el vídeo tiene únicamente 1600 visitas, mientras que vídeos de otros canales que están llevando a la gente al matadero cuentan con cientos de miles de visitas. La gente prefiere que le mientas si la mentira es más bella que la verdad cuando se trata de cumplir tus deseos.

Me pondré yo mismo como ejemplo. He invertido en bolsa, he ganado mucho dinero en bolsa, he cometido algunos errores en bolsa y no he seguido algunos consejos esenciales a la hora de invertir en bolsa. A pesar de que mi rentabilidad ha sido bastante positiva, no es nada comparable con los resultados que hubiera obtenido siguiendo el sistema de la simplicidad a la hora de invertir en bolsa. Mi compañera Victoria alcanzó el millón de euros a los 48 años únicamente con sus periódicas aportaciones de capital a Microsoft. Fue ella la primera persona en aconsejarme seguir este sistema de inversión, esta metodología, pero la arrogancia de la juventud te hace pensar que serás capaz de ganar más en menos tiempo. Es por eso que la experiencia de los fallos que cometemos, la podemos usar para evitar que otros cometan los mismos errores que nosotros ya hemos cometido, aunque comprendo que cueste aceptar el hecho de que en bolsa ya está todo inventado, y el sistema ganador es el que es. Tómalo o déjalo, pero cualquier persona con 20 años podría tener la vida prácticamente solucionada a los 50 años, al menos en lo que se refiere a sus finanzas personales. Y la forma de hacerlo es bastante simple. Lo explicaremos en el capítulo 11.

7

Los 10 mandamientos del éxito

"Hay momentos en los que tienes mil motivos para rendirte, pero solo necesitas una razón para continuar".

Si hay un secreto único para el éxito, está claro que yo no lo tengo. De hecho, nadie lo tiene, pues cada persona tiene un comienzo diferente, una vida diferente y parte de un entorno diferente. Es más, algunos tenemos unas habilidades mientras que otras personas tienen otras muy diferentes. Pero todo comienza por cómo defines el éxito, es decir, ¿qué es el éxito para ti? Algunos lo medirían en términos económicos, otros en poder, otros en relaciones de calidad. Otros quieren el pack completo. A falta de una mejor definición, nos quedaremos con la definición que di anteriormente: "Éxito es conseguir lo que deseas y poder compartirlo con las personas que quieres", así que cuidado con lo que deseas, porque lo primero que debes tener en cuenta es que para lograr lo que deseas vas a tener que dejar atrás otras muchas cosas, y el balance debe ser positivo. No tendrás éxito si no estás dispuesto a hacer algunos sacrificios. Del sacrificio, dolor y sudor no te libra nadie. Eso debes tenerlo muy claro, por lo que cuando eches la vista atrás, en mitad de ese éxito, debes tener la conciencia tranquila de que no has perdido más de lo que has ganado, sobre todo si basas tu éxito únicamente en términos económicos. En mi caso siempre he tenido claro que yo no busco riqueza, sino libertad financiera. Y es que la riqueza por sí sola no te dice nada. Eres rico, ¿y qué? Puedes ser más desgraciado que una persona pobre. ¿Has escuchado ese dicho de "era tan pobre que lo único que tenía era dinero"? Pues no hay mayor pobreza en esta vida que tener sólo dinero. Esto te lo pueden confirmar muchos millonarios que se han suicidado, muchas estrellas del cine que han tirado su vida con las drogas, y muchas estrellas de la música cuyo sueño cumplido las llevó a la miseria.

Muchas cosas que te han contado no son ciertas.

FALACIA 1: TRABAJAR DURO

El secreto del éxito no es trabajar duro. Si el trabajo duro fuera el secreto del éxito, las personas que dedican hasta 14 horas trabajando en una fábrica ya habrían alcanzado el éxito. Si bien vas a tener que trabajar muy duro, lo cierto es que debes dirigir esos esfuerzos en la dirección correcta. En el éxito también aplica la simplicidad, pues dedicar la mayor parte de tus esfuerzos en lo que realmente es importante hacer, y además, hacerlo de una forma simple en lugar de buscar formas complejas, te acerca mucho más a tu objetivo. Un gran seguidor del principio de la simplicidad en los negocios fue Steve Jobs. El éxito inicial del iPhone precisamente fue su simplicidad.

Esta simplicidad también se debe aplicar a la hora de enfrentarse a obstáculos en el camino. Y es que todos tenemos claro que para lograr algo es muy importante superar obstáculos, pero algunas personas olvidan que a veces es mejor no chocar de frente con los obstáculos. ¿Por qué perder muchas veces el tiempo con las personas que venden agua en lugar de ir directos a la fuente?¿Por qué buscar la forma de entrar por una puerta delantera llena de obstáculos cuando a veces podemos entrar por una puerta trasera libre de obstáculos? Hay una enorme diferencia entre estar ocupado y ser eficiente y productivo; una enorme diferencia entre trabajar duro y trabajar de forma inteligente. Si todo tu trabajo duro y dedicación no te está acercando a tu objetivo ni te está haciendo superar hitos, realmente no estás trabajando duro. Simplemente estás dirigiendo tu energía hacia la dirección incorrecta.

FALACIA 2: DEBES SEGUIR LAS NORMAS.

En muchos casos hay que hacer las cosas de manera diferente a como lo están haciendo el resto. Por ejemplo, en el mundo comercial veía cómo algunos comerciales llamaban a la secretaria de la persona a la que querían visitar, a menudo con las correspondientes negativas por falta de tiempo del ejecutivo en cuestión; otras veces con citas para la semana que viene, alterando toda la ruta que ya tenías planificada. ¿Por qué trazar círculos y círculos cuando puedes trazar una línea recta? Yo era más partidario de ir directamente a las oficinas, y si podía saltarme a la secretaria, me la saltaba llegando directamente a la puerta. Si alguien se sentía molesto, le pedía perdón. De aquí viene eso de "Más vale pedir perdón que pedir permiso", y es que en realidad, el perdón depende de ti, mientras que el permiso depende de otros, y ya sabéis que se trata de enfocarte solo en lo que puedes controlar.

En una ocasión, en mi búsqueda de trabajo, vi una empresa que estaba buscando vendedores, pero había que ir a la oficina, dejarles el curriculum y, una vez dejado el curriculum, te llamarán o no te llamarán. Entonces trazas la línea recta y te vas a buscar al gerente directamente a la cafetería donde desayuna. Y allí mismo te presentas y le dices que estás interesado en el puesto de trabajo que ofertan. Y él te dice:

—Disculpa, pero este no es el procedimiento. Debes dejar el curriculum en nuestro departamento de Recursos Humanos.
—Y te lo dice bastante serio.

—Disculpe, creo que busca vendedores. ¿Busca a un vendedor que hable con los limpiacristales, recepcionista y pierda el tiempo dejando un curriculum o prefiere a uno que sepa ir directamente a la fuente? —Y si el tipo es inteligente, sabrá que tiene ahí mismo a un potencial candidato.

En este caso en concreto, este tipo no fue demasiado inteligente. Lo intenté sabiendo que si fallaba, siempre tendría la opción de seguir el procedimiento habitual, aunque no llegué a dejar el curriculum por motivos obvios. ¿Cómo voy a trabajar para un tipo que no es inteligente y que me hace volver nuevamente cuando ya estoy ahí?

Lo cierto es que uno de los motivos por el que se me daban bien las ventas, era porque solía llegar a muchos clientes. Este es el principio fundamental de las ventas: A más visitas, más probabilidad de ventas. Está claro que hacer muchas visitas sin habilidades no te conduce a ningún sitio, pero realmente tenía un número superior de visitas a la gran mayoría, y por la propia estadística, acababa vendiendo más, precisamente, porque en muchos casos me saltaba los procedimientos habituales. Era más divertido así. Es por eso que en la búsqueda del éxito, siempre solemos recomendar plantar muchas semillas. Es más probable que alguna acabe dando sus frutos.

Y esto también nos llevaría a otro punto, que es, precisamente, saltarse las normas establecidas. Ojo, no hay nada de malo en saltarte las normas, mientras no te saltes la ley. Si alguien se siente molesto por saltarte dichas normas, siempre te quedará dedicarles tu mejor sonrisa o, como decíamos, pedir perdón. Ambas cosas funcionan.

FALACIA 3: NO HAY ATAJOS.

Esto, sencillamente no es cierto. A ver, no hay atajos como tal, pero sí hay aceleradores del éxito. A lo largo de este libro se te habrá quedado muy claro que en mi caso, yo tuve un acelerador o un atajo, como fue Victoria. Así que por supuesto que existen atajos. Un atajo puede ser una persona que te impulse, un mentor o un personaje clave bien posicionado. Es por eso que aprender sobre habilidades sociales es imprescindible para prosperar, pues te van a abrir muchas puertas. Los libros son un excelente acelerador del éxito. Un atajo o un acelerador también es una puerta trasera. Pero cuando hablamos de puertas traseras, no sé por qué la mayoría de las personas piensan que esto significa hacer las cosas de mala manera. Y aquí voy a recordar algo que era parte de la filosofía de Victoria:

"Que puedas explicarle a todo el mundo, amigos, hermanos, padres, pareja, prensa... cómo lo hiciste sin avergonzarte de ello"

Es decir, no me avergüenzo de reconocer que he hecho algunas travesuras para ir directamente a una fuente saltándome los procedimientos habituales (eso lo digo con orgullo), pero quizá sí me avergonzaría si para llegar más alto hubiera tenido que sobornar a alguien o ser sobornado.

FALACIA 4: SE TRATA DE SER PERSISTENTE.

Esto es cierto pero al mismo tiempo es un error muy habitual que suelen cometer muchas personas. En ocasiones, el éxito se encuentra en rendirse y abandonar. Existe una fábula que trata de dos buscadores de oro que llevaban ya semanas excavando en la misma dirección. Los dos estaban extremadamente agotados, por lo que uno de ellos decide rendirse para ir a excavar a otro lugar mientras el otro continúa excavando. Y su persistencia dio frutos, porque a pocos metros, dio con grandes cantidades de oro. Y esta fábula tiene como moraleja la importancia de no rendirse y seguir persistiendo. Ahora bien, si no hubiese estado esa gran cantidad de oro tras esos metros de piedra, ¿quién de los dos hubiera sido más inteligente? En esta vida es tan importante lo que persigues como lo que dejas ir. Si estás en una constante lucha por un objetivo y no dejas de darte una y otra vez con la cabeza contra la pared, tienes dos opciones: continuar golpeándote la cabeza hasta dejarte la salud y la integridad, o abandonar y permanecer vivo para usar esa energía en otro objetivo. Si eres un ávido lector de libros de crecimiento personal y autoayuda, esto te ha debido sonar demasiado pesimista, pero lo vas a comprender mejor con varios ejemplos.

Si nos vamos al campo de las relaciones sentimentales, no sé si habrás visto a esas personas que siguen con su pareja a pesar de que les faltan el respeto, no les valoran y les traen más sufrimiento que satisfacciones, pero estas personas siguen ahí, agotándose anímicamente y desgastándose emocionalmente. Persisten en lugar de abandonar y así poder seguir vivos para luchar en otra guerra. Solo si se rinden tendrán la oportunidad de conocer a alguien con quien puedan mantener una relación más saludable.

En el mundo de los negocios también vemos esto muy a menudo. Negocios que no son rentables desde hace tiempo y únicamente generan pérdidas, pero el empresario decide seguir metiendo tiempo, dinero y energía en el negocio, en lugar de apuntarse el fracaso en el marcador, perder el partido pero seguir con fuerzas para continuar en la liga. Pero no quiero que se tergiverse lo que estoy diciendo, pues todo trata de las opciones que tenemos. Por ejemplo, si eres un jugador de fútbol y estás jugando una final, así vayas perdiendo 3-0 y con todo en contra, debes seguir persistiendo y peleando hasta que suene el pitido del árbitro indicando que se ha acabado el partido. No se tira la toalla. Se suda hasta el último segundo de partido. En este caso no tienes otra opción. Pero en la vida, y sobre todo en los negocios, no es cosa de un solo partido. Si hay algo que no está saliendo como debería y ya no sabes cómo hacerlo para que funcione, quizás no debas hacer nada y, únicamente, dejarlo ir.

El problema al que se enfrenta la mayoría de la gente es reconocer cuándo llega el momento de seguir insistiendo o cuándo llega el momento de abandonar. Y esto es jodidamente difícil de averiguar, por lo que deberemos analizar dos métricas para saber si debemos rendirnos o seguir. Y la primera métrica aplica para todo (Relaciones, trabajo por cuenta ajena, negocios, etc...). Lo primero que vamos a medir es nuestro tipo de cansancio.

Hay dos tipos de cansancio. Por una parte tendríamos el cansancio productivo. Este tipo de cansancio es aquel en el que a pesar de que llegas agotado a casa, te sientes realizado. Sientes que has hecho algo por ti, por tu familia o por el mundo, y además, no te importa volver a repetir al día siguiente. Este tipo de cansancio es normal cuando una persona tiene un propósito. Es ese tipo de cansancio del que hablamos cuando decimos que si quieres tener éxito vas a tener que estar preparado para el dolor, sacrificio y sudor. Y si además, te apetece volver a experimentarlo al día siguiente, vas en la dirección correcta, porque te sientes con positividad.

Al otro extremo tendríamos el cansancio vacío. Este cansancio no solo te deja seco de energía, sino que además, te hace sentir una persona amargada. Te puede llegar a cambiar hasta el carácter. Dentro de la negatividad que se ha apoderado de ti, intentas buscar algo positivo para soportar esta lucha, pero en el fondo sabes que estás en una lucha que posiblemente pierdas. Con este tipo de cansancio comienzas a jugar con tu salud física y mental, y ese es un riesgo que no compensa aunque tuvieras las posibilidades de éxito a tu favor. El éxito a cualquier precio, siendo cualquier precio tu salud física o mental, no es éxito; es fracasar.

La otra métrica que debemos tener en cuenta son los resultados. Tanto si tienes un cansancio productivo como si tienes un cansancio vacío, si por más que te esfuerzas, la tendencia es bajista, acumulas cada vez más pérdidas, lo más inteligente es abandonar para dedicar nuestra energía a otros proyectos. Y si hablamos de relaciones, es aún más sencillo. Si tu pareja no te respeta o no te valora, sencillamente, no luches. Abandona.

FALACIA 5: ES UNA CUESTIÓN DE SUERTE.

Alguien dijo en una ocasión que el éxito se trataba de trabajo duro + un poco de suerte. Y en realidad la suerte juega un cierto papel, sobre todo cuando hablamos de grandes éxitos. Pero debemos tener claro que la suerte también es algo que fabricamos. Supongamos que visitas a un cliente y acabas haciendo una gran venta. Puede que hayas tenido cierta cantidad de suerte, pero has tenido suerte porque estabas visitando a un cliente. De haber estado tumbado en el sofá de tu casa, el cliente no te hubiera comprado. Podríamos decir que la suerte solo alcanza a aquel que está en movimiento, al que está trabajando. Cuantos más clientes visites, más veces te alcanzará la suerte.

La aleatoriedad siempre formará parte de la vida, provocando eventos que en ocasiones serán favorables y otras veces indeseables, y debemos estar preparados para hacer frente a todo tipo de eventos. Cuando hablamos de grandes éxitos, empresas de grandes masas, en muchos casos sí encontramos toda una serie de factores aleatorios que la llevaron a ese lugar, siendo esos cisnes negros de los que hablaba Nicholas Taleb en su libro "El Cisne Negro", pero aún así, existió mucho ingenio, creatividad, esfuerzo y trabajo duro. Estaban en el campo de juego y ese es el requisito principal para ser un candidato de la suerte. No obstante, si no hablamos de grandes éxitos, una persona que trabaje con dedicación y constancia, haciendo bien las cosas, rara vez no le irá bien en su propósito. Al final, en estos casos, más que la presencia de la suerte, el éxito será producido por una ausencia de mala suerte. Por eso siempre he dicho que no creo mucho en la suerte, pues puedes fabricarla, pero sí puedes ser víctima de la mala suerte (teoría del caos), y si esta llega, solo te queda asumir el evento y volver a intentarlo. Seguir avanzando.

Entonces, ¿cuál es el secreto del éxito?

Para responder a esta pregunta, he hecho un repaso tanto a mi vida, como a los consejos que en su día recibí de Victoria y otros grandes empresarios. Consejos que más adelante encontraría de una u otra forma en la mayoría de biografías de personas de éxito. Así que decidí crear los 10 + 1 Mandamientos del éxito (A mi manera)

PRIMER MANDAMIENTO: TE PONDRÁS EN MOVIMIENTO

Sin duda, el primer paso es comenzar. Si no tiras una flecha a una diana, es imposible que metas la flecha en la diana. A más flechas lanzadas, más posibilidades tendrás de meter la flecha en la diana, más aumentan las probabilidades de éxito, aunque sea debido a las propias matemáticas y la suerte.

Voy a poner como ejemplo este mismo libro que estás leyendo. No tengo ni idea si será un best seller o si pasará por el mercado sin pena ni gloria. Pero salir, va a salir. Hablaba hace 5 meses con otra persona que estaba pensando escribir su propio libro. Y ahí sigue pensando. Para tener éxito en lo que sea, se requiere tomar la decisión de comenzar, y como decíamos en el capítulo 1, hasta que no tomas acción, no te has decidido realmente. Una vez respondidas a las preguntas "¿Cuál es el coste de intentarlo?¿Podré seguir con mi vida si no tengo éxito y acabo fracasando?", lo cierto es que asumo el coste y podré seguir con mi vida en caso de que el libro no tenga éxito. Entonces pones tus manos en el teclado y comienzas a darle forma al proyecto. Luego ya se verá si tengo suerte o mala suerte, pero he metido la papeleta en la urna y ya estoy en el campo de juego. Hasta que no materializas un deseo, solo tienes eso; el deseo.

SEGUNDO MANDAMIENTO: APRENDERÁS POR EL CAMINO.

No hay nada más peligroso en el éxito que la parálisis por análisis. Si quieres tener todo lo necesario para comenzar, si tienes la necesidad de saberlo todo antes de dar el primer paso, posiblemente nunca comenzarás, pues nunca lo vas a saber todo. Para escribir este libro, me he puesto a dar el paso más fácil que podía dar en ese momento, que es generar la materia prima. En este caso son las páginas escritas. No sé cómo haré el diseño de portada, no sé cómo maquetar el libro, ni siquiera sé el tamaño de fuente o el tipo de fuente correcta, ni mucho menos los detalles más técnicos. Es algo que aprenderé una vez haya terminado de escribirlo. De querer saber todo eso, todavía estaría estudiando y resolviendo dudas. Todavía no estaría en movimiento. Cuando comencé el trabajo en ventas con material de construcción, lo cierto es que no sabía nada de material de construcción. Fueron los propios clientes los que me iban enseñando por el camino, y por el camino fui aprendiendo. Como decía Antonio Machado: "Caminante, no hay camino. Se hace camino al andar".

TERCER MANDAMIENTO: TE PREPARARÁS PARA HACER SACRIFICIOS Y EXPERIMENTAR DOLOR.

Estoy escribiendo estas líneas en pleno final del mes de Junio, con 40 grados de temperatura. Soy enemigo de los aires acondicionados, por lo que me cae el sudor por todo el cuerpo.

Llevo una semana prácticamente encerrado, aprovechando que mi mente está en pleno auge de creatividad. No salgo de fiesta, no estoy quedando con amigos. Estoy centrado en un único objetivo, y el objetivo en este momento es acabar el libro. No conozco otra manera de hacer las cosas. Si quieres lograr algo, enfócate y sacrifica parte de la gratificación inmediata.

Toda mi vida lo he hecho de esta manera. Si quiero aprender una habilidad, me enfoco únicamente en el aprendizaje de dicha habilidad. Corto las distracciones y durante un tiempo solo existe eso. Esta forma de hacer las cosas es la que me llevó a facturar más de 3 millones de euros en ventas en menos de un año cuando las expectativas eran de 2 millones de euros en dos años. El sacrificio y el dolor, a falta de eventos aleatorios desfavorables, acaban provocando que un resultado se convierta en inevitable.

CUARTO MANDAMIENTO: DISFRUTARÁS DEL PROCESO.

¿Podría estar sudando como un pollo, prácticamente confinado en casa si no estuviera disfrutando de lo que estoy haciendo? Podría, pero no me apetecería, por lo que llegaría a la conclusión de que es mejor tomárselo con más calma. Y ese ya no sería yo.

En el mundo del desarrollo personal siempre se dice que no te juegues tu felicidad a una meta o un resultado. Juégatela al proceso, porque el proceso es más largo, mientras que el resultado puede ser variable. Voy con un topicazo: "Cuando inicias un viaje, la felicidad no se encuentra en el destino; la felicidad es el combustible que te conduce al destino". Por lo tanto, si en la búsqueda de un objetivo, en mitad de todo el sacrificio, no estás disfrutando, posiblemente no merezca la pena el objetivo que te has propuesto, y más si el resultado conlleva variables. Aquí debemos recordar lo que decíamos en la falacia 4 del éxito, acerca del cansancio. Si estás sintiendo un cansancio vacío, posiblemente sea cuestión de abandonar este viaje y buscar otro.

QUINTO MANDAMIENTO: TE PREPARARÁS PARA LA ADVERSIDAD.

En un principio, este libro iba a ser publicado por una editorial, pero no llegamos a un acuerdo en muchos términos. Y una vez tomada la decisión, ante las adversidades y giros inesperados, solo nos queda, como se suele decir, cambiar el plan, pero no el objetivo. Es por eso que finalmente este libro será autopublicado. Traducido al castellano: "me toca joderme y hacerlo todo yo."

Tanto en la vida como en los negocios, así como en el mundo comercial, la adversidad siempre está presente. No siempre todo sale de forma fluida ni todo es un camino de rosas. Pérdida de un cliente importante, negativas de otros clientes, desajuste en los números que habías calculado, pero hay que seguir avanzando, hay que seguir en el terreno de juego dando lo mejor de ti a pesar de los eventos adversos. En definitiva, hay que estar preparados para recibir esas bolas curvas que en ocasiones nos lanzan.

SEXTO MANDAMIENTO: TE RODEARÁS DE LAS PERSONAS ADECUADAS.

En esta vida encontrarás personas que restan y personas que suman. Luego existen otras personas que multiplican. Si consigues estar rodeado de estas últimas, todo se vuelve mucho más fácil. Y es que si estás buscando a personas para que te acompañen a una guerra, por tu bien, espero que escojas a soldados para luchar en el campo de batalla. Cuando hablamos de progresar, rodearte de personas positivas, ambiciosas y que compartan tus valores, puede marcar la diferencia entre ganar y perder. Siempre he dicho que logré muchas cosas por el simple hecho de que me acompañaron los mejores, gente más competente que yo mismo, gente que me enseñó y me cultivó. Personas que fueron muy críticas conmigo. La mayoría prefieren rodearse de personas halagadoras. Y los halagos están bien, pero solo engordan tu ego. En cambio, rodearte de gente crítica, es lo que te hace nunca bajar la guardia. Así que cuando te den a elegir entre el más crítico y el más amable, elige siempre al crítico. No recuerdo quién fue el que dijo que debes intentar no ser nunca el más inteligente dentro de un grupo, porque en ese caso, tu crecimiento ya se ha acabado. Intenta siempre ser el más tonto de un grupo, porque ahí, tu crecimiento está garantizado.

SÉPTIMO MANDAMIENTO: TENDRÁS LAS CONVERSACIONES MÁS DIFÍCILES.

El éxito es una secuencia de conversaciones difíciles. A lo largo de tu vida, en todo el trayecto siempre hay algo presente:

conversaciones. Una manera de decir las cosas puede marcar la diferencia entre lograr algo o no lograrlo. El miedo a pedir algo, también puede hacer que no consigas tu objetivo. Se suele decir que en esta vida no consigues lo que mereces, sino lo que negocias. Es por eso que el arte de comunicar es esencial, pero más importante aún es el valor para comunicarte con ciertas personas. ¿Por qué un cliente comprará tu producto?¿Por qué te contratan a ti en lugar de a otra persona?¿Por qué te van a pagar más pudiendo pagarte menos? Todo depende de esas conversaciones difíciles que estás dispuesto a tener. Si algo te molesta, dilo. Si quieres algo, pídelo. Si necesitas hablar con una persona que está dos niveles por encima de ti, sube esos dos niveles o súbete a una escalera, pero habla. Si no te reciben por la puerta delantera, entra por la puerta trasera, pero habla. Sé implacable en este sentido, y sobre todo, nunca aceptes un NO de la persona que no está capacitada, en última instancia, para darte un SÍ.

OCTAVO MANDAMIENTO: ASUMIRÁS LA RESPONSABILIDAD DE TUS ERRORES.

Nunca serás perfecto, por más que te esfuerces. Es inevitable que cometas errores. Llegado ese momento, no busques culpables y asume tu responsabilidad. Solo se puede aprender de un error cuando somos conscientes de que lo hemos cometido. No puedes gestionar ni mejorar algo que (según tú) ha hecho otra persona, por lo que responsabilizarte de tu propio error te hará más resiliente, pudiendo trabajar en ti y asegurándote de que, ese mismo error, ya no lo volverás a cometer. No seas víctima de la compulsión de repetición. No hay nada de malo en cometer errores, siempre y cuando aprendas de ellos. Si no eres capaz de aprender de ellos, el error será doble: el error que has cometido en sí, y la falta de aprendizaje del error.

NOVENO MANDAMIENTO: NO DEJARÁS DE APRENDER.

En el momento que crees saberlo todo, comienza tu decadencia. Y es que cuando se alcanza un tope, ya solo queda caer. Vivimos en un mundo altamente cambiante, por lo que la necesidad de continua adaptación se ha vuelto imprescindible. En alguna ocasión he comentado que a día de hoy me dedico a cosas que no existían hace tan solo 20 años. La única forma de seguir superando a tus competidores, la única forma de seguir avanzando es continuar sumando conocimientos. Nunca dejes de sacar un tiempo diario para leer. La lectura no solo te da nuevos conocimientos, sino que además mantiene ágil tu mente. Muchas personas no lo creen, pero cuando lees, tu agilidad mental para la resolución de problemas en la vida se hace bastante más notable. Por otra parte, como se suele decir, una persona vive una vida, mientras que un lector voraz puede vivir mil vidas, puede adquirir las vivencias vitales de cientos de autores.

DÉCIMO MANDAMIENTO: COMPRENDERÁS QUE A PESAR DE APLICAR TODO ESTO CORRECTAMENTE, PODRÁS FRACASAR.

El éxito nunca está garantizado. Al final, como explicamos, existen multitud de eventos aleatorios que escapan a nuestro control, pudiendo hacer que nuestro tren, a pesar de que corría a buena velocidad, acabe descarrilando. Y antes de emprender cualquier camino, bien sea la creación de un negocio, una entrevista de trabajo o acercarte a una chica para hablar, debes entender que puede salir mal. Y esto ya debes tenerlo descontado de tus sentimientos para que, llegado el momento en que fracasas, no te hundas. En esto se basa la filosofía estoica, que es ponerte siempre en el peor escenario posible y asumirlo como posibilidad, pero sin perder el entusiasmo de intentarlo.

UN MANDAMIENTO DE REGALO: SIEMPRE AVANZARÁS.

Pase lo que pase, no te detengas. La vida no es un solo juego. Son muchos juegos y diferentes competiciones. El final de la competición acaba cuando suena el pitido que te envía a una caja de roble bajo tierra. Mientras sigas en pie, avanza. Si fallas en algo, vuelves a la carga. Si te caes, te levantas, te sacudes y vuelves a la carga, aunque a veces te falten las ganas. Solo hay una dirección, y esta dirección es hacia adelante. Y no importa todo lo que hayas vivido, ni los problemas que hayas atravesado. No dejes que te definan tus errores, rechazos y fracasos pasados. Nada de eso importa. Lo único que importa son las decisiones que tomes precisamente en este momento. Las decisiones que tomas ahora es lo único que puedes controlar y lo único que pueden cambiar tu vida.

Recordatorio para el éxito.

Finalmente, en realidad no hay secretos que no conozcas ya, pero en ocasiones necesitamos que nos recuerden lo que ya sabemos que debemos hacer. Si te gusta cómo te encuentras y dónde estás en este momento, entonces sigue haciendo lo que estás haciendo. Si, por el contrario, piensas que llevas una vida mediocre y quieres hacer algo más, ya sabes que te toca hacer cambios. Dicho de otro modo, si quieres llevar una vida mediocre sigue transitando el camino que estás transitando en este momento. Si quieres tener éxito, comienza a moverte en otra dirección. Y comienza a caminar en esa dirección sabiendo que el éxito no está garantizado hagas lo que hagas, pero nunca lo sabrás si al menos no lo intentas. Recuerda que para tener éxito, ayuda el hacer las cosas de la mejor manera posible durante todo el tiempo que las hagas. Se trata también de reconocer las oportunidades que se presentan en el camino e ir a por ellas con un deseo inquebrantable. El éxito estará proporcionalmente ligado a la calidad de las personas que te rodean. Elige bien en este sentido. Cuando aparezcan problemas (que aparecerán seguro), no los ignores ni les des la espalda. Míralos de frente, confróntalos y hazlos desaparecer. Usa en todo momento tu mayor activo, que es tu pensamiento y tu capacidad de decisión. Si en algún momento te das cuenta de que ejecutaste una estrategia equivocada, no importa cuánto dinero o tiempo hayas invertido. No sigas adelante. Y por último, recuerda: El éxito no se consigue de la noche a la mañana, pero sí que lo puedes perder de un día para otro. En cualquier caso, si aún haciéndolo todo bien te encuentras con un fracaso, pues ya sabes lo que toca. Adivina.. eso mismo: te jodes y sigues adelante

8

No dejes que nada te defina. Ni personas ni situaciones.

"En todo lo que concierne a tu vida, a tus posibilidades y a tu persona, tú tienes la última palabra".

Cuando tenía 11 años, debido a frecuentes dolores de espalda, mi madre me llevó a un especialista. Tenía un grado de escoliosis algo preocupante. El médico le dijo a mi madre que no podría practicar la mayoría de deportes y le dio otra cita para meses más tarde para evaluar si me convendría seguir un tipo de tratamiento o directamente cirugía. No asistí a aquella cita. Tres años más tarde me hice con gran cantidad de medallas en atletismo en diferentes disciplinas: 100 metros lisos, salto de altura, salto de longitud, y carrera de relevos, siendo mi deporte favorito las artes marciales, un deporte que no es precisamente el ideal para la espalda.

Tengo 43 años, y en todo este tiempo me han dolido muchas cosas, pero la espalda no ha sido una de ellas. Todo indica que la escoliosis mejoró por sí sola, aunque siempre se lo he adjudicado a la natación y al ejercicio en sí. Asumí el diagnóstico, pero no asumí el "veredicto" al que me condenaban. Ni me apetecía llevar un corsé ni mucho menos una cirugía a esa edad.

Pero también recuerdo otro hecho en mi entrada al atletismo. No sé cuánto mediría en aquella época, pero es cierto que era una "cosa" muy bajita de altura. Además era extremadamente delgado. El entrenador, automáticamente me envió a carreras de fondo, a pesar de que a mí no me gustaba esa modalidad de competición. Prefería carreras cortas, pero él me decía constantemente que no tenía constitución para ser velocista, ni suficiente altura para hacer salto de altura. Está claro que un profesional del atletismo ya tiene cierta experiencia en identificar las habilidades solo con ver a las personas. Aquí tenemos la navaja de Ockham en su máximo esplendor: "Lo que ves, es lo que hay", pero en este caso, el pensamiento simplista estaba fallando. Por algún motivo, mis delgadas piernas de palillo tenían más fuerza de la que aparentaban. Quizá fuera debido a que tenían que cargar de muy poco peso. En salto de altura y salto de longitud, simplemente volaba. Y en los 100 metros lisos arrasaba. Algunos bromeaban diciendo que jugaba con ventaja, porque si tenía el viento a favor, el propio viento me empujaba debido a mi poco peso.

Y esto ocurre cuando somos pequeños, cuando somos jóvenes y cuando somos adultos. Las personas pueden encasillarte, y si les haces caso, podrías no liberar todo tu potencial. En muchos casos, te pueden llevar a sufrir complejos o inseguridades. A veces, es el propio diagnóstico que te hacen las personas lo que provoca que no logres conseguir cosas.

Otras veces somos nosotros mismos los que nos creamos ciertas inseguridades y limitaciones. En una ocasión, vi a un usuario preguntar en Quora cómo podía hacer para aumentar su estatura a partir de los 25 años, porque tenía complejo a la hora de acercarse a una chica. El usuario en cuestión medía 1.72 m, es decir, era más alto que yo. Y mi 1.70 m de altura jamás me ha supuesto un problema a la hora de conocer a una chica. De hecho, ahora que lo pienso, la mitad de mis parejas han sido más altas que yo, y unas pocas de ellas, con diferencias notables de altura. Si a mí no me genera inseguridad, no proyecto inseguridad en la otra persona. El problema de este chico, evidentemente, no era su altura, sino el complejo innecesario sobre su altura.

Personalmente no soy partidario de algunas de las cosas que se dicen en el desarrollo personal, como es decir que puedes hacer todo lo que te propongas. Esto no es cierto, y siempre le recuerdo a las personas que todos tenemos fortalezas y debilidades, taras y virtudes, incluso alguna habilidad concreta o un defecto concreto. Y puede parecer algo negativo decir que todos tenemos algunos límites, pero lo cierto es que esto nos ayudará a centrarnos en aquello para lo que tenemos una habilidad, y a base de esfuerzo, aprendizaje y trabajo duro, potenciar dicha habilidad por delante del resto.

Siempre he dicho que soy un desastre para cientos de cosas, quizás para algunas sea un desastre por el propio desinterés, pero reconozco que soy excelentemente bueno en unas pocas cosas, y ahí es donde pongo el foco, porque es lo que me va a generar grandes retornos. No es una limitación que provengas de una familia pobre, siempre y cuando entiendas que puedes desarrollar habilidades y potenciar ciertos talentos que te ayuden a prosperar, pero hay que saber dirigir nuestros esfuerzos correctamente hacia aquello que podemos y debemos mejorar. Como se suele decir, si dices de centrarte en mejorar en todo aquello que no se te da bien, vas a acabar frustrado.

De la misma manera, si te centras en todo lo que te falta en lugar de en todo aquello que tienes, difícilmente lograrás algo. Y para ello debemos recurrir a la verdadera historia de David contra Goliat. Permitidme un poco de humor.

La verdadera historia de David contra Goliat.

Todos conocemos la mítica batalla entre David y Goliat. Por una parte, el provocador Goliat, un soldado gigante bien cubierto con una gran armadura y empuñando una gran espada. Posiblemente el mejor guerrero de su época en la lucha cuerpo a cuerpo. Y por otro lado, David, un pequeño y delgado pastorcillo sin armadura, sin espada y sin experiencia en el campo de batalla.

Viendo cómo se acercaba el gigante Goliat, David comenzó a pensar: "Dios, qué tipo más grande. Me va a destrozar. Con esa espada tan grande, con esa armadura, con tantas muertes a sus espaldas, y yo aquí, tan pequeño e indefenso". Goliat seguía acercándose con esa mirada amenazante, mientras que David seguía elucubrando: "Esto es injusto, si tuviera una pistola o una escopeta o dinamita....", y Goliat desenvaina la espada a escasos 50 metros de David, el cual continuaba: "Esto debería estar prohibido por ley, es abusivo, si tuviera aunque fuera una lanza o un arco...". En ese instante, un pastor que pasaba por allí le gritó: "David, ¿Quieres dejar de hacer el idiota y usar la honda?" Y David acabó con Goliat usando la honda.

Precisamente esto es lo que ocurre cuando te centras en lo que no tienes, en lugar de usar lo que tienes a tu alcance. ¿Tenía David algunas limitaciones? Por supuesto. De haber entrado en el cuerpo a cuerpo, Goliat le hubiera destrozado, pues esa era la fortaleza de Goliat. Cuando comprendes que todos tenemos ciertos límites, comprendes que debes centrarte en todo aquello que no son nuestros límites y de esta manera, usar nuestras fortalezas a nuestro favor. De hecho, a pesar de que decimos que David tenía más desventajas que Goliat, si comprendemos la historia tal y como la argumentó *Malcolm Gladwell*, veremos que precisamente era justo al contrario. El que estaba en desventaja, no era David. Era Goliat. Para Gladwell, Goliat no tuvo ninguna posibilidad de salir vivo del campo de batalla. Y es que Goliat venía preparado para una batalla cuerpo a cuerpo. Esa era su especialidad. Pero la fortaleza de David, precisamente era el uso de la honda, y esta fortaleza de David convertía a Goliat en debilidades absolutas.

Escucharás a muchas personas decir: "Si tuviera dinero montaría una empresa". Igual el secreto es montar una empresa y así te llegaría el dinero". Si no tienes dinero y quieres montar una empresa, usa lo que tienes: más creatividad, más ingenio, más don de gentes para pedir un préstamo; lo que sea, pero céntrate únicamente en lo que tienes y no te limites por lo que no tienes.

Es cierto que la mayoría de los límites que tenemos son limitaciones autoimpuestas, debido ante todo a la falta de confianza que tenemos en nuestras propias habilidades y capacidades. Otras veces es, sencillamente mejor, usar el sentido común a la hora de analizar el coste personal de intentar algo cuyo resultado es más probable que tienda al fracaso. Y esto es sencillo de comprender. Supongamos que un hombre de 50 años escucha eso de que la edad es solo un límite autoimpuesto y que podemos hacer todo aquello que nos propongamos, porque no tenemos límites salvo los que están en nuestra propia mente. El señor se motiva y decide que quiere ser campeón mundial de los pesos pesados de boxeo. ¿Es imposible que lo consiga? No hay nada imposible, pero el riesgo de intentar esto, sin lugar a dudas es demasiado alto, pues tú no tienes límites, pero el boxeador de 28 años en pleno auge tampoco los tiene, y casi con total seguridad, te va a mandar al hospital. Como vemos, existen fortalezas reales y limitaciones reales.

Si un emprendedor digital dice de invertir todo su dinero en un nuevo proyecto de buscador en internet para desbancar a Google, podría intentarlo, pero las probabilidades estarían totalmente en su contra. Y el riesgo de intentarlo no compensa. Sería recomendable que este emprendedor usara su talento para otro proyecto más factible.

No obstante, como decía, por regla general sí que es cierto, debido a la propia psicología del ser humano, que nos dejemos llevar por el "diagnóstico" que otras personas hacen de nosotros. Y en ocasiones una situación te puede llegar a definir. Y eso es algo que debemos evitar.

No dejes que te defina una mala situación económica.

He sido testigo en primera persona de cómo algo externo, como puede ser el dinero, puede cambiar la percepción que tienes de ti mismo, generarte inseguridad e infravalorarte. De venir de una de esas tendencias alcistas de la vida —y tomar alguna mala decisión— a pasar a verte sin un euro en el bolsillo. Entonces sales a buscar trabajo, y te lo ponen difícil, pero en un principio te dices a ti mismo: "Bah, con lo válido que yo soy y la experiencia que tengo, no tardaré en encontrar trabajo", pasan los días y las semanas, y vas de negativa en negativa, y comienzas a preocuparte. Pero no te rindes y continúas con la búsqueda, y sigues recibiendo negativas o malas condiciones. Pasas de ser acosado por empresas que quieren contratarte a estar prácticamente pidiendo por favor trabajar para una empresa. A estas alturas notas que has cambiado, incluso tu capacidad de razonar y tu creatividad han descendido considerablemente. Te das cuenta que la situación ha comenzado a definirte, y comienzas con los "porqués": "Si yo era un excelente vendedor, ¿por qué tengo tanta dificultad para encontrar un trabajo de vendedor? Y comienzas a sentir algo de lástima de ti mismo. No deberías, porque en realidad sabes que vales, ¿pero cómo lo demuestras si no te dan la oportunidad? Y los gastos se siguen acumulando y la situación económica ya se comienza a hacer crítica. Es entonces cuando en un pequeño lapsus de lucidez, vuelves a tomar el control de la situación de una forma práctica.

Lo primero, identificar el problema más inmediato, que a estas alturas es que necesitas dinero ya. Pues resolvamos este problema. Y eso te lleva a tragarte el orgullo y volver a trabajar de camarero. Solo necesitas algo de combustible económico para paliar la situación que se ha provocado. Y una vez ahí, más tranquilo, vuelven las buenas ideas otra vez, vuelve la seguridad y vuelven las oportunidades.

Es por eso que comprendo perfectamente que cuando una persona lleva instalada mucho tiempo en la escasez económica, es como si el cerebro se atrofiara, como si todo fuera más negro de lo que en realidad es. Tu propio cerebro comienza a limitar las opciones. Si lo acompañamos de negativas y rechazos cada vez que intentas progresar o conseguir algo, ya no solo te define la situación, sino que además, te están condicionando estas personas. Y este es un círculo que debes romper cuanto antes. De hecho, debes ser consciente de cómo el entorno te puede condicionar de una manera que no puedes ni imaginar. Y eso lo vamos a ver con un experimento psicológico.

El efecto pigmalión.

El psicólogo *David C. McClelland* decidió ir a un colegio y elegir a los estudiantes que peores notas sacaban. Llamó a los profesores y a los padres de estos malos estudiantes. Les dijo que había visto un potencial brillante en estos niños, y que no se había sabido trabajar. Básicamente les insinuó que eran niños superdotados y que por algún motivo, no habían desarrollado ese potencial oculto que tenían. ¿Qué ocurrió? Los profesores comenzaron a tratar a estos niños como genios. Hasta ahora los habían tratado como los desechos del colegio. Los padres también comenzaron a tratarlos como si tuvieran en casa a un potencial Einstein. Y estos niños se lo comenzaron a creer también, hasta el punto de que comenzaron a tener un rendimiento excelente en los exámenes.

Lo que sucedió aquí fue un condicionamiento positivo. Al ser tratados como genios, estos niños comenzaron a creérselo también, y por lo tanto, actuaron como tal. Si ellos piensan que lo son, el cerebro se encarga de que así sea. Este es un tipo de inducción básica que se puede usar tanto para hacer que alguien crea que vale mucho (condicionamiento o refuerzo positivo), como conseguir que piense que no vale nada (condicionamiento o refuerzo negativo). Debemos ser conscientes del efecto que puede tener en nosotros el estar constantemente expuestos a personas que no creen en nosotros o que constantemente lanzan comentarios despectivos sobre nosotros.

A esto se le conoce como efecto pigmalión y explica la influencia que una persona puede ejercer sobre otra, basándose en la imagen que esa persona tiene de la otra. Esto provoca la profecía autocumplida, pues si te han dicho que no sirves para algo, y tú te lo crees, te llevará a adquirir conductas que confirmen la opinión que tenían sobre ti. Del mismo modo, si te dicen que vales mucho, escogerás conductas que confirmen esa opinión.

Dicho de otro modo, podemos programar a cualquier persona para convertirla en un desgraciado. Solo debes hacerle pasar tiempo con personas que te digan constantemente lo desgraciado e inútil que eres. Así comienzan los complejos, las inseguridades y las limitaciones autoimpuestas. Es por eso que debes elegir tener en tu círculo a personas que te motiven, y no personas que te recuerden constantemente lo poco que vales y lo que no puedes hacer.

Recuerdo que hace algunos años me llamó un buen amigo para quedar la próxima semana y tomar algo. Le dije en un tono serio: "La semana que viene no puedo, me han llamado para que vaya a la Casa Blanca a asesorar a Donald Trump en temas de economía". Evidentemente era broma, ¿pero sabéis cuál fue la respuesta de mi amigo?. "Joder, Carlos, estás lanzado. Cómo me alegro por ti y de que te vaya tan bien". Ni siquiera lo dudó. Teniendo este tipo de personas a tu lado, te consideras capaz de hacer muchas más cosas que si tienes a otras personas que, aunque sea a modo de broma, te están intentando menospreciar. Con el tiempo, he aprendido a no pasar ni un minuto más del necesario con personas que tienen este tipo de "bromas atacantes". De hecho, con ellas hace tiempo que aplico el sistema MAC (mandar al carajo).

Y toda esta influencia de las personas es fácil de evitar, pues dejas de estar influenciado por ellas en el momento que las mandas al carajo. Otro asunto diferente es cuando una situación te comienza a definir, pues si te está definiendo la pobreza de larga duración o una simple mala racha económica, ahí sí debemos comenzar a reconocer este mecanismo de condicionamiento para ser conscientes de que posiblemente nos haya afectado, y evitar sus efectos. Lo segundo es salir de la situación que nos está afectando. Por eso en el próximo capítulo nos vamos a centrar en cómo dar un cambio radical a nuestra vida.

9

Cómo cambiar radicalmente tu vida

"Hay personas que no saben lo que quieren;

otras saben lo que quieren, pero no saben cómo hacerlo para conseguirlo;

y luego están las que saben lo que quieren, y además saben lo que hay que hacer, pero no están dispuestas a hacerlo.

Nada podemos hacer por estas últimas".

En esta parte no voy a entrar en tópicos, y desde luego, no voy a explicar nada que no haya conseguido yo mismo o que no haya presenciado en personas de mi entorno.

Debemos entender algo en primer lugar. Cuando te decides a cambiar tu vida, estamos diciendo que vamos a dejar atrás un pasado, provocando un cambio en el tiempo presente para hacer que el futuro sea diferente. Es por eso que el cambio va a comenzar de adentro hacia fuera, es decir, el cambio comienza por nuestra forma de pensar. Ya no sirve el "yo soy". Tú, a partir de este momento, "no eres". Simplemente eras, porque lo que viene va a ser diferente.

"Yo es que soy soy tímido". Mentira. Eras tímido.

"Yo es que no soy atractivo". Falso. No eras atractivo.

"Yo es que soy una persona con miedo al rechazo". También falso. Antes lo eras. A partir de ahora ya no.

En ocasiones hablamos de aceptarnos tal y como somos, pero es una gran chorrada aceptarte tal y como eres, si eres consciente de que tienes algunos defectos que puedes corregir, cambiar o mejorar. Lo único que debemos aceptar es todo aquello que no podemos cambiar. El resto, si es para nuestro progreso, debemos cambiarlo.

Si hasta ahora solo has recibido rechazos en tu vida, manda esas experiencias a su lugar: al pasado. No dejes que esas experiencias pasadas determinen tu futuro. Es cierto que cada circunstancia y todo el conjunto de experiencias que hemos vivido, nos han ido condicionando e incluso cambiando nuestra manera de pensar, pero como decíamos, podemos cambiar nuestros pensamientos, y con ello, la forma en que nos sentimos. Tengo claro que las inseguridades se pueden eliminar, y tengo muy claro que los traumas y malas experiencias se pueden dejar atrás. Y todo este trabajo comienza en tus propios pensamientos.

Todo comienza con reconocer qué es aquello que nos gustaría cambiar de nosotros o de nuestra vida, ver si es algo que, honestamente, se puede cambiar (aunque parezca imposible), y hacer todo lo que esté en nuestras manos para provocar el cambio. Y lo cierto es que la gran mayoría de cosas que dependen de nosotros, las podemos cambiar. La mayoría de las veces, si las personas no son capaces de provocar cambios, es, sencillamente, porque no han querido hacer todo lo necesario para provocar dichos cambios.

Para que todo esto no suene a las típicas repeticiones del mundo de la autoayuda y el pensamiento mágico, veámoslo de la siguiente manera. Imagina que tienes una pareja con la que no estás a gusto, y te gustaría tener otra pareja. ¿Qué debes hacer en primer lugar? Romper con tu pareja. Pues bien, lo mismo ocurre cuando quieres cambiar tu vida. Lo primero que debes hacer es romper con lo que eras en el pasado. Y por desgracia, la mayoría de personas subestiman el poder que tiene la mente para lograr nuestros propósitos. Para eso pondremos como ejemplo a los corredores que hacen la carrera de las 1000 millas (1.609 kilómetros). *Stu Mittleman* logró hacer este recorrido en 11 días y 2 horas, durmiendo durante ese tiempo únicamente 3 ó 4 horas al día. Las otras 20 horas las dedicaba a avanzar. La mayoría de la gente piensa que para hacer este recorrido, todo consiste en una buena preparación física, pero nada más alejado de la realidad. Es cierto que físicamente debes estar preparado, pero este tipo de competición no la ganas con la preparación física, sino con la preparación mental. Es tu cerebro el que le da permiso a tu cuerpo para soportar un reto como este. Es la mente la que le permite a tu cuerpo dormir únicamente 3 ó 4 horas al día habiendo hecho más de 140 kilómetros ese día, y esperándote otros más de 140 kilómetros al día siguiente. Si no te has preparado mentalmente para esta competición, tu cuerpo va a fallar, pues estás llevando el cuerpo a traspasar límites. Y solo la mente puede darle permiso al cuerpo para traspasar estos límites.

Desde el punto de vista de la neurociencia, nuestros propios pensamientos pueden llegar a provocar desequilibrios bioquímicos en nuestros tejidos neurológicos. Esto significa que ante una misma situación, una persona puede salir fortalecida de la situación, mientras otra puede acabar sufriendo depresión. Una misma situación, diferente forma de pensar, diferentes consecuencias.

Cambia el sentimiento de obligación por el sentimiento de oportunidad.

A continuación voy a poner algunos ejemplos de cómo cambiando algunos pensamientos, puedes cambiar tu forma de ver la vida. Solemos escuchar a menudo que los adultos tenemos obligaciones. Tenemos que ir a trabajar, tenemos que llevar a los niños al centro comercial, etc.

"Qué putada, tengo que madrugar mañana para ir a trabajar". Esta es una frase muy común que en alguna ocasión habrás expresado. Mientras tanto, millones de personas sentirían envidia por ti, pues llevan meses buscando un trabajo sin éxito. En este caso, quizás sería más correcto decir "tengo la oportunidad de ir a trabajar mañana". Esto estaría dentro del apartado de aprender a ser más agradecido. El problema es que hemos estandarizado la queja como parte de nuestro vocabulario habitual, y sin darnos cuenta, poco a poco, estas quejas se van sumando en nuestro cerebro, y el más mínimo acontecimiento que se sale de nuestras quejas habituales, puede convertirse en esa gota de agua que acaba colmando el vaso. Otra cosa es que no te guste tu trabajo, en cuyo caso, deberás provocar el cambio o la mejora si es eso lo que crees que necesitas para progresar en la vida.

Tienes la oportunidad de llevar a los niños al centro comercial, pues otras familias sufren por no haber podido tener hijos. Tienes la oportunidad de visitar a un cliente a última hora, y eres la envidia de otros vendedores que hace semanas que no son capaces de concertar citas con clientes. En muchos casos, si lo vemos con perspectiva, muchas de las cosas que nos parecen un esfuerzo, ya son la recompensa. Y vale, ya paro, que ahora sí estoy pareciendo el típico autor de autoayuda. Lo que quiero decir con todo esto, es que al igual que un cambio físico no se produce de un día para otro, la mente también hay que entrenarla para ver cambios en el medio y largo plazo. No te acuestas una noche siendo un amargado de pensamiento negativo y amaneces al día siguiente siendo un optimista orgulloso. Se pueden comenzar a cambiar pequeños pensamientos, y poco a poco vamos subiendo la "carga de las pesas" para ganar más "músculo mental". Todo cambio en tu vida comienza en tu mente antes de verse expresado exteriormente. Incluso la risa y las lágrimas funcionan así. Primero tienes un pensamiento que te provoca tristeza o risa, y luego tu cerebro envía las señales a los órganos y músculos para reir o para llorar.

Lecciones del cambio de Raquel.

Veamos el caso de mi querida Raquel. Aunque se le diera la oportunidad de darle un giro importante a su vida, en última instancia, fue ella la que decidió cambiar. Cortó su pasado con las drogas y cortó su pasado con su viejo entorno. Y estoy seguro de que no fue fácil provocar dicho cambio, pero su propósito, sus nuevos estándares, eran mucho más fuertes que el pasado que la definía. Es decir, sus ganas de prosperar ganaron la batalla a la persona que era. Tenía un propósito. ¿Cuántos casos conocemos de personas que son conscientes de que están arruinando su vida con las drogas y aún así no cortan con ellas? La única diferencia entre las personas como Raquel y otras personas, es la decisión inquebrantable de mirar hacia su nuevo futuro, donde no tienen cabida los comportamientos del pasado.

Pudo elegir el seguir rodeándose de su viejo entorno, pero eligió el nuevo entorno, el cual se alineaba mucho mejor con sus nuevos intereses. Pudo elegir probar a mentir y seguir con sus viejos comportamientos a escondidas, pero la realidad es que Raquel luchó por sí misma, por su progreso, por su prosperidad. Asumió la responsabilidad de su vida y tomó las decisiones correctas que la acercaban a un tipo de vida más estable y próspera. No tuvo suerte, sino valor e integridad. Pregúntale ahora a otros consumidores de drogas, y escucha atentamente sus argumentos. Cuando acaben de poner excusas, recuerda solo una cosa: Raquel quiso cambiar y estuvo dispuesta a tomar las decisiones que la llevaron a hacerlo. Estos otros, o no han querido cambiar o no han estado dispuestos a tomar las decisiones para provocar el cambio.

Los pasos para cambiar radicalmente tu vida.

Ahora notarás cómo cada tema que hemos tratado a lo largo de todo el libro nos lleva a este punto; a la oportunidad de provocar cambios. No lo voy a poner como un paso, pero está claro que el paso inicial es tomar la decisión inquebrantable de cambio. Ahí comienza el movimiento.

PASO UNO: ELEVA TUS ESTÁNDARES.

¿Qué significa elevar tus estándares? Significa tener claro y completamente cristalino tanto lo que quieres como lo que ya no estás dispuesto a aceptar o tolerar. Es en cierto modo, adquirir conciencia de tu valor como persona, o ser consciente de que vas a aumentar tu valor. Y la elevación de estándares, a menudo, está proporcionalmente ligada a la cantidad de personas que mandas al carajo. Si has sido una persona que has permitido que tu pareja no te valore lo suficiente, eso ya se acabó. Tú ya no serás la persona que permite esas cosas. Se suele decir que nuestra pareja es un reflejo del aprecio que nos tenemos a nosotros mismos. Si una persona no te valora y sigues con ella, es porque una parte de ti considera que no vales lo suficiente. De hecho, para tu pareja, eres una persona de poco valor. Por eso no te valora. Tuya es la decisión y tuya es la responsabilidad. ¿Vas a permitir que te sigan tratando como a una mierda? De ti depende aumentar tu valor. Y esto aplícalo para todo. No tienes por qué aceptar lo que no estás dispuesto a tolerar. Aprende a decir NO cuando no te apetezca hacer algo. Aprende a irte de los sitios cuando no estés cómodo. Aumentar tus estándares significa no conformarte con lo que tienes si estás a disgusto con ello. Significa aumentar tus expectativas hacia aquello que mereces.

PASO DOS: ASEGÚRATE DE TENER CLAROS TU CÓDIGO, PRINCIPIOS Y VALORES.

Esto lo hice por primera vez a los 18 años. Lo mejoré a los 25 y lo perfeccioné a partir de los 30 años. Y es algo verdaderamente importante. Supongo que alguna vez habrás escuchado a alguien decir, "pues si yo me entero que mi pareja me pone los cuernos, no sabría qué hacer. Según la situación ya vería". Cuando tienes un código, unos principios y unos valores, no tienes necesidad de pensar qué harás en según qué eventos. En mi caso, sí sé lo que haría ante esa y otras muchas circunstancias, porque ya lo tengo definido en mi código. Así evito cometer errores debido a los sentimientos y emociones del momento. En mis principios está jamás perdonar una infidelidad. En mis valores está el jamás cometerla. Y en mi código está en mandar a esa persona al carajo. Y esto se debe a que yo aumenté mis estándares hace tiempo y he cumplido con mi código y valores. Por eso decía que me he vuelto un experto en mandar a cierta gente al carajo. Y esto viene bien saberlo cuando estamos hablando de provocar cambios, porque si te pones como código el cumplir siempre una promesa, en cuanto te prometas a ti mismo que vas a hacer todo lo posible por cambiar, si siempre has cumplido tus promesas, podríamos decir que prácticamente tienes el resultado garantizado, pues tu propio cerebro te ayudará a lograrlo.

PASO TRES: VÍSTETE PARA EL CAMBIO.

Supongo que habréis escuchado eso de "finge que lo eres hasta que lo seas". A pesar de las críticas a esta manera de pensar, lo cierto es que es bastante efectivo desde un punto de vista neurocientífico. Como ya dijimos, podemos engañar a nuestro cerebro muy fácilmente.

Se han hecho diferentes estudios científicos que han demostrado que únicamente cambiando la forma de vestir, puedes aumentar de forma instantánea la seguridad e incluso el comportamiento de una persona. De hecho, otros estudios han demostrado que los negociadores expertos pierden parte de su agresividad en la negociación cuando les quitas una sala de negociación, el traje y su maletín habitual. Esto se debe a la asociación psicológica hacia los elementos comunes que tienen en su profesión. En su entorno de negociación siempre aprietan más con técnicas y discursos más agresivos.

Y doy fe de esto. Yo mismo, en cuanto comencé a usar trajes de mi talla ideal o hechos a medida, camisas lisas sin arrugas y unos zapatos "no desgastados" y limpios, aumentó mi seguridad a la hora de hablar con figuras clave en el mundo de los negocios. También aumentó mi percepción sobre el atractivo. El simple cambio en mi forma de vestir, al menos me ponía a la altura de la situación, y eso lograba aumentar mi autoestima.

Aquí hay otro elemento, y es que según tu forma de vestir, en ciertos sitios te tratarán de una u otra manera, por lo que el trato de los demás hacia nosotros, no deja de ser otra forma de sugestión que puede cambiar nuestra forma de actuar en dicho entorno. Recordemos lo que decíamos acerca del efecto pigmalión.

Si quieres tener más seguridad en ti mismo, actúa como una persona más segura. Antes de que quieras darte cuenta, te habrás convertido en una persona más segura.

PASO CUATRO: COMIENZA A TRABAJAR EN AQUELLO QUE QUIERES/PUEDES CAMBIAR.

Como decíamos, sólo podemos cambiar aquello que está en nuestras manos cambiar. El resto, deberemos aceptarlo. Por ejemplo, si eres una persona baja de altura y con sobrepeso, nada puedes hacer con tu altura (salvo ponerte unas calzas), pero el sobrepeso sí tiene solución, y ahí te debes centrar.

Si quieres eliminar viejos hábitos, en ocasiones es mejor cambiar el concepto de "eliminar" por sustituir, al menos para comenzar. Es decir, si quieres dejar de comer dulces, no se trata de eliminar "comer dulces", sino sustituirlo por "comer una manzana", y luego ya habrá tiempo de ir reduciendo el consumo de manzanas, pero al menos ya estamos dándole forma al cambio de hábito.

Si te has propuesto darle un cambio a tu cuerpo, comienza a crear rutinas a modo de obligación. Estas rutinas, repetidas en el tiempo, darán paso a la disciplina. Y de la disciplina pasaremos al hábito. En el momento que adquieres un hábito, los resultados acaban llegando, tanto si hablamos de la mejora del cuerpo como a la hora de cumplir cualquier otro objetivo.

PASO CINCO: PERO QUE SEA ALGO DIVERTIDO.

No te lo juegues todo a la fuerza de voluntad. En el mundo del fitness son conscientes de la importancia de disfrutar a la hora de hacer cambios en la dieta. Si una persona quiere bajar de peso y únicamente le pones en la dieta arroz blanco y pechuga, la mayoría de personas acaban perdiendo la fuerza de voluntad en el cambio. Es por eso que se busca elegir alimentos que le gusten a la persona y que cumplan con la función. Este sencillo cambio, aumenta el tiempo de fuerza de voluntad en una persona.

En el caso de Raquel, si al cambiar su viejo entorno por el nuevo, se hubiera encontrado que estaba pasando tiempo con dos o tres personas extremadamente aburridas o amargadas, posiblemente hubiera dicho: "prefiero la vida que llevaba antes". Si vas a hacer cambios, asegúrate de disfrutar durante el proceso. Por eso, en muchos casos, es bueno que alguien nos acompañe en nuestro proceso de cambio.

PASO 6: CAMBIA EL ENTORNO SI NO ES EL PROPICIO.

Conocí a un hombre con más de 30 atracos a sus espaldas y un largo historial de drogas y violencia. Pasó más de 15 años en la cárcel. Al salir de la cárcel, el hombre quiso una vida mejor. Abrió un estudio de fotografía, y se ganó el cariño y la confianza de todo el barrio. Durante más de 5 años podríamos decir que consiguió darle un giro increíble a su vida.

Cuando salió su compinche de la cárcel, volvió a pasar tiempo con él. Fue cuestión de tiempo que acabara nuevamente metido en las drogas, y fue cuestión de tiempo que acabara nuevamente en la cárcel. Lo arrestó la policía durante el asalto a la vivienda de una señora que había sido su cliente en el estudio de fotografía.

Si quieres prosperidad en tu vida, asegúrate de estar en un entorno próspero y con gente próspera. La gente del pasado que te metió en problemas, mantenla en el pasado, porque, como explicamos en el capítulo 4, el entorno, tarde o temprano te acaba contagiando. Si quieres dejar las drogas, evita a la gente que consume drogas. Si quieres dejar de beber, evita a las personas que solo te ofrecen fiestas y alcohol. Si quieres tener éxito, evita pasar tiempo con las personas que restan, y sobre todo, evita a las personas cuyas decisiones las están conduciendo al fracaso en todo su esplendor. Siempre, absolutamente siempre, elige a las personas adecuadas, rodéate del mejor tipo de personas que puedas encontrar.

PASO 7: PARA OBJETIVOS ESPECÍFICOS, USA EL SMART.

Aunque en ocasiones recomendamos basar nuestros objetivos en un sistema disciplinado de acciones y hábitos—Por ejemplo, olvidar la meta de escribir un libro y centrarte únicamente en escribir cada día 10 ó 20 páginas cada día hasta que el libro quede acabado— con el fin de evitar en un principio que nos desanime la meta al completo, lo cierto es que también ayuda el tener un objetivo claro y calculado. Para eso está el plantearlo como SMART, acrónimo en inglés de: específico, medible, alcanzable, relevante y limitado en el tiempo. Un objetivo SMART sería:

Específico: definiríamos específicamente el objetivo. Por ejemplo, quiero perder 20 kilos de peso.

Medible: podemos medir el progreso: Este mes he perdido 3 kilos.

Alcanzable: Casi todos los objetivos son alcanzables, pero no esperes perder 50 kilos de peso en un mes. Que sean objetivos realistas.

Relevante: que merezca la pena dicho objetivo.

Limitado en el tiempo: Poner una fecha límite. Esto se hace con la idea inicial de no procrastinar y no abandonar la disciplina. Lo que se recomienda es dividir el objetivo completo en ciclos cortos. De esta forma podemos medir mucho mejor el progreso dentro del proceso de trabajo en el objetivo.

Existen otros objetivos que no son medibles ni podemos poner una fecha límite, pues solo se trata de ir dando los pasos en la dirección correcta e ir cambiando poco a poco, como es el hecho adquirir más seguridad, perder la timidez, perder el miedo al rechazo, etc. Luego tendríamos objetivos dentro de un objetivo mayor. Si el objetivo mayor es aumentar tus estándares, y ello implica que deberás deshacerte de un círculo de amistades desfavorable o de una pareja que no te respeta, para uno de estos objetivos menores, usa el plan **MAC:** Mandar Al Carajo.

PASO 8: CUANDO APAREZCAN LAS DIFICULTADES, RECUERDA POR QUÉ QUERÍAS CAMBIAR.

La pregunta no es si el proceso de cambio será fácil o no. No lo será. La pregunta es "cuánto tardarán en aparecer las dificultades", y es que siempre, antes de que todo mejore, debe ir a peor. Más filosóficamente podríamos decir que la calma siempre viene precedida por el caos. Aparecerán voces que te dirán que te rindas, que no merece la pena tanto esfuerzo. Y estas voces pueden llegar a ser muy convincentes, sobre todo si hablamos de querer cambiar malos hábitos.

Para comprenderlo mejor, teníamos una relación con nuestro "yo-del-pasado", y decidiste romper con él. Esas voces son las de tu ex-yo-del-pasado pidiéndote volver. Pero tú no quieres volver, porque no te gusta la persona que eras, y por eso decidiste comenzar a provocar cambios en tu vida o en tus hábitos. Simplemente recuerda por qué tomaste la decisión de cambiar, ¿cómo te sentías para decidir cambiar? Y recuerda que si das marcha atrás, dentro de algún tiempo te sentirás estúpido por no haber continuado con la decisión que tomaste, cuando ya habías hecho lo más complicado; comenzar.

El secreto aquí es no centrarte en el sacrificio que estás haciendo ni en el dolor, sino en todo lo que vas a conseguir gracias a ese sacrificio y dolor.

PASO 9: RECUERDA QUE UN SOLO PASO ATRÁS RESTA TODOS LOS PASOS DADOS.

Cuando se trata de hacer cambios (sobre todo en hábitos) suele ser un proceso largo, un proceso de 1000 pasos que comienza con un solo paso. Pues bien, una vez logrado el objetivo ten siempre muy presente en tu mente, que un solo paso atrás, te devuelve no solo a la casilla de inicio; te devuelve al pasado del que querías salir. Por ejemplo, un alcohólico que lleva 10 años sin beber, solo necesita un único trago para volver a ser alcohólico. Un paso en falso, se carga todo un proceso de esfuerzo. Lo mismo ocurre con un ex fumador o un ex drogadicto. Un solo paso atrás te lleva al pasado. Y a veces el paso en falso no se da en el momento en que vuelves a consumir, sino en el momento que incorporas a gente que ya habías dejado atrás (formaban parte del pasado que querías cambiar). Lo mismo ocurre para una persona que decide darle otra oportunidad a un maltratador. Esa oportunidad te conduce, con una gran probabilidad, nuevamente, a una vida de maltratos.

Finalmente, a la hora de cambiar tu vida —volvemos a repetir ciertos conceptos— se trata de identificar lo que no te gusta y quieres cambiar, asumir la responsabilidad de tu vida (el cambio sólo depende de ti), tomar la decisión de provocar cambios y dar el primer paso hacia el cambio. Sin vacilar, sin marcha atrás, sin rendición y con la convicción de que una vez logrado tu propósito, ya nunca volverás a ser el que eras.

10

Éste eres tú. Ni más ni menos.

"Mañana podrían quitártelo todo, pero nunca podrán quitarte la persona en la que te has convertido.

Hablando con el dueño de una gran cadena de franquicias, una tarde me explicó un concepto que me dio mucho que pensar. Imagina que alguien te sube a un avión y te suelta desnudo en mitad de algún país desconocido para ti. Sin ropa, sin dinero, sin amigos. Y vas a tener que quedarte en ese país al menos 5 años sin poder salir. Ese eres tú en su esencia más pura.

No eres el dinero que tienes, porque no tienes dinero. No eres la ropa que llevas o el coche que tienes o la casa en la que vives, porque no tienes ropa ni casa ni coche. No eres tu círculo de amistades, porque no conoces a nadie. ¿Entonces qué eres?

En primer lugar, eres tu fortaleza mental para no hundirte ante esta situación y sobrevivir. Eres tu ingenio y creatividad para lograr ropa, eres tu don de gentes y habilidades de comunicación para establecer comunicaciones con otras personas. Eres tus habilidades, y nuevamente tu creatividad e imaginación para conseguir dinero. Eres todas tus capacidades y habilidades para lograr salir adelante en escenarios adversos. Eres únicamente lo que queda cuando quitamos todo lo externo, porque eso que eres es lo que te hará conseguir todo lo externo. Ese es tu mayor activo, esos son los medios más importantes con los que cuentas en esta vida. Todo lo demás puede desaparecer, pero mientras este activo esté cultivado, pase lo que pase, pierdas lo que pierdas y tengas lo que tengas en este mismo momento, puede hacerte prosperar. Como se suele decir, mañana pueden quitártelo todo, pero nadie podrá quitarte la persona en la que te has convertido. Y es ahí donde debes poner tu foco. Es en este tipo de cosas en las que debes trabajar y mejorar.

Hoy día, cualquier joven —y no tan joven—, mientras tenga acceso a libros y a internet, puede desarrollar todo tipo de habilidades. Puede aprender cualquier cosa si está dispuesto a aprender. En este sentido, cuando se trata de aprender, sí que es cierto que no hay límites. No obstante recuerda, que el conocimiento no sirve de nada si no eres capaz de aplicarlo en el mundo real. No se trata de lo que tienes, sino de lo que sabes hacer con lo que tienes.

Yo no fui a la Universidad, a pesar de que era un buen estudiante. Pensé que con mi habilidad para el aprendizaje, podía adquirir todos los conocimientos necesarios que me hicieran falta conforme me hicieran falta. Y así era. No caí en la cuenta de que vivimos en un mundo donde hay que justificar esos conocimientos con un título que diga que tienes dichos conocimientos. El mercado laboral me comenzó a limitar, y durante una temporada me arrepentí de no haber ido a la universidad.

Recuerdo perfectamente aquel momento. Fue cuando un empresario vino a buscarme decidido a contratarme. Mi incorporación a su empresa estaba ya prácticamente cerrada, pero cuando se enteró de que no tenía titulación universitaria, sencillamente me dijo que fuera a la universidad, obtuviera una titulación universitaria y volviera a hablar con él. En aquel momento lo veía de la siguiente manera. Una persona viene a contratarte por tus habilidades, pero quiere enviarte a estudiar para obtener un papel que diga que sabes hacer aquéllo que ya sabes hacer. Lo comprendo y lo acepto. Me acababan de limitar las opciones, me habían hecho sentir desnudo en mitad de la jungla laboral. Con el tiempo me acabaría convirtiendo en un asesor externo de esta compañía. Traducido al lenguaje económico, digamos que como asesor externo me pagarían en una semana lo mismo que hubiera cobrado en un mes trabajando en nómina para la empresa. Y es cierto que no puedes ejercer de dentista si no tienes titulación universitaria, pero sin título universitario, nada te impide ser el dueño de una gran cadena de clínicas dentales. Finalmente, no eres lo que tienes, sino lo que haces con los recursos que tienes.

Con esto no estoy motivando a la gente a que no asistan a la universidad, todo lo contrario. Siempre he aconsejado a los jóvenes, que viendo cómo funciona el sistema y teniendo en cuenta las vueltas que da la vida, es preferible tener un título que diga que sabes hacer algo. Aunque seas pésimo haciéndolo, pero un título te abre puertas delanteras, y te evita que tengas que hacer, al igual que yo, buscar puertas traseras.

Reglas para prosperar.

Una vez tenemos claro que somos lo que somos y no lo que tenemos, es momento de asumir la realidad de los medios con los que contamos. Independientemente de la situación en que te encuentres, es momento de dejar de pensar en que no tienes una lanza o una escopeta, y aceptar la realidad, y es que solo cuentas con una honda para hacer frente a la adversidad. Si has nacido bajito de altura, te jodes, y sigues con tu vida siendo más bajito de altura. Si has nacido en una familia de clase pobre, te jodes, porque te vas a tener que esforzar más que aquellos que han nacido en una familia de clase rica. No depende de ti las cartas que te han dado en una mano de póquer, pero de ti depende cómo juegas esa mano. No obstante, volvemos a recordar que la mayoría de las desventajas con las que partimos, en realidad, pueden convertirse en una de tus mayores fortalezas, una vez superado ese obstáculo.

REGLA UNO: TUS DESVENTAJAS SON TU MAYOR VENTAJA.

Primero tengo que hacerte comprender de forma realista cómo las desventajas se convierten en tus mayores fortalezas, y esto normalmente lo cuento con una vivencia real.

Cuando comencé en atletismo, debíamos ir a entrenar a un centro deportivo que estaba a unos 5 kilómetros de donde vivíamos. Nuestro entrenador podía llevarnos en furgoneta, pero nos obligaba a hacer el recorrido corriendo. Cuando llegábamos al entrenamiento, llegábamos reventados, por lo que apenas rendíamos al principio. Algunos de mis compañeros ni siquiera llegaban al entrenamiento. Todos nos quejábamos porque el resto de equipos venían en coche, y nosotros acumulábamos un cansancio añadido. Nuestro entrenador nos decía que dejáramos de quejarnos. Semana tras semana y mes tras mes, poco a poco nuestro cuerpo se fue adaptando a esos 5 kilómetros añadidos que teníamos en el cuerpo con respecto al resto de equipos. Cuando llegó el día de la competición, nuestro entrenador nos llevó en furgoneta. Llegamos por primera vez frescos al centro deportivo y libres de cansancio acumulado. Lo que ocurrió aquel día es que no hubo medalla que no cayera en nuestras manos. El resto de equipos no tuvieron ni la más mínima posibilidad de ganar al competir contra nosotros, pues para lo que ellos era la competición, para nosotros era únicamente el pre-calentamiento. La peor marca de nuestro equipo era más alta que la mejor del resto de equipos.

Todo ese sufrimiento añadido con respecto al resto de equipos, dio sus frutos el día de la competición. Y esto mismo ocurre en la vida. Si has tenido ciertas desventajas que te han obligado a esforzarte mucho más que otras personas para salir adelante, en cuanto compitas con las personas que no tuvieron necesidad de hacer ese esfuerzo extra, vas a "barrerlos". Si has tenido que trabajar para pagarte los estudios mientras otros han estado divirtiéndose, tú ya cuentas con más experiencia que esas otras personas. En este caso sí podemos decir que en ocasiones, las desventajas son una verdadera bendición que se traduce a logros, siempre y cuando nunca dejes que esas desventajas se conviertan en un obstáculo o una constante queja que te impida avanzar.

REGLA DOS: HAZLO SIEMPRE LO MEJOR QUE PUEDAS Y SEPAS HACERLO.

Las victorias nos animan y los fracasos nos hunden. Desde que éramos niños nos han estado bombardeando con dos tipos de mensajes a la hora de jugar, competir o aprobar exámenes. Por un lado tendríamos a esos padres que le dicen a sus hijos cuando pierden —por ejemplo, en un partido de fútbol— que no se preocupen, que lo importante es participar. Flaco favor, pues en el mundo real no salimos a participar. Si vas a una entrevista de trabajo, debes ir a por el trabajo, y no a participar en la entrevista. Si trabajas de comercial, debes ir a por la venta, y no a participar en una visita comercial. Y si montas una empresa, debes ir a por el éxito, y no a participar en la creación de empresas. Pero este planteamiento, también podría tener su parte negativa (y ahora lo explicamos). Por otro lado tendríamos a esos padres más exigentes que le dicen a su hijo cuando pierde, que hay que jugar siempre para ganar, que no te conformes con un siete en el examen, hay que ir a por el diez. De esta forma también podríamos estar provocando que un niño nunca acabe de disfrutar de lo que hace, y solo disfrute del resultado, sintiéndose frustrado si el resultado no es favorable. Entonces, si la vida no es solo participar, y tampoco se trata de salir siempre a ganar, ¿qué es lo importante?

Tanto en niños como en adultos, sólo debemos hacernos una pregunta: ¿Hemos dado todo lo que podíamos dar?¿Lo hemos hecho de la mejor forma que sabíamos y podíamos hacerlo? Si la respuesta es que sí, no importa si has ganado o has perdido, y tampoco importa si has aprobado o has suspendido, siempre y cuando se haya producido el error orgánico y no el error autoprovocado. Si has dado lo mejor de ti mismo y has hecho todo lo que podías hacer, siéntete orgulloso de ti, ve mejorando en aquello que puedas mejorar, y a base de perseverancia, con el tiempo acabarás provocando el resultado deseado. A pesar de lo que la mayoría de la gente piense, aquel se esfuerza y mejora progresivamente, suele acabar logrando su objetivo.

REGLA TRES: NO LLORES POR LA LECHE DERRAMADA.

Hay algunas verdades absolutas en este sentido. Si has hecho una mala inversión que te ha costado 100.000€ y te ha llevado a la ruina, debes saber que esos 100.000€ ya jamás los vas a recuperar. Están perdidos. Por más que pienses en ellos, nunca los vas a poder recuperar. Deberás centrar tu atención en volver a ganar otros 100.000€ o más, o 50.000€. Pero da por hecho que el dinero que perdiste, nunca lo recuperarás. Lo mismo si tu negocio se fue a la quiebra. Ese negocio ya nunca lo recuperarás. Tendrás que buscar otra nueva fuente de ingresos o crear un nuevo negocio.

La mayoría de las personas se centran en este tipo de pérdidas, cometen el error de dejar que esas pérdidas les definan. No pueden dejar de pensar en lo desgraciados que son por haber tenido estas pérdidas, hasta el punto de tener su cerebro más centrado en lo que perdieron que en lo que pueden hacer a continuación. Aquí es cuando decimos que estás conduciendo tu vida mirando únicamente el retrovisor (lo que queda atrás, el pasado), y te vas a estrellar conduciendo tu vida de esta forma, ya que el camino es siempre hacia delante. No puedes vivir permanentemente pensando en lo que antes tenías, en lo que perdiste, en lo que eras... porque eso ya no importa. Importa lo que haces a partir de este justo momento.

Conocí a un tipo. Se llamaba Abel. Había logrado montar una cafetería que daba trabajo a siete personas. Después abrió un restaurante que funcionó especialmente bien, y un tercer negocio de hostelería. Llegó a tener hasta 50 trabajadores, hasta el punto que Abel pudo comprarse un gran chalet con una enorme piscina y una gran finca donde podía disponer de una de sus pasiones: los caballos. También compró un Porsche Cayenne de unos 95.000€. Desconozco los motivos por los que acabó cerrando todos sus negocios quedando endeudado (posiblemente debido a su estilo de vida fuera de control). Para hacer frente a sus deudas, tuvo que volver a trabajar de camarero. Sus conversaciones siempre se dirigían hacia el mismo lugar. Siempre estaba constantemente insinuando que él trabajaba de camarero porque se aburría, porque en realidad él tenía mucho dinero. Decía que venía a trabajar en un Opel Corsa porque tenía miedo de que le rayaran el Porsche en la puerta del trabajo. Cuando volvía de su día de descanso, solía decir que había estado en su piso de Marbella. Y siempre era el mismo tema de conversación, a pesar de que nadie le creía. En realidad, me daba cierta lástima, pues este comportamiento es el de una persona cuyas pérdidas le han dañado su autoestima, y no asume su nueva situación. Estoy seguro de que si le hacemos la prueba del polígrafo, Abel la hubiera pasado, porque en realidad se llegaba a creer lo que decía, no asumía su nueva realidad, su nueva situación. Se había quedado en el pasado. Abel no conocía el poder que tiene el asumir una situación y liberarte de esas pérdidas. Decir claramente: "Yo antes tenía a 50 personas trabajando para mí y un Porsche que me embargaron al quebrar mi empresa. Y ahora tengo que salir adelante como pueda." En el momento que dices abiertamente esto, te has liberado. ¿Habrá personas que se rían de ti a tus espaldas por haber fracasado? Posiblemente, pero Abel consiguió mucho más que esas personas que se están riendo. Por eso, independientemente de tus pérdidas y tus fracasos, corta con el pasado, haz las paces con él, asume la nueva situación, y solo así te liberarás para poder tomar las decisiones correctas que te dirijan a tu nuevo futuro.

REGLA CUATRO: ASUME LA RESPONSABILIDAD DE TU PROPIA VIDA.

Mientras no asumas que eres el responsable de tu propia vida, no acabarás de creerte que tus decisiones pueden cambiar el rumbo de tu vida. Tendemos a culpar a todo el mundo de nuestra situación. Culpamos a la crisis de nuestra situación económica, pero no vemos que otras personas se enriquecen en esta misma situación de crisis. Simplemente, nosotros no podemos hacerlo porque no sabemos hacer lo mismo que saben estas personas. Culpamos al Gobierno de nuestra situación, pero hay gente que prospera con este mismo Gobierno. Algunos culpan a sus padres por no haberle proporcionado todos los medios necesarios para prosperar, pero hay gente que ha prosperado con un padre en la cárcel y una madre en un centro de rehabilitación. Culpas de tu alcoholismo y consumo de drogas a tu ex pareja por haberte destrozado la vida. Culpar, culpar y culpar. Está bien, culpar desestresa, pero no produce resultados ni mejora nuestra vida. Más bien estamos dirigiendo el problema hacia las personas que no van a hacer nada por mejorarlo, porque es nuestro problema, es nuestra situación y es nuestra responsabilidad.

En los centros de desintoxicación esto lo conocen a la perfección. Todo aquel que llega con excusas y culpando a los demás, rara vez consigue rehabilitarse. En cambio, todo aquel que entra a un centro de desintoxicación diciendo que comenzó a consumir por haber sido un idiota que tomó esta mala decisión, esa persona aumenta las posibilidades de desintoxicarse, pues si una mala decisión lo metió ahí (su responsabilidad), una buena decisión en la dirección correcta le sacará de ahí (su responsabilidad).

Así que, ¿Te ha dejado tu pareja? Te jodes, pero sigues adelante. ¿Has perdido tu trabajo? Te jodes, pero sigues adelante. ¿Tu empresa quebró? Jódete, pero sigue adelante. Y con esto no me malinterpretes, pues las injusticias existen, y las personas no siempre se comportarán de una manera justa con nosotros, pero eso no lo podemos controlar. Cuando somos víctimas de una injusticia, únicamente nos queda jodernos y hacer todo lo que esté en nuestras manos para seguir adelante.

REGLA CINCO: CONCÉNTRATE SOLO EN LO QUE IMPORTA.

A la hora de prosperar en la vida y a la hora de provocar cambios en nuestra vida, posiblemente no podamos centrarnos en todo al mismo tiempo. Posiblemente sea un proceso de cambio lento. ¿Dónde centras tu atención entonces? Es sencillo. Centra tu energía, en primer lugar, en tu mayor preocupación, en aquello que te está desgastando en este mismo momento. Si en tu caso, tu mayor preocupación, tu mayor desgaste, viene de una mala relación, centra tu energía al máximo en darle una solución a eso. En cuanto hayas solucionado ese primer problema, notarás una mejora en tu crecimiento y, sobre todo, notarás que comienzas a tener el control de tu vida al ser consciente del poder de tus propias decisiones. Si tu principal preocupación se encuentra en tu situación financiera, pon todo tu foco ahí. Quizás debas comenzar a adquirir más conocimientos financieros. El principal problema de la mayoría de personas es que quieren cambiar su vida, pero no están dispuestas a crecer, y sin crecimiento no hay cambio. De hecho, la decisión más importante que debes tomar en cualquier ámbito es la de crecer. Aquí nos encontramos con personas que dicen: "Me gustaría aprender a invertir, pero es que no me gusta leer." O sea, quieres tener abdominales, pero no quieres ni hacer dieta ni asistir a un gimnasio. En este caso, las abdominales, con esa actitud no son para ti. Si no te gusta leer, si no te gusta adquirir conocimientos del área que quieres dominar y que te ayude a crecer, entonces, lo más probable es que el crecimiento no sea para ti, y todo quedará en un deseo. Insisto, todo cambio externo proviene de un cambio interior, y si sigues teniendo la misma actitud que te ha conducido a la miseria, no esperes tener abundancia. Sin mejora de uno mismo no hay manera de provocar una mejora en todas las áreas de nuestra vida. Así que si no te gusta leer, pero quieres cambiar tu vida, jódete, porque vas a tener que leer hasta que comience a gustarte, vas a tener que aprender nuevas cosas, vas a tener que crecer.

REGLA SEIS: COPIA.

Para no perderte en el camino del cambio, simplemente debes seguir el camino de otros. Muchas personas han cambiado sus vidas. Estas personas han tomado ciertas decisiones, han hecho una serie de cosas para provocar ese cambio. Volvemos a repetir que el éxito deja pistas, y es cuestión de seguir esas pistas. De esa forma nos ahorramos el "fallo y error". Si bien podemos aprender y extraer muchas lecciones de los fracasos, el hecho de evitar cometer algunos errores que otros ya han cometido, nos acelera el proceso de cambio. Con cientos de biografías que tienes a tu alcance, con miles de historias prósperas de todo tipo de personajes que hoy día nos dicen ellos mismos lo que hicieron para cambiar su vida, simplemente debes copiarlos. Tienes las respuestas del examen. Copia lo que hacen y cómo lo hacen y añade tu propia personalidad a la ecuación.

Voy a más. Si un tipo que viene de la pobreza, hoy acumula 1000 millones de riqueza y te dice que a él le funcionó irse a una montaña todos los viernes por la tarde a la hora de la puesta de sol, desnudarse y bailar un reggaeton, no digas que eso es una chorrada. Mantén la boca cerrada, y hazlo. Si no obtienes los resultados deseados, entonces ya sí puedes decir que eso a ti no te ha funcionado o que es una chorrada, pero si no lo haces, sencillamente no digas nada.

Si quieres ser un buen guitarrista, lee la biografía del mejor guitarrista, trágate todas sus entrevistas, sobre todo aquellas en las que cuenta cómo lo hizo para adquirir experiencia. Colócate en la misma postura que él y modúlale hasta que puedas tener tu propio estilo. La clave para ser un buen guitarrista, sin duda, la tiene el mejor guitarrista actual. Yo no sé nada de guitarras, pero de una cosa estoy seguro, y es que para ser un buen guitarrista hay que seguir unos pasos que comienzan por tocar una guitarra, aprender a tocar la guitarra, estudiar algo de guitarra y dedicarle tiempo a la guitarra. Ahora cambia la palabra guitarra por negocios, inversión, finanzas o cualquier otra cosa. Si quieres lograr cualquier cosa sin esfuerzo y dedicación, te va a tocar joderte, porque no lo vas a conseguir.

11

Cómo prosperar financieramente

Las finanzas son la asignatura pendiente de la mayoría de las personas, y por este motivo, el hecho de que la mayoría de la gente tenga problemas en este sentido a lo largo de su vida, no es ninguna casualidad. A algunos les parece aburrido aprender todo lo necesario del dinero y la inversión. Y lo comprendo. Personalmente me apasionan las finanzas y no se puede pretender que a todo el mundo le apasione lo mismo, pero, por desgracia, el dinero es necesario hoy día (siempre lo ha sido), y al ser una necesidad, por tu bien, espero que aprendas lo necesario sobre él, pues una vez adquieres los conocimientos financieros básicos y necesarios, te darás cuenta de que todo revés económico que sufras es tu responsabilidad, y que incluso se podría haber evitado. Asimismo, es tu responsabilidad mejorar tu propia situación económica. Y créeme, no es difícil hacerlo una vez tienes claros los conceptos básicos.

Algunos piensan que viviríamos mucho mejor sin dinero, como en los tiempos de antaño, cuando no existía dinero y la gente era feliz. El problema es que esos tiempos nunca han existido. El concepto de dinero siempre ha estado presente. La era del trueque nunca existió de la forma que la mayoría de la gente cree. Es decir, nunca existió el intercambio de una vaca por kilos de arroz. Lo que existió fue la compra de una vaca pagándola con arroz. Si no tenías arroz, no podías comprar la vaca, y viceversa. Siempre hubo ricos y pobres, y siempre existió el concepto de propiedad. Esto rompería el sueño de algunos idealistas que piensan que el dinero es el origen de todos los males y que estaríamos mejor sin él. Pero el humano nunca ha vivido sin dinero. Es el dinero en sí lo que se ha ido transformando: sal, trigo, metal, cerámica, oro, FIAT...

¿Y si repartimos el dinero de forma equitativa?

Según Oxfam, tan solo 62 individuos acaparan más riqueza que el patrimonio conjunto de 3.500 millones de personas. Si nos quedamos únicamente con este titular, está claro que existe una enorme injusticia. Visto así, hasta yo mismo comenzaría a odiar a esos 62 multimillonarios. Solo espero que algún día también publiquen los millones de puestos de trabajo directos e indirectos que generan esas 62 personas, evitando que más gente viva en la pobreza. Nunca he entendido por qué ese interés en culpar a los ricos de todos los males de la humanidad. La pobreza extrema que sufre la mitad del planeta es un problema de los gobiernos, causado por los propios gobiernos (por no nombrar a ningún organismo en particular) y no de los creadores de riqueza, que no dejan de ser fuentes de creación de empleo. Si de verdad se quisiera erradicar el hambre en el mundo ya se habría hecho. No se trata de alimentarlos, sino de fabricarles la infraestructura necesaria para que puedan fabricarse su propia comida. La culpa de que millones de personas no tengan ni siquiera agua potable, no la tienen los multimillonarios, sino el conjunto de gobiernos que no están por la labor. Pero tu caso es diferente al de estas personas que no tienen acceso a agua potable. Como siempre decimos, si no vives en Corea del Norte o en el cuerno de África, puedes mejorar tus finanzas. Aparentemente todos tendríamos un mejor nivel de vida si los ricos repartieran su dinero entre todos los pobres. Pero veamos que esto no ocurriría exactamente así. Y lo vamos a ver con un "cuento financiero".

Existió una aldea de 100 habitantes cuyo alimento era únicamente los huevos de gallina. La aldea contaba con un total de 100 gallinas. El problema era que una sola persona, llamada WarrenGates, acaparaba el 50% de las gallinas, por lo que aprovechaba para ganar dinero vendiendo huevos a la gente que no tenía una gallina. El pueblo comenzó a percibir esto como una injusticia, por lo que decidieron hacer algo al respecto. Se reunió todo el pueblo y decidieron que para darle una solución a esta desigualdad, se le obligaría al señor WarrenGates a repartir sus gallinas con el resto de la población. Si había 100 personas en la aldea y había 100 gallinas, una gallina por persona sería lo justo y equitativo. Votaron por unanimidad esta solución y todo el mundo lo celebró.

De esas 100 personas, 50 de ellas aprovecharon para hacer un guiso y comerse la gallina. Las otras 49 personas, con algo más de visión, decidieron guardar la gallina y así poder comerse los huevos que iba poniendo la gallina. Si un día la gallina ponía un huevo, ese día comían un huevo. Si otro día la gallina ponía dos huevos, ese día se sentían felices porque podían comerse dos huevos. El señor WarrenGates decidió pasar hambre durante una semana, no tocando los huevos que iba poniendo la gallina. A la siguiente semana, comenzó a comer un huevo únicamente en esos días en los que la gallina ponía dos huevos, guardando de esta forma otro huevo. El señor WarrenGates esperó a que salieran pollitos de sus huevos almacenados, los cuales acabarían convirtiéndose en gallinas. Meses más tarde, el señor WarrenGates volvía a tener 50 gallinas, pudiendo comer tantos huevos como quisiera y vender el excedente de huevos al resto de personas que ya no tenían gallinas.

Esta breve historia explica perfectamente la diferencia de mentalidad que existe entre el acumulador de riqueza y el resto de las personas. Es una cuestión de sacrificio inicial, planificación, estrategia, pero sobre todo, una cuestión de mentalidad. Si le diéramos a cada persona de un país 100.000€, el rico volvería a aumentar su riqueza gracias a los hábitos de consumo de los más pobres, mientras que la persona que era pobre, acabaría en la misma situación que antes de recibir los 100.000€. De hecho, él mismo acabaría dándole su dinero al rico, pues una persona rica tiene una mentalidad de propietario, mientras que una persona sin educación financiera tiene una mentalidad de consumidor. No es casualidad que más del 80% de los premiados de lotería acaben en unos años mucho peor financieramente que antes de recibir el premio. Siempre pongo el caso del ganador de 15 millones de euros en un premio del euromillón. 15 millones le solucionan la vida a cualquiera. Este chico fulminó los 15 millones en tan solo 8 años. Incluso le embargaron su casa. Pensarás que es una excepción, pero lo cierto es que es lo más común entre los premiados de lotería. Y todo esto se debe a la mala relación que los pobres tienen con el dinero.

Pero volviendo al punto, el hecho de que tengas problemas para pagar la hipoteca no es culpa de un empresario o un multimillonario, ni es el multimillonario el que debe solucionar tu problema. Asume la responsabilidad sobre tu situación financiera y usa al millonario como inspiración. Esto no quiere decir que gobiernos y alcaldes no tengan culpa por la situación de muchos ciudadanos, pero a ti, como ciudadano, solo te quedan dos opciones: esperar que el gobierno tome cartas en el asunto y aporte alguna solución que arregle tu situación financiera, en cuyo caso te recomiendo que te sientes en una silla y esperes muy pacientemente, o bien puedes comenzar a asumir tu responsabilidad en el asunto, partiendo de que son tus finanzas, y por lo tanto, son tus decisiones, tu plan y tu estrategia lo que puede mejorar tu situación. Te recomiendo que escojas esta segunda opción, porque es la única válida.

Todos somos vendedores y negociadores.

Comprende esto y aumentarás las posibilidades de mejorar tu situación financiera. Hagas lo que hagas y te dediques a lo que te dediques, estás vendiendo y negociando. Si eres abogado, estás vendiendo y negociando. Vendes tus servicios a un cliente y negocias los términos económicos. Si eres camarero, también estás vendiendo y negociando. En este caso, vendes productos (café, copas...) y servicios a clientes con el fin de aumentar los beneficios de tu pagador (el dueño del establecimiento para el que trabajas), y negocias tu salario con el propietario.

En última instancia, todos estamos negociando e intercambiando tiempo por dinero. Y parte del éxito financiero consiste en aumentar el valor de nuestro tiempo. No hablaremos en términos de riqueza, pero si hablamos de libertad financiera, el secreto es crear fuentes de ingresos pasivos a través de activos. En su defecto, debemos aumentar el beneficio que obtenemos por cada hora de tiempo que dedicamos al trabajo.

Las cuatro pilares de las finanzas de cualquier persona se basa en lo siguiente:

- El dinero que ganas.
- El dinero que ahorras después de ganarlo.
- El interés que consigues por tu dinero generado.
- Y el tiempo.

Sin lugar a dudas, el pilar fundamental es el dinero que ganas. Digamos que esa es la materia prima principal de toda esta ecuación. Y es que si no ganas suficiente dinero, no puedes ahorrar. Si no puedes ahorrar, no puedes invertir y obtener rendimientos por tu dinero, y el tiempo será algo que solo pasará mientras estás dentro de un círculo vicioso difícil de romper.

Siempre me ha gustado la profesión de ventas, y considero verdaderamente importante adquirir habilidades de ventas y negociación, pues lo cierto es que independientemente de la situación económica que esté sufriendo un país, mientras existan productos para vender y potenciales clientes para comprar, siempre tendrás la posibilidad de ganar dinero. Alguien con habilidades de ventas tiene la posibilidad de encontrar trabajo de vendedor en cualquier momento del ciclo financiero, y, en su defecto, convertirse en intermediario entre empresas que venden y compradores. El tener habilidades de negociación te dará la oportunidad de mejorar tus condiciones en cualquier área de la vida.

No lo olvides. Cuando vas a una entrevista de trabajo, estás vendiendo y estás negociando. Cuando tienes un puesto de trabajo, sea cual sea, estás vendiendo y negociando. Incluso cuando estás ligando con un chico o chica, estás vendiendo y negociando. Por eso se suele decir que "en esta vida, si no estás vendiendo, estás fallando". Otros dicen que en esta vida no obtienes lo que mereces, sino lo que eres capaz de negociar. Y estoy bastante de acuerdo en eso.

No necesitas emprender para conseguir la libertad financiera o la riqueza.

No soy de los que piensan que si no tienes tu propio negocio estás fracasando en la vida. No obstante, es cierto que siendo un propietario de un negocio aumentas las posibilidades de lograr tanto la riqueza como la libertad financiera. Si todos fuéramos empresarios, todos estaríamos fracasando, puesto que no habría personas para contratar en el mundo y al fin y al cabo, seríamos esclavos de nuestro propio negocio, habiendo creado, más que un negocio, un puesto de trabajo. Y eso ya no sería libertad financiera.

El gerente de una empresa puede lograr riqueza, incluso más que el propio dueño de la empresa para la que trabaja. Recuerdo el caso que presencié en este sentido. Un empresario del sector de la construcción, tenía varios vendedores a pie de calle que trabajaron con él durante más de 10 años. El empresario comenzó a hacer lo típico que hacen los empresarios cuando comienzan a ganar mucho dinero: un gran chalet con piscina, un coche de 120.000€ y un apartamento en la playa. Cuando se produjo el estallido de la burbuja, comenzaron los problemas. Le embargaron el apartamento de la playa, tuvo que malvender su coche, y desconozco qué ocurrió con el chalet. Mientras este empresario sufría el mayor revés económico de toda su vida, uno de sus vendedores compró un piso modesto en el centro de la capital y un coche decente. Este empresario comenzó a sospechar del vendedor, pensando que podría haberle estado robando, pues no consideraba normal que mientras un empresario como él estaba teniendo pérdidas importantes, uno de sus trabajadores parecía estar mejor que nunca. Y cuesta hacerle comprender a un empresario que ha vivido por encima de sus posibilidades, que el aumento de deudas no es señal de aumento de riqueza. Cuesta hacerle comprender que las copas, después de pedirlas, hay que pagarlas. El vendedor había estado ahorrando durante 10 años una buena cantidad de dinero. Cuando vio explotar la burbuja inmobiliaria aprovechó el excedente de viviendas de algunas constructoras que ya no iban a poder vender, y como buen vendedor y negociador, aprovechó para comprar un piso a precio de ganga. No son los recursos que tienes, sino cómo usas esos recursos. Puedes ganar 30.000€ al mes y estar en la ruina debido a tus malos hábitos, y puedes ganar 2.500€ al mes y tener unas finanzas saneadas. Durante el boom inmobiliario, muchos corredores de tierras e inmuebles hicieron grandes fortunas sin asumir riesgos, pues vendían inmuebles y tierras de terceros a personas que querían comprarlas. A base de cobrar comisiones por la operación llegaron a acumular grandes sumas de capital. Y como suele ocurrir, algunos lograron construir una fuente de ingresos pasivos vitalicia gracias a ese capital acumulado, mientras que otros agotaron sus recursos económicos en cuanto acabó el boom especulativo.

El principal problema de las finanzas personales se debe a algunos errores muy comunes en la mentalidad de las personas de clase media y pobre. El primer problema es que las personas tendemos a adaptar nuestro estilo de vida a nuestro nivel de ingresos. Si ganamos poco, gastamos poco. En el momento que ganamos más, gastamos más. Incluso para satisfacer algunos deseos, las personas tienden a endeudarse. Y las deudas son el cáncer de las finanzas personales, pues en lugar de estar obteniendo un interés por nuestro dinero, lo que hacemos es ponerle un interés en contra, lo cual, en términos financieros es hacer una inversión con rentabilidad negativa asegurada.

El segundo error que cometen la mayoría de personas, y que yo he cometido también, es arriesgar nuestra vida a una sola fuente de ingresos. Es decir, cuando tus únicos ingresos proceden de un trabajo o de un pequeño negocio, en cuanto el negocio va mal, nuestra situación financiera se va al traste, de la misma manera que, cuando la empresa para la que trabajamos cierra o nos despiden de ella, comienzan los problemas económicos. A esto es lo que llamamos tener un "único punto de apoyo económico", y por lo tanto, en cuanto se daña ese punto de apoyo, caemos con fuerza al suelo. El secreto de unas finanzas saneadas es no tener un único punto donde fallar, y tener diferentes puntos de apoyo, diferentes fuentes de ingresos. De esta forma, si perdemos el ingreso de una fuente de ingresos, disponemos de otra fuente de ingresos o de cinco fuentes de ingresos más. Y esto tiene otra ventaja añadida, y es que mientras no haya problemas en los que estemos perdiendo puntos de apoyo financieros, disponemos de más capital para ahorrar e invertir, acortando el tiempo en el que vamos a lograr riqueza o libertad financiera.

La salud de tus finanzas personales, en última instancia, se mide únicamente por la cantidad de dinero pasivo que recibes por tus activos. Es decir, la cantidad de dinero que recibes sin necesidad de trabajarlo. Estos pueden ser dividendos de acciones, alquileres de inmuebles, una página web que te traiga ingresos publicitarios, una patente, un libro, etc. Hay personas que no son ricas, pero tienen más de 15 fuentes de dinero pasivo, y con 15 puntos de apoyo, no tienen la preocupación de perder hasta 5 de ellos.

El otro problema que tienen la mayoría de personas de clase media y pobre es la dichosa necesidad de aparentar riqueza. Las inseguridades de las personas afectan gravemente a sus propias finanzas personales. Segundas viviendas con hipoteca, coches fuera de su alcance financiero y ropa que, aún pudiendo pagar, no se pueden permitir. Y todo ello por la necesidad de gritarle al mundo que ellos tienen mucho dinero. Por primera vez en la historia, las grandes marcas de ropa y accesorios no están sacando su catálogo de productos enfocado a la gente con dinero, sino a las personas que quieren aparentar tener mucho dinero. Hace algunos años, te tenías que acercar a una prenda de ropa para saber si un polo tenía un pequeño cocodrilo o un pequeño caballo. Ahora notarás que a 50 metros de distancia distingues la marca de ropa. Esto no es casualidad, pues si alguien quiere aparentar poder adquisitivo, quiere asegurarse de que todo el mundo distinga perfectamente la marca de ropa que lleva. Una persona verdaderamente rica vería ridículo llevar una prenda cuya marca acapara más del 50% de la superficie de la ropa. Tal es así, que algunos multimillonarios parecen que llevan ropa barata al ser camisetas o camisas simples, pero son prendas de ropa que cuestan más de 300€ dólares a pesar de que no llevan una marca visible. Ellos no necesitan aparentar riqueza, pues ya son ricos. Y saben que tú lo sabes. Si todo el dinero que gasta la clase media y pobre en aparentar riqueza lo usaran para invertirlo, en menos tiempo del que imaginan, no tendrían necesidad de aparentar poder adquisitivo, pues ya tendrían poder adquisitivo.

En resumen, para darle un giro a tus finanzas personales, se trataría en primer lugar, de crear fuentes de ingresos alternativas y multiplicar tus ingresos por hora de tu tiempo. Se trataría de crear fuentes de ingresos pasivos y de no adquirir deudas. Limitar el gasto en activos devaluables como pueden ser coches y ropa de marca excesivamente cara. Y por último, ahorrar e invertir dinero para acercarnos a la libertad financiera o riqueza. Y para eso, vamos con el método de inversión libre de riesgo y con gran potencial de ganancias a largo plazo que explicamos en el capítulo 6.

Estrategia para acumular riqueza con tus inversiones.

La mayoría de las personas tienen un miedo injustificado a la inversión en bolsa, a pesar de que la inversión en bolsa ha sido de las inversiones más rentables a lo largo de la historia. Simplemente debemos elegir la estrategia más sencilla. Lo que estoy a punto de explicar es tan sencillo que no requiere que entiendas ni siquiera conceptos de inversión ni que pagues por cursos de inversión. Cualquier persona puede acumular riqueza siguiendo este método de inversión. ¿A que esto suena a venta de humo? Si alguien te ofrece algo fácil y sin esfuerzo y que te puede hacer rico, sospecha siempre, pero en este caso estamos frente a la excepción. Este método no lo he inventado yo y lo explican perfectamente tanto Peter Lynch como Warren Buffett. La única trampa que tiene este método, y quizás por eso no le atrae a muchas personas, es que puedes lograr riqueza, pero no el año que viene ni en los próximos cinco años. Siguiendo este método de inversión, una persona joven podría lograr riqueza a la edad de su jubilación. Claro que introduciendo variables, podría adelantar esa riqueza una década más o menos. Por este sencillo motivo, hay personas que prefieren perder dinero en bolsa a corto y medio plazo antes que escoger un método que prácticamente te garantiza riqueza en el largo plazo.

Quiero que mires este gráfico que te muestro a continuación.

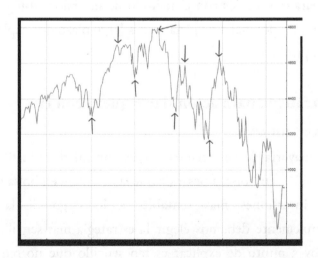

Ese gráfico es la cotización de un índice (S&P 500 en este caso) a lo largo de un periodo que podría ser de un mes, seis meses o un año. Vemos que tiene grandes subidas y grandes bajadas. El secreto de la bolsa es tan sencillo como comprar en las bajadas y vender en las subidas y repetir esa jugada tantas veces como puedas. Visto así, parece fácil. Demasiado fácil. Por algún motivo los inversores hacen justo lo contrario, y es que compran en la parte alta y venden en la parte baja. Este comportamiento tiene mucho que ver con la psicología de las personas y la mala gestión de sus emociones. Entran en euforia cuando ven las cotizaciones subir y entran en pánico cuando las ven bajar. Invertir de este modo es lo que llevó a muchos inversores a tirarse desde un edificio durante el crac del 29, mientras que también fue la época donde otros muchos inversores apostaron a la subida durante la Gran Depresión y acumularon una riqueza increíble.

No es fácil comprar en mínimos y vender en máximos. Fíjate si es complicado que eso solo lo consiguen los mentirosos A la inversión en bolsa no se entra para divertirse ni para jugar. Hay que tomarlo en serio. La bolsa tampoco está para tomársela como un casino donde vas a entrar a probar suerte, porque vas a perder tu dinero de esta manera.

Por otro lado, aparecen personas que son más inteligentes al ser conscientes de sus limitaciones y de su falta de interés para aprender a invertir, por lo que deciden dejar su dinero en los mejores gestores de fondos de inversión. El problema con los fondos de inversión es que a menudo no logran batir a sus índices de referencia ni a los fondos de gestión pasiva. Y aunque logren hacerlo, suelen cobrar unas comisiones a sus clientes que hacen que en el largo plazo les resten una gran parte de las ganancias obtenidas.

Quiero ahora que observes este otro gráfico.

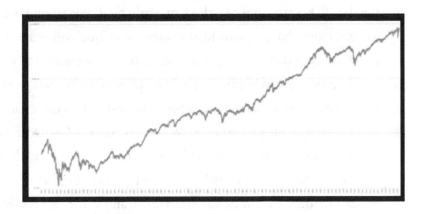

Este es el mismo gráfico del S&P 500, pero ahora con toda su trayectoria de más de 100 años. Y como podemos ver, cuando quitamos el ruido del corto plazo, solo nos queda que su tendencia es claramente alcista a largo plazo. Y ahí es donde vamos a centrar nuestra estrategia, pues históricamente, esta es la única estrategia que ha funcionado con seguridad.

Y para aplicar esta estrategia podemos usar, o bien un fondo indexado al S&P 500 o bien un Fondo indexado a la economía global, pues esta crece un 9% anual. Y lo bueno de este método es que no nos deben preocupar ni las recesiones económicas ni la caída de las bolsas, pues no vamos a basar nuestra estrategia en tendencias de la bolsa, sino en un calendario.

Peter Lynch sacaba las cuentas en su libro *"Batiendo a Wall Street"*, donde explicaba que a pesar de que el mercado había tenido más de 40 caídas de más de un 10% y más de 13 recesiones graves de más de un 33% de caída, en el largo plazo, con una simple aportación de 1000 dólares al año, en 52 años, estas personas hubieran obtenido más de 3 millones de dólares en tan solo 52 años. Es decir, con un total de inversión de 52.000 dólares, en 52 años hubieran recogido 3.5 millones de dólares. Si a esto le añadimos la variable de que con cada caída de un 10%, en lugar de invertir solo 1000 dólares, invertimos 2.000 dólares, los inversores hubieran recogido más de 6 millones de dólares. Y aquí es donde debemos atacar para la mejora de nuestras finanzas personales.

Esta estrategia la puedes aplicar de diferentes maneras y no tiene por qué ser tu única estrategia de inversión, ya que la puedes complementar con tu propia selección de acciones o con la compra de otros activos. ¿Cómo puedes aplicar la estrategia de inversión con calendario?

Puedes invertir el día 1 de cada mes 100 euros o 200 euros (lo que te puedas permitir del dinero que ahorras), o puedes invertir cierta cantidad de dinero cada 3 meses o cada 6 meses, incluso una cantidad fija cada año. Si seguimos la rentabilidad media histórica de la bolsa (aproximadamente un 8% anual), debes tener claro que un joven que comience a invertir a sus 20 años únicamente 200 euros al mes, tendrá más de 1 millón de euros a sus 65 años. Evidentemente, para lograr este objetivo comenzando a invertir a mayor edad, la cantidad que debes aportar crece considerablemente. Luego tendríamos otras variables, y es que, si en caídas severas de la bolsa (más de un 20% de caída) invertimos el doble de la cantidad habitual de dinero, aceleramos el objetivo de forma considerable. Y es que ocurre algo curioso con la inversión en bolsa. Es de los pocos lugares donde se observa que cuando las cosas se ponen baratas, los inversores, en lugar de aprovecharlas para comprar, les entra pánico y deciden vender. Esto se debe a que entraron en bolsa con la estrategia incorrecta. Con esto pretendo demostrar que no es difícil conseguir 1 millón de euros. Lo que es difícil es conseguirlo en 5 años con la inversión en bolsa.

Siempre he dicho que la bolsa no está para hacerte rico, sino para multiplicar tu riqueza, por lo que cuanto más dinero generes de otras fuentes de ingresos, más dinero podrás invertir en bolsa y en otros activos, y de esta forma llegarás a lograr riqueza mucho más rápido. Quizá en esta parte es donde comprendemos que una de las formas donde puedes conseguir ganar más dinero es creando tu propio negocio, aunque también asumes el riesgo de fracasar en el negocio. Independientemente de si eres empresario o trabajador, ahí tienes una forma de lograr riqueza, y solo necesitas ahorrar 200 euros al mes e invertirlos en un fondo indexado. No quiero nombrar ningún fondo indexado en particular por si alguien cree que estoy promocionando el fondo en cuestión. Si en algún momento estás interesado en seguir esta estrategia no te costará trabajo encontrar un fondo indexado que cumpla con lo que decimos. La ventaja de los fondos indexados es que las comisiones son increíblemente bajas en comparación con los fondos de inversión de gestión activa, pues como su propio nombre indica, está indexado a un índice, y por lo tanto, no requiere de gestión. Para aquellos que les suene a chino esto de los fondos indexados, se lo resumiré de una forma fácil.

Un fondo de inversión de gestión activa lo que hace es elegir las acciones que ellos consideran que van a subir más. En ocasiones "apuestan" también contra empresas que creen que van a bajar. El problema es que al existir gestión activa y estar constantemente comprando y vendiendo, a menudo se cometen errores y se eligen acciones que no lo hacen tan bien como pensaba su gestor. Algunos fondos de inversión lo hacen muy bien algunos años, pero otros años lo hacen terriblemente mal debido a la regresión a la media. El caso es que son muy pocos los fondos que acumulan mayores rentabilidades que los fondos indexados, y como decíamos, incluso cuando obtienen mejores rentabilidades, las comisiones acumuladas provocan que los inversores dentro del fondo vean disminuídas sus rentabilidades.

El fondo indexado, por el contrario, es como si tuviera todas las acciones que componen el índice. A largo plazo es más rentable por una sencilla razón, y es que en los índices bursátiles, cuando una empresa ya no es tan selecta o se mete en problemas o, sencillamente, comienza a entrar en zona peligrosa, se saca a esta empresa del índice y se introduce otra compañía con mayor potencial de subida. De esta forma, los índices siempre están compuestos por empresas que se espera que suban en el largo plazo, y teniendo en cuenta que la economía sube un 9% anual de media, estas empresas acompañan a ese crecimiento, y el índice en el largo plazo es alcista, por lo que el fondo indexado también es alcista a largo plazo. Y por este motivo, la estrategia que hemos explicado tiende a funcionar asumiendo muy poco riesgo.

Tampoco hay que olvidar que el comportamiento de los mercados bursátiles escapa a nuestro control. Nadie puede prever que una empresa vaya a quebrar o que la economía pueda colapsar. No podemos prever una pandemia o un ataque terrorista. Todos estos eventos afectan de una u otra forma a los mercados financieros. Otras veces las noticias manipulan el cerebro de los inversores y éstos comienzan a hacer locuras comprando o vendiendo, y en algunos casos provocando grandes caídas injustificadas en los mercados. Todo eso forma parte de la aleatoriedad de los mercados financieros al ser eventos que tú, como inversor particular, no puedes hacer nada por evitar. Con una estrategia de inversión basada en un calendario, ya estás descontando los sucesos aleatorios y las emociones de la inversión. Y eso hace que tú ganes dinero mientras otros lo pierden.

Prepara tus finanzas a prueba de balas.

Es difícil que una persona joven haga caso de estos consejos, pues en cierto modo, yo mismo recibí buenos consejos financieros y no los apliqué cuando era joven. Con 19 años ganaba más dinero que la mayoría de los adultos, y me creí una especie de Dios. Podía gastar en solo dos fines de semana más de lo que otras personas cobraban en un mes, y no me preocupaba, porque al mes siguiente volvía a cobrar una nómina alta por mis comisiones en ventas. Años más tarde, cuando atravesé una mala racha financiera, me dije a mí mismo: "¿Cómo he podido ser tan idiota?" Y aquí viene la primera lección de finanzas, y la más difícil de aplicar.

SI VAS A VIVIR COMO POBRE, INTENTA QUE SEA CUANDO PUEDES VIVIR COMO RICO.

Es en las épocas de vacas gordas cuando debemos aprovechar para ahorrar todo lo que podamos. Y comprendo que esto es muy difícil de aplicar debido a nuestra propia psicología. Pero lo cierto es que debemos ahorrar cuando podemos ahorrar, y no cuando en realidad no podemos ahorrar porque nuestros ingresos son demasiado bajos. Casualmente, a la mayoría de personas les da por aprender de finanzas cuando se están viendo en una mala situación financiera. Si eres una persona acostumbrada a ganar 1.000 ó 1.500€, y en algún momento comienzas a ganar 3.000€, es momento de ajustar tu nivel de vida como si estuvieras ganando 1.000€. Es momento de preparar tus finanzas para cuando lleguen las vacas flacas, porque las vacas flacas, suelen llegar en algún momento. De paso, si tienes la suerte de ganar mucho dinero debido a que has vivido una burbuja de lo que sea, aprovecha para ahorrar lo máximo que puedas, porque cuando pase la burbuja, la multiplicación de tu dinero estará prácticamente asegurada. Los tiempos de bonanza económica están para acumular todo el capital que puedas para que cuando llegue una crisis financiera puedas comprar activos mucho más baratos e invertir más dinero en los mercados financieros, y de paso, aprovechar la recuperación del mercado subiéndote a la tendencia alcista.

Ya sé que es complicado mantener la cabeza en su sitio cuando todo el mundo está derrochando dinero, cuando todo el mundo está feliz por estar ganando mucho dinero, pero créeme, es momento de mantenerte firme y con la cabeza en su sitio, pues en unos años podrás vivir como rico mientras el resto estarán todavía preguntándose por qué están endeudados y sin un euro en el bolsillo cuando han ganado tanto dinero.

En los tiempos de bonanza económica tampoco es momento de adquirir deudas, pues te tocará pagar esas deudas cuando llegue la debacle económica. Es momento de endurecer tus finanzas, y con una poca de suerte, una persona con la cabeza amueblada puede dejar su vida solucionada únicamente con un boom especulativo o un ciclo burbujista.

BUSCA LA MANERA DE AUMENTAR TUS INGRESOS EN CUALQUIER CICLO DE LA ECONOMÍA.

El dinero es la materia prima para asegurarte una tranquilidad financiera. Es de sentido común que con un ingreso demasiado bajo, no vas a poder ahorrar demasiado. Por muy frugal que sea tu estilo de vida, si únicamente recibes 600€ al mes de ingresos, difícilmente podrás ahorrar e invertir lo suficiente.

Siempre aconsejamos que si te dan a elegir entre gastar menos dinero o ganar más dinero, elige siempre ganar más dinero, pues la frugalidad es limitada, mientras las ganancias son ilimitadas. Tus finanzas personales funcionan igual que las tendencias del mercado bursátil. Tus entradas de dinero deben crecer año tras año. Debes estar buscando maneras de que tus ingresos de capital aumenten cada año. Todo esto lo puedes obtener con la creación de nuevas fuentes de ingreso, con la compra de activos que nos generen ingresos pasivos, negociando una subida de sueldo, cambiando de trabajo o creando tu propio negocio.

También puedes crear un negocio secundario que te proporcione ingresos extra mientras mantienes tu puesto de trabajo. En cualquier caso, como decíamos anteriormente, nunca te quedes con un solo punto donde fallar, porque la mayoría de los reveses económicos de las personas vienen precisamente de la pérdida de ese punto de apoyo. Míralo de esta manera. Si te pones a pensarlo, tener un puesto de trabajo y organizar tu vida alrededor de tu nómina es una de las inversiones más arriesgadas que podemos hacer, pues nuestra vida está al cien por ciento en las manos de otra persona. Si mañana esta persona cierra la empresa o nos despide, aparecerá la inestabilidad en nuestro estilo de vida. Con esto no pretendo que dejes tu trabajo y te lances a emprender. Simplemente que seas consciente de la importancia de tener otras fuentes de ingresos alternativas a nuestro ingreso principal. De esta manera, si mañana perdemos nuestro ingreso principal, no nos quedamos sin ingresos. La caída no la evitas, pero al menos caes en blando y no contra el suelo.

QUE NO TE ESTORBE EL DINERO.

Aunque parezca increíble, a la mayoría de personas de clase media y pobre, les estorba el dinero. Quizá por eso tienen dificultades económicas. Según los datos, los pobres gastan más dinero en ocio y entretenimiento que los ricos. Los pobres no distinguen entre deseos y necesidades cuando se trata de gastar dinero. Y a pesar de la creencia popular, los pobres tienen más deseos que necesidades. El dinero les pesa en las manos. Es por eso que ante un aumento de sus ingresos comienzan a pensar en formas de gastarlo, y rara vez en invertirlo. En definitiva, actúan como si el dinero fuera algo que cuando les cae en sus manos, deben quitárselo de encima cuanto antes. Solía decir el ficticio multimillonario inversor *Gordon Gekko (Wall Street, el dinero nunca duerme)* que el dinero es como una mujer, a la que si no cuidas bien, se irá con otro. Y lo cierto es que por este motivo muchos están divorciados de su bienestar financiero. Así que la próxima vez que tengas un golpe de suerte o una ganancia inesperada, solo piensa en cómo vas a aprovechar esa entrada de dinero para prepararte en caso de que venga una mala época. Porque la mala época va a venir con mucha probabilidad.

EVITA LAS DEUDAS COMO LA PESTE.

Si no te vas a endeudar con la idea de que esa deuda te sirva para crear algo que pueda generarte ingresos, evita esa deuda. Verdad universal de las finanzas personales: "Si tienes que endeudarte para comprarlo, es porque está fuera de tu alcance financiero y no te lo puedes permitir. Punto y pelota". Cuando hablo de deudas estoy excluyendo en cierto modo la hipoteca de tu vivienda principal. No obstante, si bien aconsejamos no hipotecarse siendo joven, según el momento del ciclo del mercado inmobiliario en el que nos encontremos cuando estés leyendo esto, podría ser mejor idea hipotecarse antes que alquilar. Para saber cuándo nos interesa más una u otra cosa, habría que analizar otra serie de puntos. Debes saber que vivir de alquiler no siempre es tirar el dinero. A veces es la mejor opción según la situación de la que estemos hablando.

Por lo demás, piénsatelo dos veces antes de endeudarte en la compra de algo y, por supuesto, pregúntate de forma sincera si es realmente una necesidad o un capricho. En este sentido siempre suelo hacer mucho hincapié en lo referente a la compra de un coche. Un coche puede ser una necesidad por motivos de libertad de desplazamiento y como herramienta laboral. Pero la mayoría compran cierto tipo de coches muy por encima de sus necesidades. Y aquí tengo que darte un consejo para que nunca lo olvides:

"Un idiota no deja de ser idiota por comprarse un coche caro. Sigue siendo el mismo idiota, pero ahora con un coche que no se puede permitir, es decir, doblemente idiota."

Parte siempre de la premisa de que un coche es un activo altamente devaluable cuyo precio tiende a 0€. Esto significa que comprar un coche es hacer una inversión con rentabilidad negativa asegurada. Cuanto menos gastes en un coche, menos dinero —literalmente— estás tirando.

Y por último, cuando se trata de comprar a crédito otros productos, evita comprar a crédito esos productos cuya vida útil del producto sea inferior al tiempo de amortización del crédito. Por ejemplo, pagar a crédito unas vacaciones que duran 15 días y tener que pagar el crédito durante 12 meses, no es algo demasiado inteligente.

ELIMINACIÓN DE DEUDAS - TU MAYOR PRIORIDAD EN TUS FINANZAS PERSONALES.

Si todos estos consejos te llegan tarde y ya tienes deudas de crédito con altas tasas de interés, ahí debes enfocar tus esfuerzos como prioridad absoluta. Desde la inteligencia financiera está terminantemente prohibido invertir si tienes deudas de crédito. Destina ese dinero al pago de la deuda, pues esa será tu mejor inversión. Y esto es muy sencillo de entender. Si tienes una deuda cuyo interés en contra es de un 10%, 15% o más, cada vez que destinas dinero al pago de esa deuda es como si estuvieras haciendo una inversión con una rentabilidad asegurada de un 10% o un 15%.

En primera persona te diré los beneficios de atravesar una mala situación financiera libre de deudas y el infierno que supone atravesar una mala situación financiera con deudas. En este último caso, todo se complica de forma considerable. Por eso, el primer paso para tener una buena salud financiera es estar libre de deudas, centrar toda tu energía en alisar el terreno sobre el que vamos a construir después.

LA SEGUNDA MEJOR INVERSIÓN.

La segunda mejor inversión que debemos hacer para tener unas finanzas a prueba de balas es crear el conocido fondo de emergencia. Un buen fondo de emergencia debería proporcionarnos la tranquilidad suficiente para que, al menos, durante 6 ó 12 meses, podamos cubrir todos nuestros gastos fijos y variables en el caso de que todas nuestras fuentes de ingresos se vayan al traste. Debe ser un dinero líquido, disponible para ciertos imprevistos que pueden surgir.

Hay personas que han invertido en bolsa el dinero destinado a un fondo de emergencia, y la emergencia llegó en el momento en que la bolsa había caído, perdiendo una parte del dinero que habían ahorrado. Es por eso que el dinero debe estar perfectamente dividido para su función. Dinero para el pago de deudas, y una vez pagadas las deudas, dinero destinado al fondo de emergencia. Una vez cubierto este fondo de emergencia, dinero destinado al ahorro e inversión. Aquí sí deberíamos entrar en otro tipo de análisis y ver la situación de cada individuo en particular, pues en muchos casos, las personas también cometen el error de comenzar a invertir siguiendo correctamente la estrategia de inversión en un fondo indexado a través del calendario, pensando en su jubilación, pero más adelante sufren un revés económico grave, y al no tener un fondo de emergencia deben recurrir a sacar el dinero del fondo indexado, a veces con beneficios y otras veces con pérdidas. Cuando comenzamos una estrategia de inversión de largo plazo, debemos tener muy bien asegurados los anteriores pasos que estamos mostrando: estar libres de deudas en la medida de lo posible y un fondo de emergencia amplio.

Podríamos enumerar cuáles son los errores más comunes que cometen las personas en sus finanzas personales. Creo que esta pequeña lista los engloba todos:

1. No dedicar algo de tiempo a aprender sobre finanzas.
2. Gastar mucho dinero en cosas que no necesitas.
3. Gastar dinero en juegos de azar.
4. Vivir por encima de tus posibilidades.
5. Vivir al día y no ahorrar.
6. El mal uso de las tarjetas de crédito.
7. Malas inversiones.
8. No seguir los consejos financieros de los que ya hemos cometido todos estos errores.

Y aquí debemos aclarar algunas cosas. Cuando hablamos de ahorrar, vivir por debajo de tus posibilidades y no comprar demasiados deseos, es como si estuviéramos enviando a las personas a convertirse en monjes o ermitaños. Y no se trata de eso. Soy el primero que siempre digo que vivas por debajo de tus posibilidades, pero vive.

Puedes divertirte un sábado por la noche saliendo de fiesta y tomándote dos copas. De acuerdo, pero... ¿en serio es necesario tomar 10 copas hasta perder el sentido? Puedes salir a cenar a algún restaurante, ¿pero tienes necesidad de impresionar a alguien gastándote la tercera parte de tu sueldo en la cena? Estoy seguro de que este tipo de cosas no te generan más felicidad. Y por otra parte, todo lo que sean gastos para impresionar a otros, puede que sea mejor idea gastar ese dinero en trabajar en tus propias inseguridades. Ahorras dinero, y mejoras en calidad de vida y salud mental.

El consejo más repetido por los asesores financieros últimamente es que "viajar 15 ó 30 días al año a otro país es la mejor forma de asegurarte un bolsillo vacío", y es que debes preguntarte si viajas porque te gusta o si viajas porque estás intentando escapar de algo o presumir de algo. Algunas personas, sencillamente tienen necesidad de escapar de la vida que se han construido. Por otra parte, creo sinceramente que si mañana cerraran Instagram y Facebook, se notaría una bajada considerable en los viajes a otros países. ¿Por qué ibas a viajar a otros países si no puedes compartir las fotos de tu viaje? Sé que algunos pensarán que es algo exagerado lo que estoy diciendo, pero las redes sociales están perjudicando las finanzas de las personas más de lo que puedes imaginar. Mucha gente se compara y compite contra otras personas en redes sociales. Y debes tener en cuenta que las redes sociales se han acabado convirtiendo en el escaparate de las falsas vidas de la gente, donde todo el mundo aparenta que es muy feliz, donde todo el mundo tiene mucho y todo el mundo gasta mucho porque se lo pueden permitir. No te quepa duda de que la realidad para muchas personas es bien diferente a lo que comparten en redes sociales. No entres en este juego.

Hacer frente a una crisis financiera personal.

A lo largo de todo el libro hemos ido explicando ciertos conceptos que son totalmente aplicables a nuestras finanzas personales. Sin ningún tipo de duda, lo más sencillo sería no llegar a una situación de crisis financiera en nuestras finanzas personales. En nuestras finanzas personales también estamos expuestos a eventos aleatorios donde el caos puede hacer acto de presencia por motivos que en cierto modo escapan a nuestro control. Conozco el caso de un empresario que lo hizo todo correctamente. Lo planificó todo a la perfección y estaba en plena expansión de su negocio. Para abastecer a su creciente demanda, compró al por mayor miles de kilos de masa para fabricar los dulces, lo cual le supuso un ahorro considerable al haber hecho una compra en grandes cantidades. El tipo se fue a casa el viernes por la noche, y cuando el lunes apareció en la fábrica, se encontró con el desastre. Ese fin de semana hubo un problema eléctrico que hizo que se desconectaran las cámaras refrigeradoras, echando a perder los miles de kilos de masa. No solo se enfrentó a la pérdida de la masa, sino que no pudo abastecer la demanda, lo que se tradujo en una pérdida considerable de clientes y un retraso en la producción. Esto es la teoría del caos funcionando en toda su esencia. Este empresario reconoce que estuvo a punto de irse a la quiebra por este simple evento. Un simple fallo en un fin de semana lo tuvo en vilo durante más de 4 meses. Por suerte, adquirió una filosofía de "te jodes, pero sigues adelante" y finalmente volvió a la normalidad. Una década más tarde cerraría la empresa por otros motivos.

En nuestras finanzas personales es más fácil ver cuándo estamos a punto de caer por el precipicio. La primera señal es no tener fuentes de ingresos alternativas ni un fondo de emergencia. La segunda señal es estar viviendo al día y no ahorrando dinero. De esta forma, un simple evento puede provocar el caos en nuestras finanzas. Una vez que el caos ya ha entrado en nuestras finanzas, llega el momento de aplicar todo lo mencionado en este libro.

Lo primero que debemos hacer es no hundirnos por la situación y no dejar que bajo ningún concepto la situación nos defina. Llegados a este punto, los sentimientos de frustración e impotencia harán acto de presencia. Y debes deshacerte de estos sentimientos cuanto antes, pues son bloqueantes. Me imagino que también sentirás ganas de culpar a todo el mundo, y posiblemente alguien tenga la culpa o puede que no. En cualquier caso, como hemos repetido a lo largo de todo el libro, son tus finanzas y por lo tanto, es única y exclusivamente tu responsabilidad.

Para esto hay una persona que te puede servir como inspiración. Posiblemente la conozcas. Hablamos de Tina Turner. Esta mujer tuvo su primer revés emocional nada más convertirse en una persona famosa. Su fama le costó su matrimonio. Pero Tina siguió. Debido a algunos eventos aleatorios acompañados de algunas malas decisiones, su fama también se evaporó. Con la misma rapidez que tuvo éxito, su éxito cayó. Pero Tina continuó. Perdió todo su dinero. Y Tina siguió llamando a productores y agentes para grabar un nuevo disco. Las casas discográficas ni siquiera le cogían el teléfono. Pero Tina siguió. Si no podía llenar grandes estadios con sus conciertos porque nadie le ofrecía la oportunidad de llenar dichos estadios, Tina debía hacer lo que pudiera hacer, lo que estaba en sus manos. Por este motivo, la señora Tina Turner estuvo más de 7 años trabajando en salas de hoteles cutres y clubes de mala muerte. Poco a poco fue eliminando sus deudas mientras seguía buscando puertas traseras hacia el espectáculo. Continuó y continuó. Siguió trabajando y recibiendo negativas y rechazos. No llegó a rendirse ni mucho menos a hundirse. Salió mucho más fortalecida de su situación, hasta el punto de que una vez que volvió al mundo de la música, arrasó. Si Tina hubiera aceptado su ruina financiera y se hubiera rendido, posiblemente nunca hubieras escuchado hablar de ella.

Algunos pensarán que el caso de Tina es un cisne negro y que estoy cayendo en lo típico del mundo de la autoayuda, que es usar al superviviente sin nombrar a las miles de personas que haciendo lo mismo fracasaron. Pero lo cierto es que el caso de Tina Turner no es un cisne negro (cierto es que es negra, pero no es un cisne). Veo esto muy a menudo, porque es algo de sentido común.

La mayoría de la gente piensa que el éxito es alcanzar un hito y una vez alcanzado, ya nos dedicamos a disfrutar y nos echamos a dormir. Amigo mío, esa es la descripción de lo que te conduce al fracaso. Acabas de describir la situación de Mike Tyson (arruinado tras ganar más de 300 millones en su carrera), y la situación de un alto porcentaje de deportistas y estrellas de la música que acaban en bancarrota por no haber sabido aprovechar la suerte que han tenido, y desde luego, por no haber sabido gestionar correctamente sus finanzas personales.

El éxito no es eso. El éxito no es una meta. El éxito nunca se alcanza; es un estilo de vida perpétuo. En el momento que comienzas a olvidar por qué estabas luchando y caes en la complacencia, tu camino al caos se ha iniciado. Y por este motivo, el caso de Tina Turner no es un cisne negro. Cualquiera que nunca se rinde, jamás fracasará. Solo fracasa el que se rinde. Mientras sigas intentándolo, así lleves 40 años intentándolo, todavía estás persiguiendo el objetivo, y por lo tanto no se puede hablar de fracaso, porque aún podrías lograr el éxito. De hecho, por el simple motivo de que estás persiguiendo un sueño o una meta, ya tienes más éxito que el 70% de la gente que jamás persigue un sueño por el miedo a fracasar.

Tras la crisis financiera de 2007 no le he perdido la pista a cientos de personas y empresarios que acabaron con una situación financiera indeseable. La mayoría de ellos han salido adelante. Algunos transformaron su empresa, otros la cerraron y comenzaron en otros negocios más pequeños. Han seguido en el campo de juego, y por lo tanto, aún están en el partido. Puede que no tengan las facturaciones que solían tener, pero no tienen problemas de solvencia actualmente. Por desgracia, el porcentaje más bajo de estas personas que no lo lograron, precisamente fueron los que se quedaron atrapados en el pasado y cuya explicación es únicamente la mala suerte que tuvieron, la mala gestión de la crisis por parte del gobierno, etc. Tienen perfectamente identificados a todos los culpables de la crisis, pero señalar a los culpables no les devuelve la salud a sus finanzas.

Cuando ocurre un revés en tu vida, del tipo que sea, simplemente lo afrontas y sigues avanzando con lo que tienes en ese mismo momento. Has aprendido a lo largo del camino. Usa lo que has aprendido. No partes de cero. Simplemente, ante situaciones indeseables, te jodes, pero sigues avanzando. No hay otra manera de hacerlo ni existe mejor filosofía de vida que seguir en movimiento a pesar de la adversidad.

12

Sobrevivir a las relaciones actuales

"Hoy día nadie se fía de nadie, porque incluso el que no se fía es de poco fiar."

Si actualmente estás en una relación y tu pareja es una buena persona, de intenciones sanas, leal, honesta y de alto valor personal, haz todo lo posible por cuidarla, porque ahí fuera, el mercado está verdaderamente mal. Tengo que reconocer que a pesar de que voy a hablar de las relaciones, soy el primero que estoy desconcertado ante lo que está ocurriendo hoy día en este sentido. Estoy completamente perdido y sin saber cuál es la mejor forma de proceder ante la nueva situación. Es un tema que llevo tiempo estudiando y analizando sin encontrar respuestas útiles. Quiero dejar claro antes de proceder, que como hombre heterosexual, voy a estar hablando desde mi perspectiva ante lo que he vivido con mujeres, sin pretender culpar únicamente al género femenino, pues me consta que este tipo de comportamientos ya están estandarizados tanto en hombres como en mujeres hoy día.

Si mis tres últimas parejas hubieran sido una empresa, las podría haber denunciado por publicidad engañosa. Como comenté en un capítulo anterior, jamás tuve queja de las mujeres que he conocido a lo largo de mi vida. Siempre dije que ante todo eran buenas personas, y si en muchos casos no funcionó la relación, admito gran parte de mi culpa. En otros casos, simplemente no funcionó porque no siempre las relaciones funcionan, pero al menos se intentó por ambas partes de una forma totalmente sana y honesta.

Cuando hice un triplete de parejas tóxicas, rápidamente me tomé un largo descanso, pues pensé que había sufrido un desajuste en el radar. Después de aquello, cuando volví al "mercado", me di cuenta claramente que el problema es una tendencia insana que está apoderándose del mercado de las relaciones. Quiero dejar claro que gran parte del problema que estamos viendo en la actualidad no es realmente nuevo, pues ya existía antes, pero no de forma tan masiva.

Respeto y fidelidad... ¿Es cosa del pasado?

Existen algunos eventos que me han marcado y que en cierto modo me hacen estar más atento a ciertos detalles. Por ejemplo, en aquella costa de la que hablaba en el primer capítulo del libro, con 17 años conocí a la prima de un amigo mío. Ella rondaba los 30 años y tenía fecha de boda fijada con su novio, el cual no había venido con ella a veranear. Pasó conmigo 5 de los 10 días que estuvo allí. Volvió a su tierra y se casó. ¿Seguirá felizmente casada? No tengo ni idea, pues no sé nada de esta persona.

He seguido viendo este tipo de comportamientos en despedidas de soltera, donde la futura novia aprovechó la despedida para dar rienda suelta a sus instintos. De la misma manera, habiendo trabajado en un club donde se solían celebrar despedidas de soltero, la mayoría de los novios no iban a jugar al parchís. Y he conocido a prostitutas con un trabajo estable, que de vez en cuando venían a sacarse un dinero extra al club. Le decían a sus parejas que tenían que ir a un curso de formación durante esos días. Quiero decir con esto que las faltas de respeto y mentiras siempre han estado presentes. Me consta que hay personas que ponen la mano en el fuego por la fidelidad de su pareja sin saber que arderían completamente.

El caso que más tocado me dejó fue el día que un amigo me dijo que lo llevara a Málaga para darle una sorpresa a su novia con la que tenía pensado casarse. De esto hace unos 10 años. Su novia se había ido 15 días con una amiga a un pueblo costero de Málaga. Mientras conducía el coche con mi ilusionado amigo de copiloto, en mi cabeza solo tenía una inquietud. No podía dejar de pensar: "Veremos a ver si la sorpresa no nos la llevamos nosotros." Al llegar al edificio de la chica, mi amigo me pidió que le ayudara a escribir con piedras en la arena de la playa "TE QUIERO". Todo un romántico mi querido amigo. Y parece fácil, pero se tarda un huevo en colocar bien las piedras. Pero lo conseguimos. Llamó a su chica por teléfono, y ésta no le cogió el teléfono la primera vez. La llamó una segunda vez, y esta vez sí le cogió el teléfono al mismo tiempo que, casualmente, un tipo salía a fumar al balcón de un apartamento de la tercera planta. Sólo sabíamos el edificio en el que estaba alojada y que su balcón tenía vistas a la playa. Cuando mi amigo le dijo a su chica que saliera al balcón para que viera una cosa, efectivamente, salió al mismo balcón donde estaba aquel tipo.

Y en estos casos, si usamos la filosofía de Ockham, inmediatamente podemos descartar que aquel tipo sea un viajero en el tiempo que ha aparecido en ese balcón. Los siguientes 10 minutos me los pasé intentando derribar a mi amigo para poder inmovilizarlo en el suelo, porque quería tirar todas esas piedras al edificio, y ese día a mí no me apetecía acabar en comisaría. Tenía planes mejores. Su novia no había ido de vacaciones con su amiga. De hecho, su amiga había accedido a ser la tapadera, y aquel tipo solo era un antiguo amor fugaz que ella había conocido en aquella misma costa de Málaga hacía algunos años. A raíz de aquello y otros muchos casos, llegué a tener aversión por comenzar algo con alguien que no haya cerrado completamente sus ciclos. Esto lo puse en mi código, por lo que no es alterable ni negociable.

Está claro que este cúmulo de experiencias propias y experiencias ajenas acaban perjudicando en cierto modo tu forma de ver las relaciones. Aún así, hace mucho tiempo llegué a la conclusión de que aquí sucede igual que en el mundo de los negocios, donde el fracaso es una posibilidad latente. Pues en el tema de las relaciones, el que alguien te mienta, te falle o te sea infiel, también es una posibilidad latente. Y nada puedes hacer por evitarlo.

Pero quiero que tengas claro algo, y es que no puedes evitar que alguien te sea infiel, pero sí puedes evitar ser un cornudo. ¿Cuál es la diferencia? A mi modo de ver las cosas, si alguien te pone los cuernos, y en cuanto te enteras mandas a esa persona al carajo, sigues conservando tu valor como hombre, mientras la persona infiel lo pierde. En cambio, si alguien te pone los cuernos y perdonas a esa persona, automáticamente te conviertes en un cornudo. Y en mi código tampoco está el ser un cornudo.

Admiro a las personas que perdonan una infidelidad. Yo no podría.

La fidelidad es una cuestión de principios y valores. De hecho, no existen los actos de infidelidad; existen las personas infieles. Tampoco existe la infidelidad no premeditada. Toda infidelidad es premeditada. Algunas personas la planifican con días de antelación y otras la planifican con 5 minutos de antelación. En cualquier caso, en todo momento la persona ha podido tomar la decisión de no cometerla. Si la comete, es un acto totalmente voluntario. Una decisión que esa persona ha tomado debido a una escasez de estos principios y valores. Usa la filosofía de Ockham: lo que hacemos es lo que somos. Sabes que un tipo es electricista cuando lo ves con un mono de electricista cobrando por empalmar unos cuantos cables. Sabes que una persona es infiel cuando la ves cometiendo infidelidad. Ninguna infidelidad tiene justificación. De hecho, las personas a las que cazan siendo infieles, o bien ya han cometido infidelidad antes o bien volverán a cometerla. Juégate tu futura felicidad a la búsqueda de una excepción y es muy probable que salgas decepcionado.

¿Significa entonces que la fidelidad ya es cosa del pasado? Me niego a pensar eso, pero es muy posible que la mayoría de personas no vacilen a la hora de cometer una infidelidad, pues el propio entorno está contribuyendo a ello, y como ya sabemos, el entorno te acaba contagiando. Ahora bien, también estoy seguro de que un bajo porcentaje de personas siguen teniendo su código, principios y valores, y es en estas personas en las que debes centrarte.

¿Por qué las relaciones no duran hoy día?

Hay quien piensa que hoy en día las relaciones no duran porque la gente joven prefiere cambiar de pareja antes que arreglar las cosas con su actual pareja. Sinceramente, no creo que ese sea el problema. En primer lugar, porque esto ya no es solo cosa de gente joven. Personas de 40 y 50 años están en la misma situación. No pretendo hacer una tesis ni crear una hipótesis irrefutable, aunque creo que no voy a andar muy desviado del verdadero problema.

El primer problema posiblemente se encuentre en el exceso de opciones que tiene la gente hoy día. Hace 25 años, si conocías a una buena persona, tenías cierto miedo a perderla porque era inevitable pensar que pudieras tener dificultades para encontrar a otra buena persona. Hoy día, un hombre atractivo o una mujer atractiva no tienen este miedo, pues cada día reciben sus corazones en Instagram, sus mensajes privados con todo tipo de halagos y proposiciones, sus chats privados en Facebook, etc. Saben que tienen otras muchas opciones, por lo que este miedo desaparece. Y evidentemente, saben que tienen estas opciones disponibles, porque en muchos casos, las personas mantienen ciertas conversaciones con estas otras personas de las redes sociales mientras tienen a su pareja.

El segundo problema viene también del exceso de opciones. Como vimos en otro capítulo, no siempre el tener más opciones te hace tomar mejores decisiones. Más bien suele ocurrir lo contrario.

El tercer problema es que vivimos en un mundo bastante más superficial, donde ahora el rey es el físico. No voy a ser hipócrita, pues debes sentir un mínimo de atracción física por una persona, pero el físico ahora ha cobrado más importancia que nunca. ¿Cuál es el problema de esto? Pues que si lo único que tienes que ofrecer es el físico, por muy buen cuerpo que tengas, siempre va a haber otro con mejor cuerpo que tú, más guapo que tú, o con más tatuajes que tú. Todo lo que sabemos de la atracción física es que cuando se normaliza en una pareja, esa atracción desaparece, y si era todo lo que tenías para ofrecer, tu pareja acabará encontrando una nueva atracción física en otra persona, aunque el físico de esa persona no sea tan atractivo como el tuyo. Explicado de una forma más simple, puedes soñar con tener como pareja a *Angelina Jolie* por su impactante belleza, pero en cuanto estés con ella, dejas de ver a la estrella de belleza impactante, Angelina Jolie, y ya solo ves a Angelina (la mujer de carne y hueso) con sus virtudes y defectos.

Existe un cuarto problema o motivo, que podría ser la normalización del fracaso relacional. Es decir, cuando has tenido un fracaso en una relación, éste duele e intentas que la próxima relación salga bien. Cuando llevas 20 relaciones a tus espaldas donde has jugado y te la han jugado, tu propio cerebro se habitúa al fracaso hasta el punto de que si una relación marcha bien, te sientes extraño. Las personas ya entran a una relación pensando en que las relaciones hoy en día, no suelen durar mucho, y a menudo, estas personas se encargan de provocar la profecía autocumplida.

Entonces, una vez que todos somos conscientes de que las mujeres y los hombres tienen muchas opciones, y además, han normalizado el fracaso en sus relaciones, es cuando tenemos el siguiente problema para resolver. ¿Por qué estas personas siempre acaban sufriendo por alguien que pasa de ellos, que les hacen sufrir y que no los valoran? Aquí es donde la cosa se pone interesante, pues existen aspectos psicológicos y errores de procesamiento mental que de una u otra forma hacen acto de presencia. Y ahora explicaré este punto.

Pero veamos primero un problema que observo incluso en las publicaciones de psicólogos expertos en el campo de las relaciones. Hoy en día veo muchos consejos de estos psicólogos que hablan sobre la dependencia emocional. Es decir, si conoces a una persona y te mueres de ganas por verla, ¡¡mucho cuidado!!, porque podrías estar sufriendo de dependencia emocional. Por otro lado, estos mismos psicólogos recomiendan al mismo tiempo que si conoces a una persona, y esa persona no se muere por verte, estás con la persona equivocada. ¿Entonces? Ya sé, el secreto está en tener las justas ganas de ver a una persona, y quedarte en esa línea en la que tienes las suficientes ganas como para que la otra persona vea que tienes interés en ella, pero no tantas ganas como para ser víctima de la dependencia emocional. Y esto es un poco lioso. Podríamos recomendar, sencillamente, que seas tú mismo. Que veas a alguien cuando quieras verle y que le digas a esa persona lo que sientes, pero por desgracia, hoy día esto tampoco funciona. Por algún motivo, la persona que más interés demuestra, suele salir perdiendo al provocar el alejamiento de la otra persona. La persona que más da en una relación pierde; la persona que se enamora primero, pierde. Y esto ha provocado el aumento de los miedos de las personas a tener sentimientos por otra persona. Todo el mundo ve que las relaciones ya no duran , que la mayoría de personas ya no ofrecen esa exclusividad, o lo que es peor, te ofrecen exclusividad por la puerta delantera, pero ocurre lo contrario en la puerta trasera. Y ya nadie se fía de nadie. Algunos psicólogos están advirtiendo de que debemos prepararnos para relaciones inestables. Otros científicos recomiendan que lo ideal es cambiar de pareja cada 4 ó 5 años (Así en frío, incluso sin ver si sigue pasando la ITV). Lo que está claro es que esto es una tendencia alcista que no tiene ninguna resistencia a la vista en el corto y medio plazo. Es tan alcista como el aumento de la depresión entre las personas jóvenes, así como el aumento de la infelicidad e inseguridades entre los más jóvenes.

A tres metros sobre la estupidez.

Pero entonces, respondiendo a la pregunta que dejamos sin contestar anteriormente, ¿por qué a pesar de esto, estas personas suelen acabar quedándose pilladas y sufriendo por personas que ni las respetan ni las valoran? Hoy en día, el mensaje que circula por las redes sociales es que las personas rechazan a una buena persona y se quedan pilladas por el típico capullo o capulla, por el típico malote o malota. ¿Qué hay de cierto en esto? Por desgracia, en términos generales ocurre así. Esto no es nada nuevo, pero ahora se ha estandarizado. Y no se debe tanto a que el tipo sea un malote o la tipa sea una malota. Más bien es lo que se esconde detrás del comportamiento de los malotes, un comportamiento que precisamente es el que enseñan los nuevos gurúes de la seducción.

Estos gurúes repiten constantemente que si quieres que una mujer tenga interés por ti, tú debes mostrar poco interés por ella, porque en cuanto muestres un verdadero interés, ella se alejará. Y esto, por muy simple que parezca, en realidad está avalado por la neurociencia. En primer lugar, tendemos a aburrirnos de lo que tenemos seguro y nos atrae aquello que no tenemos. Si además, esa persona que no tenemos, la ponemos como objetivo de alto valor, como un sueño complicado pero alcanzable, la simple posibilidad de poder tener a esa persona acompañada de cierta dosis de recompensa variable, puede acabar provocando obsesión por la persona.

¿A qué me refiero con la recompensa variable? En psicología, nuestro cerebro reacciona a dos tipos de recompensas: la recompensa fija y la recompensa variable. Cuando queremos obtener una recompensa fija, sabemos cómo hacerlo, pues sería como hacer un trabajo de ocho horas y cuando lo acabas te dan 50€. Si quieres esos 50€ solo tienes que hacer el trabajo. Es decir, cada vez que alcanzas una meta obtienes esa recompensa. La recompensa variable es diferente, pues es completamente impredecible y no sabes de qué forma conseguirla, por lo que en cierto modo, fomenta la curiosidad de la persona. Digamos que una recompensa variable es cuando recibes un premio en los juegos de azar. Es más, gracias a la recompensa variable muchas personas acaban convirtiéndose en ludópatas. Piénsalo. Nadie sería ludópata de las máquinas tragaperras o tragamonedas si nunca hubiera recibido un premio, aunque sea un premio muy pequeño. Hay toda una ingeniería psicológica detrás de las máquinas tragaperras para lograr convertir a una persona en ludópata. Desde las luces, la voz del "PREMIO!!" y la música. Todo diseñado para que te quedes enganchado.

Pues bien, eso que llamamos "malote o malota" trae de serie la recompensa variable, pues siempre te tendrán en vilo. No sabes si te ha dicho la verdad cuando te ha dicho que no puede salir, no sabes si estará con otro u otra, y lo más lógico sería que lo mandaras al carajo, pero lo cierto es que desde un punto de vista neurocientífico, te enamora provocando ansiedad, pues la ansiedad del no saber algo, produce curiosidad. Además, estos malotes y malotas son indomables, por lo que la persona que da con ellos siempre tendrá como objetivo domarlos. Es decir, conquistar lo que todavía no tienes conquistado, pero que tienes posibilidad de conquistar.

El cine tampoco ayuda mucho en estos casos, pues si ponemos como ejemplo la película *"A tres metros sobre el cielo"*, protagonizada por Mario Casas (el malote) y María Valverde (la chica buena), veremos cómo una chica decente de buena familia comienza a desarrollar una atracción por un chico inestable con serios problemas de agresividad y traumas no solucionados. El error que se suele cometer en este tipo de argumentos es poner siempre al malote con un lado bueno que en la vida real no tendría. Es decir, el personaje que interpreta Mario Casas (Hache), en la vida real sería un maltratador en potencia y el compañero de vida ideal para meterte en un problema detrás de otro. Creo sinceramente que el cine ha influido en cierto modo en convertir a personas problemáticas en personas atrayentes, pues nos ha mostrado cientos de veces cómo por amor, el malote deja de ser malote y es capaz de cambiar de vida por la chica a la que ama. Y esto rara vez ocurre en la vida real.

Tal es así que Miguel Carcaño, el asesino confeso de Marta del Castillo, tenía un séquito de chicas jóvenes —y algunas de ellas menores— escribiéndole porque se sentían atraídas por él. Y todo esto, a pesar de que era un asesino. Pero a estas chicas les parecía un chico muy guapo y atractivo. Y con eso bastaba para despertar atracción en ellas.

Pero esta estupidez no solo es cosa de adolescentes. Las personas que pasan de los 30 y los 40 años también saben lo mismo; que las relaciones ya no duran. También tienen muchas opciones donde escoger y por lo tanto, con el exceso de opciones tienen la mala elección casi garantizada. Hasta hace relativamente poco, una persona que pasaba de los 30 años sabía exactamente lo que quería y lo que no quería en términos de relación. Hoy día creen que saben lo que quieren, pero por algún motivo acaban dando con lo contrario. Mejor dicho, acaban buscando lo contrario una y otra vez, pues la compulsión de repetición no es solo cosa de jóvenes.

Honestamente, en el tema de las relaciones me he perdido, y simplemente me queda aceptar lo que hay. En mi caso, siempre le dejo bastante claro a una persona que si me miente o me viene con algún tipo de jueguecito, la mando al carajo inmediatamente y sin pensar. Y algunas me han dicho: "No, yo soy diferente, soy distinta, soy especial, no soy como las demás." Y ahí tienes las primeras cuatro mentiras con las que comienza la relación. Teniendo en cuenta que no soy un experto en relaciones de largo plazo, pues tengo a mis espaldas más relaciones de las que ya puedo recordar, solo me queda ser un experto en algo que por desgracia, es posible que la mayoría necesitéis en algún momento dado: Superar una decepción o un desengaño amoroso en menos de 72 horas.

¿Cómo superar un desengaño amoroso en menos de 72 horas?

Cuando le dices a algunas personas que pueden superar una ruptura sentimental en tan solo 3 días, poco más e incluso algo menos, lo primero que te dicen es: "Cómo se nota que tú nunca te has enamorado." Si has leído con atención el contenido de este libro, espero que comprendas que sé lo que es el amor, y además, el amor del bueno, del sano. Dicho esto, la única trampa que tiene lo de las 72 horas es que contamos 72 horas a partir de la aceptación de la ruptura. Algunos tardan en llegar a la etapa de aceptación 2 días, otros tardan varias semanas, y yo tardo menos de 5 minutos (ahora verás por qué).

Tras todo desengaño amoroso o ruptura sentimental se producen las siguientes etapas:

1. Negación: "No me puede estar pasando esto a mí."
2. Negociación: "Diosito de mi vida, si haces que vuelva conmigo dejo de beber."
3. Aceptación: "Pues sí, me está pasando a mí y me toca joderme y seguir adelante."

Los psicólogos usan la palabra "duelo" para referirse al tiempo de asimilación y aceptación a la nueva realidad tras una ruptura. En mi caso me niego a llamar duelo a esto, porque no ha muerto nadie. Hablan de duelos de hasta 1 año de duración. ¿Un año?¿Estamos locos?

Comenzaré diciendo que posiblemente veas complicado recuperarse en un tiempo récord de una ruptura amorosa porque no crees que sea posible. De hecho, el chino es el idioma que más trabajo le cuesta aprender a una persona, por la única razón de que le han dicho que es el más complicado. Y la realidad es que no lo es, al menos según el criterio de aquellos que entienden de este tema. Quiero decir con esto, que activar una creencia que lo haga posible te ayudará a hacerlo posible. Y no estoy vendiendo humo con esto. Tanto a mí como a las personas que han aplicado todo esto de forma honesta, les ha funcionado a la perfección. Pero no voy a engañarte, y es que existe un paso previo, un paso que te vendría bien darlo aunque estés en una relación próspera en estos momentos. Debes establecer de antemano tu código, principios y valores, así como esas líneas que jamás permitirás que nadie cruce, haciendo una promesa inquebrantable de que si alguien las cruza, automáticamente reaccionarás marchándote con otra promesa inquebrantable de no dar una segunda oportunidad. Aquí es donde falla la mayoría de la gente.

Quiero que pienses en este código como algo que escribes en tu cerebro y una vez escrito es irremovible. En mi código tengo que si me entero que una persona me ha sido infiel, automáticamente la mando al carajo. No me planteo la más mínima posibilidad de perdonar. Llegado ese momento sé lo que tengo que hacer y según mi código, esa persona y yo jamás volveremos a tener nada. Igual si alguien me dice que necesita un tiempo para aclararse las ideas. En ese caso le doy todo el tiempo del mundo, pues si te falta claridad, ese no soy yo. Quiero que comprendas que cuando tienes claro cómo debes actuar, aunque sientas dolor, ya asimilas la ruptura porque no hay otra alternativa posible a esa ruptura. Ha cruzado una línea en la que mi código dice que debo marcharme, y mis principios dicen que yo debo cumplir con ese código sí o sí, de forma absolutamente inquebrantable. Es por este motivo por el que entro en la fase de aceptación a los 30 segundos de producirse el evento en cuestión. Aunque sienta dolor, pero me marcho. Otras personas alargan esta fase de sufrimiento innecesario pensando primero en perdonar o no perdonar, en insistir o no insistir, en el miedo a perder a esa persona para siempre, etc. No rebajes tus estándares. En cuanto tienes este código bien implantado, todo se torna más fácil.

Para que no tengas ninguna duda y con el fin de facilitarte tu cacao mental, quiero que tengas claro que cuando dos personas quieren estar juntas, están juntas. No existe eso de los amores platónicos. Un amor nunca puede ser platónico. Si es amor recíproco —única forma en que se entiende el amor, pues si no es recíproco es solo obsesión por una parte— esas dos personas estarán juntas. Si no están juntas, es porque una de las dos personas no quiere estar con la otra.

Dirígete a la zona de aceptación lo más rápido posible, porque en realidad, si te pones a pensarlo, una relación no se rompe de un día para otro. Has debido pasar muchas señales por alto. Es decir, ninguna persona se acuesta pensando en que eres el hombre de su vida y se levanta diciéndote "cariño, necesito tiempo". La zona de la negociación olvídala entendiendo que si una persona ha sacado el valor para decirte que quiere dejarlo, en caso de que la convenzas para que vuelva, posiblemente lo hará por lástima. Soy el primero que he vuelto con alguien por lástima, y créeme, es una mala idea. Si alguien te deja, vete directamente a la zona de aceptación, valórate y comienza a seguir los siguientes pasos.

Llegados a esta zona de aceptación, debes tener totalmente claro que pase lo que pase, ya jamás volverás con esa otra persona. Vas a mandar a esa persona al pasado. Y para ello vamos a proceder a un formateo de nuestro cerebro.

Corta toda posibilidad de contacto físico y visual. La mayoría de las veces, cuando se produce un desengaño amoroso, se nos queda la ansiedad de pensar en: "¿Me llamará o no me llamará?", y solemos estar pendientes del móvil. Hoy día, los más masoquistas, aprovechan para vigilar sus estados en Whatsapp, Facebook e Instagram. Pues bien, tú no vas a tener esa ansiedad, porque vas a producir un bloqueo total y absoluto de cualquier sitio donde tengas a esa persona.

Teléfono borrado y whatsapp bloqueado. Igual para Facebook e igual para Instagram. De esta forma desaparece la ansiedad de si te escribirá o no, porque ya no puede escribirte. Esto te va a doler, pero borra todas las fotos. Algunos psicólogos te dirán que no hagas esto, pues estarías borrando parte de tu pasado. Y me encanta eso, porque yo quiero mirar al futuro. Me bastan mis recuerdos mentales. Pero como sé que esta parte me la van a poner en duda muchas personas, al menos pasa las fotos a un espacio de la nube o un disco duro, y luego bórralas de tus dispositivos. Debes saber que el dolor se puede activar tanto con el contacto físico como con el contacto visual. Ya se encargará el amigo Google de recordártelas en su típico "tal día como hoy hace 2 años". Arrasa con todo recuerdo. Esto te ayudará a no mirar al pasado.

Una vez hecho esto, durante los próximos dos días, llora si tienes que llorar, bebe si tienes que beber, pero sabiendo que el día tres te levantas para vivir tu nueva vida. Sé que muchas personas creerán que esto no es posible, y si creen eso, ellos mismos harán que no sea posible. Pero te sorprendería saber cómo actúa el cerebro cuando solo le has dejado una dirección para seguir.

El principal problema que hace que se alargue tanto el sufrimiento tras una ruptura, casi siempre es esa falta de código y principios, pues al no tenerlo bien establecido hacemos divagar a nuestro cerebro en la búsqueda de algunas respuestas sesgadas. Esto provoca que sigas manteniendo la esperanza y el deseo de volver con esa persona aunque te haya faltado el respeto. Y eso es un mal negocio.

Debes comprender otra cosa, y es que en realidad, cuando se produce una ruptura, tu cerebro realmente no sufre porque pierdes a esa persona. Sufre porque pierdes los momentos que vivías con esa persona y las emociones que sentías estando con ella. Sufres por el miedo a no volver a sentirte así. Parece lo mismo, pero hay todo un mundo de diferencia. Por más que te duela en estos momentos, sabes que esos momentos podrás repetirlos con otra persona, así como las emociones que sentías, podrás volver a sentirlas con otra persona. Y si lo haces todo correctamente, el reemplazo no tardará mucho en llegar. Si sigues conservando tu valor, volverás a vivir esos maravillosos momentos con la misma intensidad, y solo habrá cambiado el rostro de la persona con la que vives esos momentos.

Quiero que te fijes en algo curioso con este tipo de método o estrategia, y es que no se trata de engañar a tu cerebro como ocurre con otras estrategias o trucos psicológicos. En este caso, es justo lo contrario. Le estamos diciendo la verdad al cerebro, y es que si un desengaño amoroso se me va a pasar tarde o temprano (3 meses para algunos y 3 años para otros) ¿por qué no hacemos que se pase ya? El hecho de bloquear en todas las redes sociales a tu ex pareja evitará en primer lugar que estés pendiente de ella, y en segundo lugar, evitará también que dentro de un tiempo comiences a subir publicaciones con indirectas para ella. ¿Has visto alguna vez esas publicaciones de algunas parejas mostrando lo mucho que se quieren, incluso con una dedicatoria de amor muy bonita? Pues bien, en muchos casos no suben esa dedicatoria para su actual pareja. Esa dedicatoria, en ocasiones es un "jódete, mira lo feliz que soy" para su ex pareja. Y detrás de ese "jódete" se esconden ciertas brasas de la lumbre que un día existió. Haciendo este formateo, dejamos el paso limpio a tu liberación y recuperación. Sal, diviértete, conoce gente, y verás como antes de lo que piensas estarás sufriendo por otro petardo o petarda, por lo que te recomiendo que tengas a mano estos párrafos, porque según está la situación, posiblemente deberás aplicarlo en más de una ocasión.

Y vale, no me he olvidado de los divorciados que tienen niños en común con su ex pareja, y por lo tanto, no podrán seguir al pie de la letra estos pasos. ¿Qué se puede hacer en estos casos? Pues en estos casos, por el bien de los niños, quizás debas hacer algunos sacrificios siempre y cuando tu ex pareja no te lo ponga demasiado difícil. Tampoco cambia demasiado la cosa. No tienes la obligación de tener a tu ex pareja agregada a las redes sociales, aunque tampoco puedes bloquearla en Whatsapp, porque deberás mantener una comunicación saludable en lo referente a los hijos. En principio no puedes seguir todos estos pasos al pie de la letra con una persona con la que tienes hijos en común, pero sí puedes evitar muchos errores que cometen algunas personas divorciadas y que alargan el sufrimiento en caso de ruptura.

¿Un clavo saca otro clavo?

Soy un gran creyente de esto. En ocasiones, muchas personas se refugian en otra persona para intentar olvidar a su ex pareja, pero convierten a esta tercera persona en una especie de saco de arena que únicamente retrasa el inevitable hundimiento emocional. Comienzan a conocer a una nueva persona sin estar preparados, debido a que siguen teniendo la vista puesta en el retrovisor. En cambio, cuando tienes claro que no vas a volver con una persona del pasado, si das una oportunidad limpia y honesta a esa nueva persona que entra en tu vida, por supuesto que esta persona puede desplazar a la anterior con una rapidez que ahora mismo no puedes ni imaginar. Es más, si aplicas gran parte de lo que hemos expuesto, no es que un clavo saque al otro clavo, es que el agujero ya está limpio y con hueco para el siguiente clavo.

No obstante, tu propio cerebro te dirá cuándo estás realmente preparado para conocer a otra persona. Sencillamente, eso se sabe. Aquí no hay tiempos establecidos para ese "duelo" del que se habla en psicología. Hay personas que tardan 2 años en poder conocer a alguien y otras personas tardan 24 horas. Y no tiene nada que ver el hecho de que amaran más o amaran menos a su ex pareja. Simplemente supieron aceptar con mayor rapidez que esa persona pasaría a formar parte del pasado, gracias a tener establecido un código muy bien definido en su cerebro. Otras veces, simplemente sucede. Y sucede sin pensarlo, analizarlo o provocarlo. El caso más extremo en este sentido lo experimenté años más tarde de la muerte de Gisella. Conocí a una mujer con la que comencé una relación. Llevábamos viviendo juntos un año y medio cuando comenzaron a surgir algunas diferencias importantes. Cierta tarde discutimos y amenazó con poner fin a la relación. En este sentido reconozco que tengo una forma de pensar algo extrema, y es que pienso que una pareja puede discutir por lo que sea, pero nunca se debe poner en duda la continuidad de la relación, porque me obligas a usar ese código que dice que si dudas, el que comienza a dudar soy yo, y si yo dudo, ya no quiero estar ahí. Y reconozco que me dolió bastante, pero tuve que tomar la decisión de poner fin a la relación en ese preciso momento. Insisto en que si me hubiera dejado llevar por lo que sentía, incluso hubiera rogado para que no se marchara, pero cuando te dejas llevar por tu código, sabes que dejarla marchar es la mejor decisión que debes tomar. Aquel mismo día, con todo el dolor y tristeza que sentía, no podía quedarme en el piso, por lo que salí a tomar algo a una cafetería cerca de casa. La cafetería estaba prácticamente vacía, por lo que la camarera comenzó a darme conversación. Incluso le conté que acababa de romper con mi pareja. Esta chica debía ser algo masoquista, pues durante más de una hora estuve desahogándome con ella, contándole "mis penas", y aún así me dijo de tomar algo cuando acabara de trabajar. Acepté la propuesta. Era agradable, simpática y desprendía alegría. El caso es que entre charla y charla nos amaneció. Al día siguiente me sentía completamente renovado, libre de dolor por la ruptura sentimental, y me apetecía volver a quedar con esta chica. Acabé teniendo una corta relación con ella. Así que podríamos decir que el mismo día que sufrí una ruptura amorosa, di inicio a una nueva relación. ¿Significa esto que no amaba lo suficiente a mi ex pareja? Eso piensa la mayoría cuando cuentas esta historia. Pero es una mala pregunta, pues en realidad no importa cuánto amabas ni a quién amabas. Lo que importa es cuánto te amaban y quién te amaba a ti. Lo que importa es tener claro cuándo algo ha llegado a su fin. Lo importante es saber cuándo se cierra un capítulo o ciclo. ¿Quién dice que para comenzar a escribir el siguiente capítulo debes esperar dos semanas o dos años?¿Quién pone duración a tu dolor? Cuando cortas con el pasado y obligas a tu cerebro a mirar al futuro, tu mente suele responder de forma eficiente. Cuando dices de disfrutar del momento presente, siendo plenamente consciente de la felicidad del momento, ¿por qué iba mi cerebro a pensar en una ruptura pasada cuando puedo pensar en lo bello del momento que estoy viviendo en ese preciso instante?

En cierto modo, la sociedad nos ha condicionado. Está mal visto que un viudo o viuda comience una relación a los 6 meses de haber perdido a su cónyuge, pero si lo hace a los 10 años, está bien visto. ¿Cuánto tiempo de espera es el ideal en estos casos? La respuesta es sencilla: cuando te dé la gana; cuando estés preparado; cuando sientas que es lo que te apetece. Entonces, ¿cuánto es el tiempo de espera ideal ante una ruptura sentimental? Pues mientras tengas claro que no vas a volver atrás y que vas a mirar hacia adelante la respuesta es sencilla. Hace 30 segundos ya es pasado, por lo que a los 5 minutos; a los 3 días; a las 2 semanas; a los 5 años; cuando surja; cuando estés preparado; cuando te dé la gana. En el momento que mandas a alguien al pasado, el futuro ya depende de tus decisiones.

Y sé que todo esto puede sonar demasiado descabellado, pero llevo toda mi vida aplicando esta filosofía. En una relación entro con todo. Entro sin dudas, entro con los ciclos completamente cerrados, lo doy todo, porque considero que entregarte sin vacilar es la única forma de hacer que una relación funcione. Pero de la misma forma que lo doy todo sin vacilar, cuando llega la hora de marcharme, me marcho sin vacilar, sin mirar atrás. Cuando lo das todo y te fallan, puedes quitarlo todo sin sentirte culpable.

El problema es que hoy día las personas comienzan una relación con dudas, a medio gas, dan a medias, pero cuando se van lo hacen de la misma manera, y es que no se acaban de ir, se van a medias, rompen los ciclos a medias, y por lo tanto, viven a medias. Y no hay que ser una persona de blancos o negros para muchas cosas en la vida, pero cuando hablamos de relaciones, debemos serlo: o estás o no estás; o das o no das; o te quedas o te vas.

En estos momentos, y siendo realista ante la actual situación en las relaciones actuales, sería más fácil dejarme contagiar por el entorno y pensar que lo ideal es tener relaciones esporádicas con diferentes personas a lo largo de la semana o del mes. Mi mejor amiga me dijo hace un tiempo que mi forma de pensar era muy plausible para otra época, pero que hoy día me convendría comenzar a pensar más con la bragueta y menos con la cabeza. Reconozco que lo estuve pensando, pues razón no le falta, pero he decidido seguir con mi filosofía, aunque adaptada a los tiempos actuales. Sigo entrando en una relación como si nunca me hubieran mentido, como si nunca me hubieran dañado. Pero entiendo que una relación debe ser algo que te aporte y que tu pareja debe ser alguien que sume momentos agradables, y no preocupaciones. Es por eso que ya comienzo a contar las relaciones por días de duración. Intento absorber esos buenos momentos, dure lo que dure. Mientras me sienta en un campo de rosas, ahí estaré, y en cuanto veo una cuchilla asomar, me marcho antes de cortarme. Sigo en el campo de juego, sabiendo que eso que comienzo puede que dure o puede que no, y la verdad es que ya no me importa demasiado. Esto no significa que no me duela una decepción. Por supuesto que duele, pero he aprendido a conseguir que ese dolor se esfume en un tiempo récord. Esto lo expliqué hace meses en un vídeo corto. Cuando eres consciente de que eres una persona que tiene valor y que tus intenciones son sanas y honestas, eres como un millón de dólares que estás entregando a una persona. Si esa persona no lo valora o duda, quítale el millón de dólares y dáselo a otra persona. Sinceramente, me cuesta trabajo entender qué lleva a las personas a meterse en una relación no disfrutando de ella, y una vez que logran salir, siguen sin cerrar la puerta, siguen mirando atrás, y se impiden a sí mismos disfrutar de nuevos momentos.

En una ocasión, alguien me dijo que la pareja que eliges, refleja el amor que sientes por ti mismo. Cuando eliges a una pareja que te denigra o que no te valora, eso demuestra el amor y respeto que sientes por ti mismo. Recuérdalo la próxima vez que conozcas a alguien.

Conclusiones

La vida es como una montaña rusa de emociones, con sus vertiginosas subidas y bruscas bajadas. Algunos tramos de este viaje pueden ser tranquilos, otros pueden ser apasionantes. Sucederán eventos que te harán sentir una felicidad desmedida, mientras que otros eventos te harán cenizas. Esas cenizas no son útiles por sí mismas, salvo que uses los eventos que provocaron esas cenizas como experiencias de vida, como aprendizaje, como combustible para seguir. Puedes apilar fracasos en tu vida o puedes apilar las lecciones que te dejan los fracasos. Finalmente somos la suma de todas nuestras experiencias, la suma de todo lo que vamos apilando a lo largo de nuestros años de vida. Cada fracaso, cada trauma, cada tragedia o cada rechazo puede activar mecanismos bloqueantes para tu progreso. A nadie le gusta sentir dolor, pero el dolor forma parte de la vida. Cuando suceden eventos desagradables en tu vida solo tienes dos caminos: rendirte o seguir adelante. Y debes convertir en un hábito el seguir adelante, el avanzar, aunque no tengas ganas, aunque estés sin fuerzas. Hay un dicho que me encanta, y es que el agua es símbolo de vida, pero incluso el agua, cuando se estanca se corrompe. Es por eso que siempre debes estar en movimiento. Usa esa apilación de buenas y malas experiencias para seguir progresando. Finalmente, tanto el éxito como la felicidad se basan en la misma cosa. Ambos se basan en prosperar. Mientras sigas prosperando, sigues estando en el camino del éxito y la felicidad. Si tu progreso algún día se detiene, comienza tu decadencia. Con respecto a asumir el control de tu vida, sinceramente, no veo otra manera de vivir tu propia vida en su más pura esencia. Este es mi primer libro. Podría haber escrito sobre finanzas personales, sobre inversión en bolsa o sobre ventas y negociación, pero he decidido comenzar por este tipo de temática, porque de verdad considero que es tan útil como necesario. Y todo lo que he escrito, lo he escrito desde la más absoluta convicción. Y sí, con mucho corazón. Es algo que le debo a los miles de usuarios que consumen mi contenido desde hace más de 10 años en internet.

Date permiso para conducir tu vida y que no sean los eventos de la vida los que te dirigen a ti. Sé consciente de que llegado el momento, puedes elegir ponerte en el asiento del piloto, y así, tú decides la velocidad y las paradas. Y puede que te estrelles, pero te estrellas siendo el responsable de tu conducción y de la toma de decisiones. Créeme que duele bastante más cuando otro es el que te estrella porque tú estabas únicamente de pasajero en tu propio vehículo.

Agradecimientos

Quiero dar las gracias a cada una de las personas que han contribuido a mi crecimiento y que ya no están en este mundo, especialmente a Victoria. Gracias por ayudarme a convertirme en la persona que hoy día soy. Y desde luego, agradecer a cada persona con la que cuento en la actualidad. Soy afortunado por estar rodeado de excelentes personas, con sus defectos y virtudes, pero buenas personas y de alto valor humano. Así que gracias, porque me demostráis cada día que el ser humano sigue mereciendo la pena. Gracias a mi familia, por haber asentado unas sólidas bases para mi desarrollo como persona. Gracias a mis lectores y usuarios más fieles que durante más de una década me han ayudado a mejorar en un entorno online que he ido aprendiendo y conociendo por el camino. Y desde luego, gracias a cada persona que me ha jodido a lo largo de la vida, pues gracias a ellos, ahora cuesta más trabajo joderme :-)

En serio, muchas gracias a todos!

Made in United States
Cleveland, OH
18 November 2024

10746894R00174